Quirinal
Viminal
Esquilin
Kapitol
Palatin
Caelius
Aventin
1
2
3
4
5
6
10
11
12
13
14
15
16

prima.

Latein als 3. Fremdsprache

prima.

Ausgabe C

Textband

C.C. Buchner

prima.
Latein als 3. Fremdsprache

Herausgegeben von Clement Utz, Regensburg.

prima C wurde auf der Grundlage von prima A erarbeitet von
Dr. Sigrun Leistritz, Bottrop, Silvan Mertens, Genua, Clement Utz,
Regensburg, und Doris Visser-Wermuth, Koblenz.

prima A wurde bearbeitet von Dr. Martin Biermann, Göttingen,
Josef Burdich, Neuss, Roswitha Czimmek, Hildesheim, Dr. Wolfgang Freytag,
München, Dr. Wolff-Rüdiger Heinz, Kiel, Dr. Gerhard Hey, Kiel, Andrea Kammerer,
Schwabach, Prof. Dr. Stefan Kipf, Berlin, Anja Lücker, Bonn, Bernhard O'Connor,
Landshut, Clement Utz, Regensburg, Prof. Dr. Edzard Visser, Koblenz, und
Dr. Brigitte Wilke, Karlsruhe.

2. Auflage 2 5 4 3 2 2014 13 12 11
Die letzte Zahl bedeutet das Jahr dieses Druckes.

Dieses Werk folgt der reformierten Rechtschreibung und Zeichensetzung.
Ausnahmen bilden Texte, bei denen künstlerische, philologische oder
lizenzrechtliche Gründe einer Änderung entgegenstehen.

www.ccbuchner.de

Gestaltung: Artbox Grafik und Satz GmbH, Bremen
Druck und Bindung: Pustet, Regensburg

ISBN 978-3-7661-**7600**-4

Liebe Schülerinnen und Schüler, liebe Kolleginnen und Kollegen!

Mit prima C haben wir für euch, haben wir für Sie ein kompaktes Lehrwerk verfasst, mit dem wir vor allem zwei Wünsche verbinden: Wir wünschen euch, liebe Schülerinnen und Schüler, dass ihr damit „prima" Latein lernt. Und wir wünschen Ihnen, liebe Kolleginnen und Kollegen, dass Sie mit unserem Buch „prima" zurechtkommen.

Hinweise zur Konzeption und zur Arbeit mit „prima"

Das Lehrwerk prima C bietet einen Kompaktkurs für die Spracherwerbsphase.
Die Grammatikstoffe werden in dem Umfang vorgestellt, wie es von den Lehrplänen für Latein gefordert wird. Das Vokabular ist verlässlich auf den „Bamberger Wortschatz" bezogen und bezieht darüber hinaus den sogenannten Kulturwortschatz ein.

Das **Lehrwerk** ist gegliedert in diesen Textband und in einen zugehörigen Begleitband, der den Wortschatz und die Grammatikstoffe darbietet (vgl. eigenes Vorwort).
Im vorliegenden **Textband** schaffen die übersichtliche Anlage der Lektion (auf jeweils vier Seiten) und die thematische Gliederung nach Sequenzen einen hilfreichen Ordnungsrahmen. Innerhalb der Lektionen ermöglichen die einzelnen Teile viel Freiheit im methodischen Vorgehen:

Seite 1:
Vorentlastung

Altersgerechte deutsche Texte und Bildmaterial führen **inhaltlich** in die Thematik der Lektion, insbesondere des Lektionstextes, ein. Außerdem werden die **Grammatikstoffe** der Lektion vorgestellt, in aller Regel anhand kurzer und einfacher lateinischer Texte **(G)**, die noch auf neue Vokabeln verzichten.

Seite 2:
Lektionstext

Das Kernstück in jeder Lektion ist der **Text (T)**. Er sollte in jedem Fall behandelt werden. Der gesamte Grammatikstoff und alle neuen Vokabeln sind enthalten.
Zur Erfassung und Erschließung dieses Textes sowie zur inhaltlichen Abrundung folgen **Aufgaben**, die nummeriert sind (❶).

Seite 3:
Übungsmaterial

Verschiedenartige Übungen zum **sprachlichen Training (Ü)** sind mit Kleinbuchstaben (ⓐ) gekennzeichnet.

Dazu kommen immer wieder spezielle Aufgaben

zur spielerisch-kreativen Umsetzung,

WORTSCHATZ zur Wortschatzarbeit,

ÜBERSETZUNG zur Übersetzungsschulung,

LATEIN LEBT und zum Fortleben des Lateinischen.

Seite 4:
Methodenkompetenz

Eine breite Palette unterschiedlicher methodischer Ansätze (u.a. zur Texterschließung, Übersetzung und Projektarbeit) unterstützt das Lernen, reflektiert die Arbeit an Texten und reicht weit über das Fach Latein hinaus.
Die Nutzung dieses vielfältigen Angebots ist **fakultativ** und der unterrichtlichen Situation vorbehalten.

Übungen aller Typen, die sich besonders für die Bearbeitung im Team eignen (auch arbeitsteilig), haben als Kennzeichnung ein Sechseck ⬢.

Obligatorik und Freiraum

Im Hinblick auf die Durchnahme von Wortschatz und Grammatik ist ausschließlich die Behandlung der **Lektionstexte (T) obligatorisch**.

Alle **Übungen (Ü)** und die Seiten zur Methodenkompetenz (4. Seite jeder Lektion) sind prinzipiell **fakultativ**; die Auswahl einzelner Teile steht im Ermessen der Lehrkraft.

Darüber hinaus bietet das Lehrwerk durch die **Markierung fakultativer Stoffbausteine** die Möglichkeit, Kernkompetenzen stärker hervortreten zu lassen und die Freiräume für Schulen und Lehrkräfte zu erhöhen. Daher sind im Begleitband (Inhaltsverzeichnis und Überschriften) einzelne Grammatikphänomene mit *extra* markiert; die Behandlung dieser Stoffbausteine ist nicht verbindlich.

Dabei handelt es sich vor allem um solche sprachliche Phänomene, die auch über den Wortschatz abgesichert sind; eine explizite Behandlung als Grammatikstoff wird angeboten, ist jedoch fakultativ. Beispiele sind die Indefinitpronomina (z. B. **aliquis**) oder einzelne Kasusfunktionen (z. B. doppelter Akkusativ).

Für ausführliche Informationen zur Arbeit mit dem Lehrwerk verweisen wir auf den Lehrerband.

Treffpunkte im alten Rom

Wortschatz und Grammatik — Begleitband

Römisches Alltagsleben

Wortschatz und Grammatik Begleitband

Aus der Geschichte Roms

Wortschatz und Grammatik — Begleitband

Abenteuerliche Reisen

Wortschatz und Grammatik — Begleitband

Der Mensch und die Götter

Wortschatz und Grammatik — Begleitband

Die Griechen erklären die Welt

Wortschatz und Grammatik			Begleitband
23	W		78
	F	Partizip Präsens Aktiv (PPA)	79
	S	1) Verwendung des Partizip Präsens Aktiv	79
		2) Partizip als Adverbiale (Überblick)	80
24	W		82
	F	1) Verben: Deponentien	83
		2) Pronomen **ipse**	84
extra	S	1) Partizip Perfekt der Deponentien: Verwendung	84
		2) Pronomen **ipse**: Verwendung	85
25	W		86
	F	1) Substantive: **u**-Deklination (4. Deklination)	87
		2) Substantive: **e**-Deklination (5. Deklination)	87
	S	Genitivus subiectivus/obiectivus	87
26	W		88
	S	Ablativus absolutus (1)	89
27	W		90
extra	F	Pronomen **idem**	91
	S	1) Ablativus absolutus (2)	91
		2) Ablativus absolutus (3)	92
Übersicht: Substantive (alle Deklinationsklassen)			93

Die Wunderprovinz Kleinasien

Wortschatz und Grammatik Begleitband

Die Römer in Gallien und Germanien

Wortschatz und Grammatik — Begleitband

Latein an der Schwelle zur Neuzeit

Wortschatz und Grammatik — Begleitband

1

This is the Colosseum, isn't it?
Intrate! ... Vobis monumenta demonstro.
Sieht so ein Zirkus aus?

Einführung

❶ Obwohl die Jugendlichen, die sich zusammen mit dem Römer das Modell der antiken Stadt Rom angesehen haben, noch nicht Latein gelernt haben, können sie seine Worte zum Teil verstehen, denn sie klingen in ihrer Sprache ganz ähnlich.

lat.	monumentum	intrare
ital.	*monumento*	*entrare*
franz.	*monument*	*entrer*
engl.	*monument*	*enter*
deutsch	*Monument*	*eintreten*

❷ Auch die Namen der Gebäude haben sich in den europäischen Sprachen erhalten. Doch haben sie immer noch die gleiche Bedeutung wie bei den Römern?

Voilà un temple.
Templum est.

Für die Römer war ein **Tempel** das Haus einer Gottheit, in dem ihr Kultbild Platz fand. Zum Gebet und zum Opfer versammelte man sich vor dem Tempel am Altar.

Ecco una basilica!
Ecce basilica!

Eine **Basilika** war bei den Römern eine Markt- oder Gerichtshalle, in der alles Mögliche verkauft wurde, wo aber auch Gerichtsverhandlungen und kulturelle Veranstaltungen stattfanden.

Sieht so ein Zirkus aus?
Estne circus?

In der langgestreckten Anlage des **Circus Maximus** fanden die bei den Römern sehr beliebten Wagenrennen statt. Der römische **circus** hat mit unserer Zirkusmanege nur gemeinsam, dass dort Pferde auftreten.

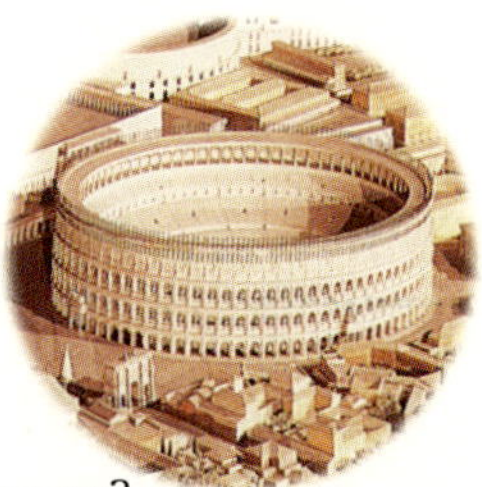

This is the Colosseum, isn't it?
Estne colosseum?

Amphitheater sind uns bekannt als Orte, in denen Gladiatorenkämpfe und Tierhetzen stattfanden. Die Römer nannten das flavische Amphitheater in Rom **Kolosseum**. Es erhielt seinen Namen vermutlich von einer Kolossalstatue des Kaisers Nero, die in der Nähe stand.

❸ Thomas und Daniela haben im Urlaub in Italien ähnliche Erfahrungen wie unsere Jugendlichen auf S. 14 f. gemacht. Einige Wörter kannten sie bereits aus dem Deutschen, beim Verständnis anderer war ihnen Englisch eine große Hilfe. Da beide auch schon ein Jahr Latein gelernt hatten, konnten sie sehr schnell den Sinn vieler Begriffe erfassen.
Nun wollen sie aber genau wissen, wie die verschiedenen Sprachen Europas eigentlich zusammenhängen. Von welcher Sprache gehen diese aus? Wie sind die Sprachen miteinander verwandt?
Im Internet finden sie die folgende Erklärung:

Aus einem kleinen Dorf am Tiber, das der Sage nach 753 v. Chr. von Romulus gegründet worden sein soll und deshalb den Namen Rom erhielt, entwickelte sich durch die günstige Lage des Ortes und die Aktivität seiner Bewohner eine Sprache, die die Welt beherrschen sollte. Ihren Namen erhielt diese Sprache von der Landschaft Latium, in der Rom liegt – Latein.
Jahrhunderte später erstreckte sich das Römische Reich, das **imperium Romanum**, vom heutigen Spanien und Portugal im Westen bis zum Schwarzen Meer im Osten, vom heutigen Großbritannien im Norden bis nach Nordafrika. Den unterworfenen Völkern brachten die Römer nicht nur ihre Kultur und ihre technischen Erfindungen, sondern auch ihre Sprache. Diese Sprache lebte noch weiter, als das Römische Reich längst zerfallen war. Die sogenannten romanischen Sprachen haben sich unmittelbar aus dem Lateinischen entwickelt.

Auch ein Großteil des englischen Wortschatzes stammt aus dem Lateinischen bzw. aus den romanischen Sprachen. Im Deutschen finden wir ebenfalls zahlreiche Wörter, die aus dem Lateinischen kommen oder damit zusammenhängen.
Man unterscheidet dabei zwischen Fremd- und Lehnwörtern. Als **Lehnwörter** bezeichnet man Wörter, die zusammen mit ihrer Bedeutung einer anderen Sprache „entlehnt" wurden und nach einer langen Zeit des Gebrauchs in Form und Laut ans Deutsche angeglichen wurden.

Einige Beispiele:

Lateinisch	Italienisch	Spanisch	Portugiesisch	Französisch	Deutsch	Englisch
ventus	*vento*	*viento*	*vento*	*vent*	***Wind***	*wind*
febris	*febbre*	*fiebre*	*febre*	*fièvre*	***Fieber***	*fever*
familia	*famiglia*	*familia*	*familia*	*famille*	***Familie***	*family*
nomen	*nome*	*nombre*	*nome*	*nom*	***Name***	*name*
mercatus	*mercato*	*mercado*	*mercado*	*marché*	***Markt***	*market*

Fremdwörter dagegen empfindet man als „fremd", da sie ihre ursprüngliche lateinische Form weitgehend beibehalten haben.

Einige Beispiele:

Lateinisch	Italienisch	Spanisch	Portugiesisch	Französisch	Deutsch	Englisch
stabilis	*stabile*	*estable*	*estável*	*stable*	***stabil***	*stable*
definitio	*definizione*	*definición*	*definição*	*définition*	***Definition***	*definition*
licentia	*licenza*	*licencia*	*licença*	*licence*	***Lizenz***	*licence*
praesens	*presente*	*presente*	*presente*	*présent*	***präsent***	*present*
humanitas	*umanità*	*humanidad*	*humanidade*	*humanité*	***Humanität***	*humanity*

Auf den folgenden Seiten werdet ihr die lateinische Sprache lernen und eine euch bisher unbekannte Welt entdecken. Ihr wisst sicher schon, dass Latein im Wortschatz der modernen Technik und Wissenschaft eine große Rolle spielt – aber auch im Alltag begegnet euch häufig Latein. Am deutlichsten seht ihr das, wenn ihr einkaufen geht.

LATEIN LEBT

Hier findet ihr die lateinischen Vokabeln, die den Produkt- und Firmenbezeichnungen zugrunde liegen.
Erläutert anhand der Übersetzungen und Erklärungen, wie es wohl zu der jeweiligen Namensgebung kam. Falls ihr einen Markennamen nicht kennt: Überlegt, für welches Produkt er stehen könnte.

niveus *schneeweiß*
penates *Hausgötter der Römer, die Familie, Haus und Hof beschützten*
dens *Zahn*
studiosus *interessiert*
habitat *er, sie, es wohnt*
fructus *Frucht*
terra *Erde, Land*
mare *Meer*

Die Aussprache lateinischer Wörter

Die Aussprache der lateinischen Sprache war im Laufe ihrer Geschichte einem Wandel unterworfen. Die folgenden Regeln gelten für die Zeit der sogenannten „klassischen" Latinität, also etwa das erste vorchristliche Jahrhundert.

Lautlehre

- ae = ai, im späteren Latein als **ä** ausgesprochen (Beispiel: **caelum**);
- oe = oi, im späteren Latein als **ö** ausgesprochen (**proelium**);
- Sonstige Doppelvokale werden getrennt ausgesprochen.
  Beispiel: Europa = **E-u**-ro-pa
- i vor Vokal (am Wortanfang) = j (**iam**);
- u und v wurden im klassischen Latein gar nicht unterschieden. Vor Vokalen wurde **u/v** wie englisch [*w*] ausgesprochen (**vinum**); dasselbe gilt für u nach -q (**quis**);
- c = k (Beispiel: **Caesar**), im späteren Latein auch als Zischlaut ausgesprochen;
- s war stimmlos (Beispiel: **soror**),
  ti im Wortinneren wurde *nicht* wie zi ausgesprochen (Beispiel: **natio**).

Kurze und lange Vokale

Lateinische Silben sind lang, wenn ihre Vokale von Natur lang gesprochen werden; in diesem Falle sind sie in Lexika und im Wortschatz mit einem Querstrich gekennzeichnet (sogenannte Naturlänge; Beispiel: **intrāre**). Kurze Vokale werden gar nicht oder mit einem Bogen markiert (Beispiel: **băsĭlĭcă**).
Aus diesen natürlichen Vokallängen können sich sogar Bedeutungsunterschiede ergeben:

Beispiel: **parĕre** *schaffen* **parēre** *gehorchen*

Lang sind Silben auch, wenn sie einen Doppelvokal enthalten (Beispiele: **praemium, caelum**) oder wenn einem Vokal mehr als ein Konsonant folgt (sogenannte Positionslänge; Beispiele: **templum, circus**).

Betonung

Betont wird bei zweisilbigen Wörtern immer die erste Silbe (Beispiele: **témplum, círcus**).
Bei der Betonung lateinischer Wörter mit drei oder mehr Silben kommt es darauf an, ob die vorletzte Silbe lang oder kurz ist. Ist die vorletzte Silbe lang, so wird diese Silbe betont (Beispiele: **monuméntum, Colossḗum, Rōmā́nus**); ist sie kurz, wird die drittletzte Silbe betont (Beispiele: **basílĭca, impérĭum, praémĭum**).

Romanische Sprachgebiete im heutigen Europa.

1 Sieg im Circus Maximus

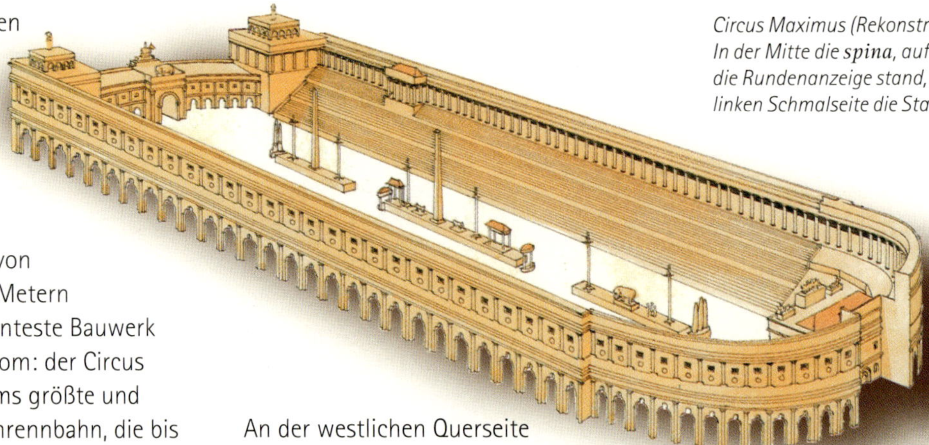

*Circus Maximus (Rekonstruktion): In der Mitte die **spina**, auf der die Rundenanzeige stand, an der linken Schmalseite die Startboxen.*

Im Tal zwischen dem Palatin im Norden und dem Aventin im Süden lag mit einer Grundfläche von 620 mal 120 Metern das ausgedehnteste Bauwerk des antiken Rom: der Circus Maximus, Roms größte und älteste Wagenrennbahn, die bis zur Eröffnung des Kolosseums im Jahre 80 n. Chr. auch für Tierhetzen und Gladiatorenspiele genutzt wurde. Der Zuschauerraum bot nach verschiedenen Erweiterungen ca. 255.000 Sitzplätze.
Die ovale Rennbahn des Circus war durch eine Mittelbarriere (**spina**) geteilt. Auf ihr standen neben allerlei Statuen und Altären auf beiden Seiten die Wendemarken (drei Kegelsäulen mit einer eiförmigen Spitze) sowie sieben bronzene Delphine und sieben marmorne Eier, an deren Position die Rundenzahl abgelesen werden konnte. Außerdem zeigten zwei aus Ägypten stammende Obelisken auf der **spina** an, dass der Circus Maximus dem Sonnengott geweiht war.

An der westlichen Querseite befanden sich die zwölf Startboxen, die östliche schmückte seit dem Sieg über die Juden im Jahre 81 n. Chr. der Titusbogen, durch welchen die siegreichen Wagen die Arena verließen. Auf der südlichen Längsseite befand sich die Ziellinie, darüber die Kampfrichterloge, nördlich gegenüber die tempelartig ausgebaute Loge für die Götter und die kaiserliche Familie.
Ein Wagenrennen begann mit einer feierlichen Prozession zu Ehren der Götter. An der Spitze zog der veranstaltende Beamte, meist ein Prätor. Es folgten Hornbläser und Abteilungen junger Wehrpflichtiger, schließlich die Wagenlenker auf ihren Gespannen (meist Vierergespanne) und zum Schluss auf Wagen oder Traggestellen elfenbeinerne Bilder von Göttern.

Es gab vier Rennställe mit je ein bis drei Wagen am Start, die an den Farben des Gewandes der Wagenlenker zu erkennen waren: die Grünen, die Roten, die Blauen und Weißen. Die Wagenlenker – aufrecht im Wagen stehend – waren durch lederne Sturzhelme und Bandagen um den Oberkörper sowie Beinbinden und -schienen geschützt. Im Gürtel trugen sie ein scharfes Messer, um sich bei einem Sturz von den um ihre Taille geschlungenen Zügeln losschneiden zu können.
Den Rennfahrern winkten hohe Gagen des Rennstallbetreibers und Preisgelder des veranstaltenden Magistrats. Viele Wagenlenker und auch Pferde brachten es zu großer Berühmtheit im **Imperium Romanum**. Die Begeisterung der Römer für die Rennen rührte nicht zuletzt auch von den massenhaften Wetten her, die auf die Rennergebnisse abgeschlossen wurden.

G

Gaius amicus est; Atia amica est.
Gaius et Lucius amici sunt; Atia et Antonia amicae sunt.
3 Gaius clamat. Amici clamant.

Beschreibe die Veränderungen der Wörter. Versuche, die Bedeutung der Veränderungen zu erklären. Vergleiche deine Beobachtungen mit der deutschen Sprache.

T

Sieg im Circus Maximus

Hodie Aulus in Circo Maximo[1] est; nam ludi ibi sunt. Sed ubi Gaius et Lucius amici sunt? Aulus diu exspectat. Tum gaudet; tandem Gaius venit et clamat: „Salve, Aule!“ Et Aulus: „Salve, Gai!” Tum rogat: „Ubi Lucius est?“ Gaius circumspectat: „Ibi est! Salve, Luci!“ Et Lucius: „Salvete, amici!“ Etiam Atia et Antonia veniunt; amicae gaudent. Subito populus clamat: „Ave, praetor!“ Marcus Aquilius Florus praetor advenit. Etiam Aulus et Gaius et Lucius amici clamant: „Ave, praetor!“ Nunc populus tacet, portae patent, equi et agitatores[2] accedunt.
Tandem praetor signum dat[3], equi currunt. Populus clamat. Et amici clamant. Tum Aulus gaudet: „Syrus victor est! Ecce: Ibi praemia sunt!“ Sed Gaius: „Etiam equi victores sunt.“

[1] in Circō Maximō *im Circus Maximus*

[2] agitātor *Wagenlenker*

[3] signum dat *(er) gibt das (Start-)Zeichen*

Dann steigt Syrus zur Loge des Veranstalters hinauf und nimmt seinen Preis in Empfang: einen Palmzweig (**palma**) und einen Beutel mit Münzen. Auch die Pferde werden mit Palmzweigen geschmückt. Lauter Jubel erschallt im Stadion, als Syrus seine Ehrenrunde absolviert.

Stimmen römischer Dichter zu den **circenses** (Zirkusspielen):

Martial (um 40 – 103 n. Chr.) über seinen Ruhm (*Epigrammata* X 9, 3 – 5):
Ich bin nicht bekannter als das Pferd Andraemon.

Juvenal (um 60 – 130 n. Chr.) über das römische Volk als Zuschauer der **circenses** (Saturae X 78 – 81):
Denn das Volk, das einst militärischen Befehl, Amtsgebefugnisse, Legionen und alles vergab, ist nun untätig und wünscht ängstlich nur zwei Dinge: Brot und Spiele (**panem et circenses**).

Plinius (um 100 n. Chr.) über die Rennstallfans (*Epistulae* IX 6, 2):
Jetzt spenden sie einem Tuch Beifall, sie lieben ein Tuch, und wenn mitten im Wettkampf diese Farbe dorthin, jene Farbe hierhin wechselt, dann wechseln auch Begeisterung und Beifall die Seiten.

❶ *Welche Informationen über die Zirkusspiele und welche Bewertungen der Spiele werden in den Zitaten von Martial und Juvenal gegeben? Vergleiche diese Informationen und Bewertungen mit denen in* **T** *und formuliere deine persönliche Ansicht dazu. Auch heute gibt es verschiedene Arten von Großveranstaltungen. Benenne die dir bekannten und überlege, welche Bedeutung sie in unserer Gesellschaft, aber auch für dich haben?*

❷ *Projekt: Überlegt, wie eine antike Fanausrüstung ausgesehen haben könnte, und gestaltet sie. Zieht dazu auch Informationen aus geeigneten Nachschlagewerken und dem Internet heran.*

Römische Mosaike mit Wagenlenkern aus einer Villa an der Via Cassia bei Rom, um 200 n. Chr.

Ü

ⓐ Bei den Wagenrennen hatte jedes Gespann eine bestimmte Farbe, an der man es schon von weitem erkennen konnte.
Ordne den vier Farben je eine Konjugationsklasse der Verben zu.
Füge dann die Verben aus **T** richtig ein. Ordne die Verben dabei nach Singular und Plural.
Bilde die jeweils fehlende Form. Welche Formen kannst du nicht zuordnen?

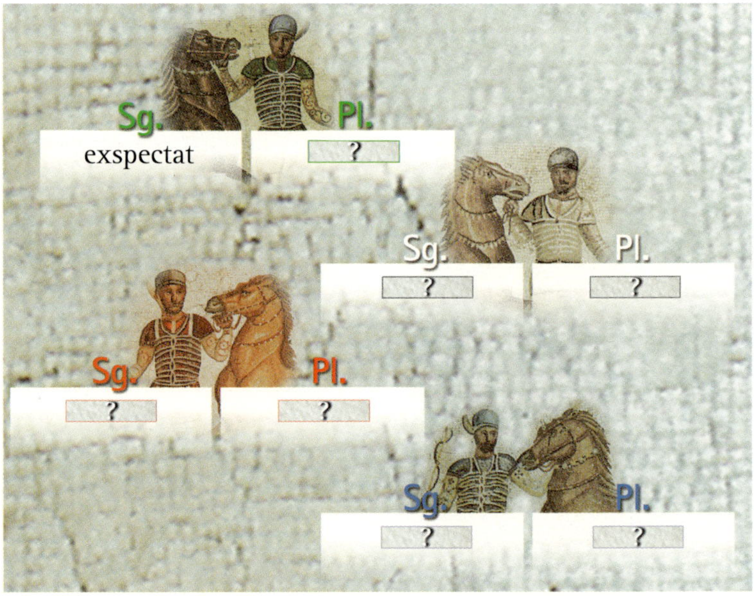

ⓑ Bilde nun zu allen Verben aus Übung a den Infinitiv. Schreibe die Formen so in dein Heft, dass du die 3. Pers. Sg., die 3. Pers. Pl. und den Infinitiv nebeneinanderschreibst.
Beispiel: **exspectat – exspectant – exspectare**

ⓒ Wie es verschiedene Konjugationsklassen für Verben gibt, so gibt es auch verschiedene Deklinationsklassen für Substantive. Drei verschiedene Deklinationsklassen lernst du hier kennen:

-a

-us

-or

Ordne die Substantive aus **T** (nicht die Namen) den Spielmarken zu.
Bilde dann zu den Singularformen den Plural und umgekehrt.

ⓓ Setze das in Klammern angegebene Wort in die jeweils passende Form. Beispiel: **populus (exspectare) – populus exspectat**

(populus) clamat	praetor (tacere)
(victor) accedunt	porta (patere)
amici (venire)	(equus) currunt

Übersetze dann die kleinen Sätze.

LATEIN LEBT

Ordne die folgenden englischen und französischen Wörter jeweils ihren lateinischen Entsprechungen zu. Übertrage die Wortpaare in dein Heft:
temple, sont, où, et, ami, population, now, porte, victor, to expect, today, venir, amie, claim, templum, sunt, ubi, et, amicus, populus, nunc, porta, victor, exspectare, hodie, venire, amica, clamare

Grundlagen

- Überträgt man einfache lateinische Texte ins Deutsche, so kann man die **Wortreihenfolge manchmal beibehalten.**

Beispiel: Et amici clamant.
Auch die Freunde schreien.

Im Lateinischen gibt es keine Artikel. Daher muss man im Deutschen oft einen bestimmten (*der, die, das* usw.) oder unbestimmten (*ein, eine, ein* usw.) **Artikel ergänzen.** Wenn der Bezug des Wortes amici wie hier bereits bekannt ist – gemeint sind ja die zuvor genannten Aulus, Gaius und Lucius –, muss man amici mit „*die* Freunde" wiedergeben; wären sie nicht bekannt, würde man nur mit „Freunde" übersetzen.

- Außerdem muss im Lateinischen nicht ausdrücklich ein Subjekt genannt werden, da die bezeichnete Person an der Endung des Prädikats zu erkennen ist. Das **Subjekt** kann also auch **im Prädikat** enthalten sein.

Beispiel: Clamant.
Sie schreien.

Wer oder was tatsächlich gemeint ist, ergibt sich aus dem vorhergehenden Text. Bei der Übersetzung muss man im Deutschen entsprechende Pronomina (Fürwörter) einsetzen.

- Häufig **unterscheiden sich die lateinische und die deutsche Wortreihenfolge** im Satz. Besonders gilt das für das **Prädikat,** das in lateinischen Sätzen meist am Ende, in deutschen Sätzen oft als zweites Satzglied steht. Häufig, besonders in umfangreicheren Sätzen, empfiehlt sich deshalb beim Übersetzen folgendes Vorgehen:

1. Übersetze das *erste* Wort bzw. die erste zusammenhängende Wortgruppe.
2. **Springe** dann nach hinten **zum Prädikat** und übersetze es.
3. Kehre danach wieder zum *zweiten* Wort bzw. zur zweiten Wortgruppe zurück.

Beispiele: 1 3 2 — 1 3 2
Ubi equi sunt? — Ibi equi veniunt.
Wo sind die Pferde? — Dort kommen die Pferde.

● *Übersetze ins Deutsche und erkläre, wie du dabei vorgegangen bist:*

Ecce: Circus Maximus! Hodie ludi sunt. Populus clamat et gaudet. Etiam Gaius et Lucius clamant et gaudent; nam Syrus victor accedit. Tum praetor advenit et populus tacet.
Atia diu exspectat, tum rogat: „Ubi Lucius amicus est?" Subito Lucius venit. Nunc amica gaudet.

2 Verwirrung in der Basilika

*Ansicht der **Basilica Iulia** auf dem **Forum Romanum** (1. Jh. n. Chr.). Im Vordergrund die **rostra**, die Rednertribüne. Digitale Rekonstruktion.*

Einkaufen konnte man im alten Rom an den zahlreichen offenen Marktständen oder in den Fachgeschäften (**tabernae**). Diese befanden sich im Erdgeschoss mehrstöckiger Mietshäuser, die oft eine zur Straße liegende Ladentheke hatten, oder in den Basiliken (**basilicae**).

Als **basilica** bezeichnet man eine mehrschiffige, manchmal auch mehrgeschossige Halle oder eine Halle mit umlaufendem Säulengang, wobei der zentrale Hallenraum in der Regel überhöht war.

Die erste römische Basilika, die **Basilica Porcia**, wurde 184 v. Chr. auf dem Forum erbaut, wenig später (179 n. Chr.) kam die **Basilica Aemilia** hinzu. Ebenfalls auf dem Forum ließ Cäsar den Bau der prächtigen, 105 mal 46 Meter einnehmenden **Basilica Iulia** beginnen, die erst unter Augustus vollendet wurde. Die gewaltigen Reste der **basilica Maxentii** bzw. **basilica Constantini**, 306 n. Chr. unter Kaiser Maxentius begonnen und unter seinem Gegner und Nachfolger Konstantin vollendet, kann man noch heute am **Forum Romanum** bewundern.

Die **basilicae** dienten als Gerichts- und vor allem als Markthallen. Börsengeschäfte und Großhandel wurden hier abgewickelt; in den Arkaden befanden sich **tabernae.** Sie waren ganztägig und oft auch an offiziellen Feiertagen geöffnet. Türpfosten und Leinwandvorhänge dienten als Werbeflächen, Preisschilder gab es nicht. Der Preis wurde durch Handeln und Feilschen ausgemacht.

Unter den Waren, die aus dem ganzen Imperium nach Rom geliefert wurden, waren auch exotische Haustiere. Dazu gehörten Affen und grüne Papageien. Weiter verbreitet waren allerdings heimische Haustiere: Hunde und verschiedene Vögel, allen voran Tauben und Singvögel wie Sperling oder Nachtigall. Als Schoßtiere hielt man auch Hasen; Katzen hingegen schätzte man mehr als Mäusejäger.

G

Gaius amicum videt *(sieht)*.
Lucius amicam videt.
3 Praetor signum dat.
Equi per Circum Maximum currunt.
Amici equos exspectant.
6 Syrus ad praetorem accedit.

Verwirrung in der Basilika

Atia et Antonia amicae forum petunt et basilicam Iuliam intrant. Per basilicam properant et ad Rutilium mercatorem accedunt. Nam Rutilius bestias vendit. Rutilius ante tabernam stat et amicas videt. Tum clamat: „Hodie simiae[1] et psittaci[2] adsunt!“ Tum psittaci clamant: „Psittaci adsunt! Psittaci adsunt!“ Amicae psittacos audiunt et rident. Statim amicae in tabernam contendunt, psittacos spectant.

Etiam mulieres in tabernam veniunt et salutant: „Salve!“ Rutilius respondet: „Salvete!“ Etiam psittaci clamant: „Salvete!” Mulieres circumspectant: „Quid? Quid est? Quis clamat?“ Rutilius ad mulieres accedit et psittacos monstrat: „Psittaci hic sunt!“

Subito autem simiae clamorem tollunt. Mulieres et amicae: „Quis nunc clamat?“ Rutilius respondet: „Simiae sunt. Etiam simiae adsunt!“ Psittaci clamant: „Etiam simiae adsunt! Etiam simiae adsunt!“ Nunc amicae et mulieres simias vident. Itaque psittacos non iam spectant. Psittacos relinquunt et ad simias accedunt.

Diu apud simias stant et spectant et rident. Subito iterum psittacos audiunt: „Etiam psittaci adsunt! Etiam psittaci adsunt!“ Amicae et mulieres et Rutilius psittacos spectant et rident.

[1] sīmia *Affe*

[2] psittacus *Papagei*

❶ Beschreibe zunächst die im Bild dargestellte Szene. Welche inhaltlichen Erwartungen hast du an den Text, wenn du Bild und Überschrift verbindest?

❷ Versucht, eure Vermutungen dadurch zu überprüfen, dass ihr konzentriert zuhört, während euch eure Lehrerin/euer Lehrer den Text vorträgt. Überprüft dann eure Erwartungen am Text; achtet dabei besonders auf diejenigen Textpassagen, in denen wörtliche Rede enthalten ist, sowie auf Wortwiederholungen.

❸ Gliedere den Text in einzelne Szenen. Gib jeder dieser Szenen eine Überschrift und fasse ihren Inhalt mit eigenen Worten zusammen.

❹ Vergleiche die Einkaufsmöglichkeiten in Rom mit unseren heutigen. Nenne Gemeinsamkeiten und Unterschiede und beurteile Vor- und Nachteile.

Ü

a Bestimme in folgenden Sätzen Kasus, Numerus und Genus der fettgedruckten Wörter und übersetze die Sätze.

1. Aulus **victores** videt.
2. **Mercator** bestias vendit.
3. Mulieres ad **basilicam** accedunt.
4. Gaius **amicos** exspectat.
5. **Populus** equos spectat.

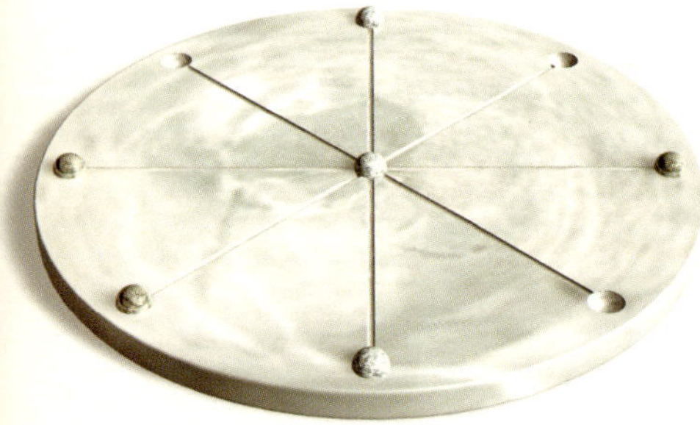

b Ergänze bei folgenden Sätzen das Prädikat anhand des angegebenen Infinitivs und übersetze dann.

1. Ante basilicam mulieres (stare).
2. Mercator bestias (vendere).
3. Aulus victor (esse).
4. Amicus clamorem (tollere).
5. Aulus et Atia per basilicam (currere).
6. Amici diu ante basilicam (exspectare).

„Rundmühle"
Zwei Spieler erhalten je drei Steine in einer Farbe. Es wird abwechselnd gesetzt, dann gezogen. Gewonnen hat, wer eine Mühle, also drei Steine in einer Reihe, schließen kann. Im Gegensatz zu unserem Mühlespiel gibt es aber nur eine mögliche Form, eine Mühle zu bauen: Die Mitte des Spielfeldes muss besetzt sein. So wird natürlich der Spieler, der beginnt, die Mitte besetzen. Aber Achtung: Er kann leicht zur Aufgabe dieser Position gezwungen werden – probiert das Spiel, indem ihr das Spielfeld auf einen Karton übertragt.

c Verbinde!
Im linken Kasten findest du die Satzanfänge, im rechten Kasten die Fortsetzungen. Füge die Sätze zusammen, bringe sie in eine sinnvolle Reihenfolge und übersetze dann.

Aulus et Gaius amicus ...	... mulieres adsunt.
Ante tabernam ...	... Rutilium mercatorem vident.
Amici intrant et ...	... bestias spectant et gaudent.
Ad tabernam amici ...	... tabernam petunt.

d Von Kasus zu Kasus
Bilde zu den Akkusativformen den entsprechenden Nominativ und umgekehrt.
tabernas – basilica – mulierem – clamor – amicos – signa (!) – equi – populum – amicae – bestiam – victores (!) – mercator – forum (!) – amicum

e „Verwechselwörter"
Alle diese Wörter beschreiben eine Bewegung und können daher leicht verwechselt werden:
venire – advenire – accedere – currere – petere – properare – contendere – relinquere
Beschreibt die Unterschiede in der Art der Bewegung. Überlegt euch Merkhilfen und stellt sie in der Klasse vor.

ÜBERSETZUNG

Übersetze und vergleiche die deutsche Übersetzung mit dem lateinischen Satz:
Tabernam relinquunt.
Beschreibe möglichst vollständig die Unterschiede. Welche Schlussfolgerungen kannst du daraus für dein Vorgehen beim Übersetzen ziehen?

Tipps zum Vokabellernen

Damit du dir die lateinischen Vokabeln gut merkst, solltest du für das Lernen und Wiederholen die folgenden **Tipps** beachten:

1. Präge dir die Vokabeln nicht nur über die **Augen** ein, sondern sprich sie laut, damit du sie auch mit den **Ohren** aufnimmst. Dies ist z.B. wichtig, um die Verben der e-Konjugation (langes ē vor der Infinitivendung) und der konsonantischen Konjugation (kurzes ĕ vor der Infinitivendung) zu unterscheiden.
2. In jedem Fall solltest du die Wörter **schreiben** (in ein Vokabelheft, auf Karteikarten oder in ein Computerprogramm).
3. Teile dir die Wörter, die du an einem Tag lernen musst, in **Portionen** (fünf bis sieben Vokabeln) ein. Lerne die Portionen nacheinander und mit kurzen Pausen dazwischen.
4. Nutze auch deine **Fremdsprachen- und Fremdwörterkenntnisse** als Lernhilfen. Überlege dir **Eselsbrücken**, zeichne Wörter oder ordne sie in Gruppen (z.B. nach der Wortart oder der Bedeutung).
5. Lass dich von Eltern, Geschwistern, Mitschülern oder von einem Computerprogramm regelmäßig – und zwar „durcheinander", d.h. nicht in der Reihenfolge der Wortlisten im Buch – abfragen.

6. Du hast beim Vokabellernen in den anderen Fremdsprachen vielleicht schon festgestellt, dass du diejenigen Vokabeln, die du am Abend schnell noch gelernt hast, fast genauso schnell wieder vergessen hast, da sie nur in deinem Kurzzeitgedächtnis gespeichert wurden.
   Es ist also wichtig, *alle Vokabeln regelmäßig zu wiederholen*; dadurch gelangen sie vom Kurzzeit- ins **Langzeitgedächtnis**. Bewährt hat sich dabei, die Vokabeln insgesamt fünf Mal zu wiederholen, und zwar in immer größer werdenden Zeitabständen. Dies geht besonders gut mit einem **Karteikasten** (s.u.).
7. Wörter, die du bei einer **Wiederholung** nicht (mehr) kannst, musst du ehrlich und konsequent notieren, um sie erneut zu wiederholen.

1 *Sucht nach weiteren Lerntipps und stellt sie vor.*

2 *Stelle die bisher gelernten Verben nach Konjugationsklassen zusammen, lies sie laut vor und achte dabei besonders auf die richtige Aussprache der Verben der e- und der konsonantischen Konjugation.*

3 *Ein häufiges Problem beim Vokabellernen ist das Verwechseln von Wörtern mit gleichen Anfangsbuchstaben sowie gleichen oder ähnlichen deutschen Bedeutungen.*
Stellt Listen mit Verwechselwörtern zusammen und begründet die Auswahl. Stellt eure Listen in der Klasse vor und vergleicht sie. Sucht gemeinsam nach Möglichkeiten, euch diese Verwechselwörter einzuprägen.

Vokabellernen mit dem Karteikasten

Grundregel: Alle Vokabeln, die du noch nicht oder nicht mehr kannst, gehören in das erste Fach. In den Fächern 2–5 befinden sich die gelernten Vokabeln, deren Kenntnis du durch Wiederholen überprüft und gefestigt hast. Je weiter hinten eine Vokabel in deinem Karteikasten ist, desto öfter hast du sie erfolgreich wiederholt.

- Eine Vokabel rückt erst von F1 in F2 auf, wenn du sie sicher kannst.
- Überprüfe regelmäßig, ob du noch alle Vokabeln in F2 kennst; die gekonnten rücken in F3 auf, nicht (mehr) gekonnte wandern zurück ins erste Fach. Verfahre auf dieselbe Weise mit den Vokabeln in den Fächern 3-5.
- Vokabeln aus F5, die du sicher beherrschst, kannst du vorläufig zur Seite legen, um sie zu einem späteren Zeitpunkt noch einmal zu kontrollieren (z.B. vor Klassenarbeiten).

4 *Gestaltet eine Vokabelkarteikarte. Berücksichtigt dabei Möglichkeiten, die euch beim Lernen helfen können. Achtet auf Übersichtlichkeit.*

3 Besuch in den Thermen

Die Einrichtung von Badeanstalten wurde seit dem späten 2. Jh. v. Chr. aus dem griechisch geprägten Kulturkreis am Golf von Neapel, wo man schon längere Zeit natürliche Warmwasserquellen nutzte, übernommen und entwickelte sich zu einem lukrativen Geschäft. Im Jahre 33 v. Chr. waren bereits 170 öffentliche und private Bäder in Betrieb, im 4. Jahrhundert sollen es an die 1.000 gewesen sein.

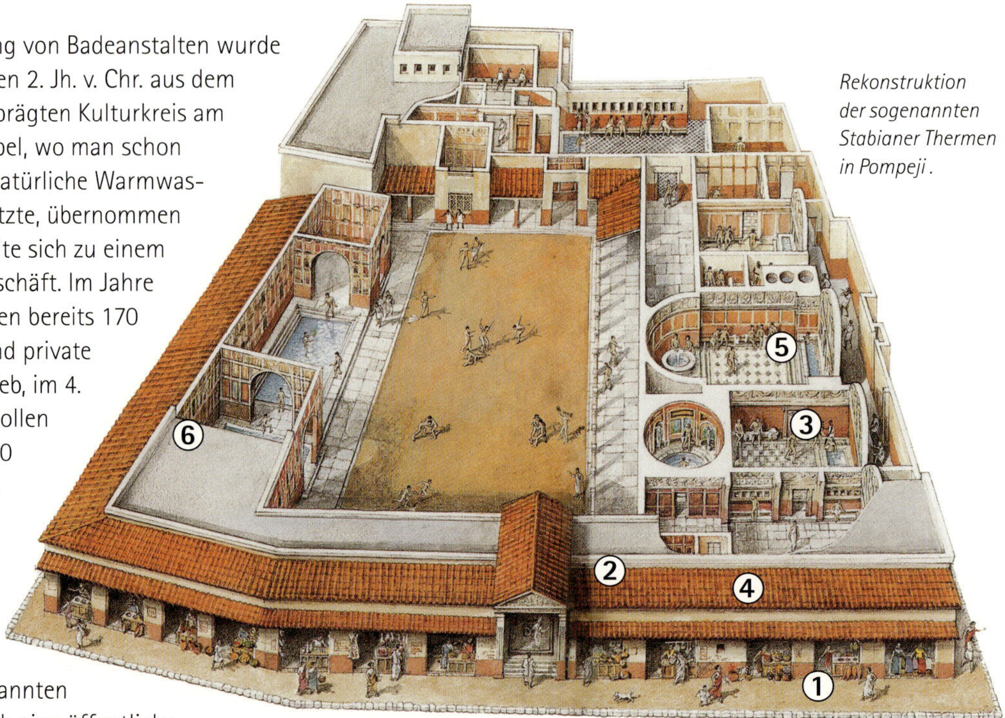

Rekonstruktion der sogenannten Stabianer Thermen in Pompeji.

Die Kaiser erkannten im Badebetrieb eine öffentliche Aufgabe: Er diente der öffentlichen Hygiene, der Unterhaltung der Massen und nicht zuletzt der öffentlichen Zurschaustellung von Reichtum und Macht. Unter Augustus wurde die erste große Badeanlage (**thermae**) auf dem Marsfeld errichtet. Kaiser Caracalla (211 – 217 n. Chr.) ließ östlich des Circus Maximus Thermen erbauen, die 1600 Menschen Platz boten und deren kolossale Überreste noch heute zu sehen sind. Die Thermen des Kaisers Diokletian (294 – 305 n. Chr.) im Nordosten der Stadt maßen 361 mal 371 Meter und nahmen sogar 3000 Badegäste auf. Ihr Frigidarium wurde von Michelangelo zur Kirche S.Maria degli Angeli umgebaut, die heute in der Nähe des Hauptbahnhofs besichtigt werden kann. Auch andere wohlhabende Bürger und Politiker stifteten Bäder oder unterstützten deren Betrieb. Die Thermen öffneten meist am frühen Nachmittag und waren gegen ein geringes Eintrittsgeld jedem zugänglich, auch Sklaven; das Eintrittsentgelt war keine Zugangsbarriere. Man badete nackt und legte daher Wert auf das räumlich oder zeitlich getrennte Baden von Männern und Frauen. Es gab zahlreiche, oft prachtvoll mit Marmor, Malereien, Mosaiken und Statuen ausgestattete Räumlichkeiten für den eigentlichen Badebetrieb (vgl. die Nummern in der Abb.):

① **apodyterium** *Umkleideraum*
② **frigidarium** *Kaltwasserbad*
③ **caldarium** *Heißwasserbad*
④ **tepidarium** *Lauwarmbad*
⑤ **sudatorium** *Schwitzraum*
⑥ **natatio** *Schwimmbecken*

Daneben luden Wandelgänge, Parks und Sportplätze (**palaestrae**) zum Flanieren und Sonnenbaden, zu Sport und Spiel ein. Oft standen auch Lesesäle und Bibliotheken zur Verfügung. Bei Händlern, in Kneipen und Imbissstuben konnte man sich mit Speisen, Getränken und allerlei anderen Waren versorgen.

G

Atia in Circo Maximo est.
Cum amicis ludos spectat.
Populus Circum clamore complet *(erfüllt)*.
Sed ubi Antonia est?
Antonia in foro est.
In basilicā Iuliā bestias spectat.

Zur Bedeutung der kursiv gedruckten Wörter vgl. S. 28.

T

Besuch in den Thermen

Aulus et Gaius thermas petunt. Ad portas accedunt et intrant. In thermis mercatores adsunt. Aulum et Gaium vident et clamant. Sed amici non audiunt; ad *apodyterium* accedunt.

Tum subito Lucium amicum vident. Lucius apud mercatorem stat. Gaius Aulum rogat: „Cur ibi stat neque ad *apodyterium* venit?“ Aulus: „Lucius semper de Atia cogitat – nam Atiam amat et amicam semper donis delectare vult.“ Subito Quintus mercator thermas clamore complet. Aulus et Gaius ad Quintum properant. Etiam Lucius accedit. Quintus in turba stat et cum sene certat[1]. Quintus mercator: „Senex vinum sumit, sed pro vino pecuniam dare non vult! Fur est! Fures tantum in thermis sunt!“

Subito Gaius Lucium in turba videt: „Ecce! Lucius ibi est!“ Gaius et Aulus clamant: „Salve, Luci!“ Et Lucius: „Salvete, amici!“ Nunc Lucius cum Aulo et Gaio ad *apodyterium* contendit. Ibi amici vestes deponunt et primo *caldarium*, deinde *tepidarium*, tum *frigidarium* intrant.

Denique ad *palaestram* properant et cum adulescentibus pilā ludunt. Ibi Lucius Atiam videt. Tamen ad Atiam accedere dubitat, nam donum non habet. Aulus ad Lucium: „Cur dubitas[2]? Si Atia te amat, etiam sine donis te amat.“ Nunc Atia Lucium videt: Venire non dubitat, ad Lucium properat.

[1] certāre *streiten*

[2] dubitas *zögerst du*

❶ Suche in **T** alle Präpositionalausdrücke (**in, cum, ad, per, ante, apud** + Substantiv) und die dazu gehörenden Verbalinformationen (Prädikate) heraus und notiere sie als Tabelle (drei Spalten, die Spalte links bleibt zunächst frei) in dein Heft.
Beschreibe mithilfe dieser Informationen, was Aulus und Gaius bei ihrem Besuch in den Thermen erleben.
Lies auf Seite 31 (Texterschließung I) den Abschnitt über Konnektoren sorgfältig durch.
Vervollständige deinen Sinnvorentwurf, indem du die Konnektoren aus **T** in der freien Tabellenspalte ergänzt.

❷ Beschreibe, wie die Räume der Thermen erwärmt wurden und wohin die heiße Luft strömte. Mit welcher modernen Heizung lässt sich dieses sog. Hypokaustensystem vergleichen? Welche Auswirkungen hatte der riesige Bedarf an Brennmaterial?

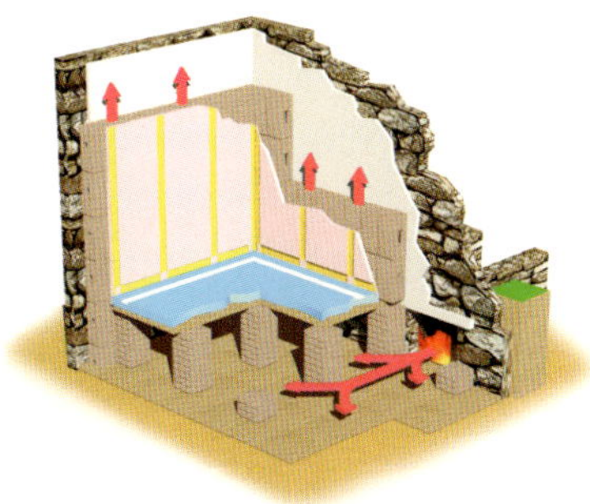

❸ Vergleicht die Thermen mit heutigen Badeanstalten: Was ist anders, was ähnlich, was gleich?

Ü

Frauen bei der Gymnastik in den Thermen. Römisches Fußbodenmosaik, 3./4. Jh. n. Chr. (Sizilien, Piazza Armerina).

a Schreibe aus **T** alle Ablativformen (ggf. mit Präposition) heraus und sortiere sie nach Deklinationsklassen.
Welche Endungen gibt es für den Ablativ? Überprüfe mithilfe des Grammatikteiles dein Ergebnis auf Vollständigkeit.

b Übersetze und bestimme die Bedeutung des Ablativs:
1. Lucius Atiam donis delectat.
2. Mercatores thermas clamore complent.

c Bestimme die Formen nach Kasus und Numerus. Gib zu jeder Singularform den Plural an und umgekehrt.
dona (2) – victoribus – amico – vinum (2) – mercatores (2) – muliere – porta (2) – clamor – equos – vestem – basilicis – ludus – bestiam – foro

d Finde den Irrläufer:
vestem – clamorem – tandem – mercatorem
ad – apud – cum – per
sene – praetoribus – taberna – thermae

e Ordne zu und übersetze:
in Circo Maximo – in thermis – clamore – cum amicis – in foro – cum senibus – de Atiā
1. Equi ... currunt. 2. Gaius ... ludos spectat. 3. Lucius ... cogitat. 4. Turba ... basilicas spectat. 5. Mulieres basilicam ... complent. 6. Adulescentes ... disputant *(diskutieren)*. 7. Quintus ... vinum vendit.

IN VINO VERITAS

vēritās *Wahrheit*

f Übersetze und ordne die Sätze den Personen (a–e) auf der Skizze zu:
1. Cornelia in basilicam properat.
2. Marcus in basilicā stat et forum spectat.
3. Aulus et Gaius ante basilicam stant.
4. Atia cum Lucio ad forum contendit.
5. Apud Rutilium mercatorem simia *(Affe)* est.

Konnektoren, Sach- und Wortfelder

◆ Die Einheiten, aus denen sich Texte zusammensetzen, sind zunächst einmal einzelne Sätze, die nach bestimmten grammatikalischen und inhaltlichen Gesichtspunkten aufgebaut sind. Darüber hinaus findest du in zusammenhängenden Texten oftmals **Konnektoren** (Satzverbindungen), die gedankliche Zusammenhänge oder Handlungsabläufe verdeutlichen (z. B. tum, nam, sed). Sie bewirken, dass der Text leichter verständlich wird, aber auch gefälliger zu lesen ist. Zu den Konnektoren werden auch die Konjunktionen (beiordnende Bindewörter) gerechnet.

❶ *Übertrage die Tabelle in dein Heft und ordne die Konnektoren der Lektionen 1–3 in die entsprechende Spalte ein. Es hilft dir bei der Texterschließung, wenn du diese Tabelle immer aktualisierst.*

Konnektoren, die gleichartige Gedanken verbinden	...
Konnektoren, die Handlungen zeitlich gliedern	...
Konnektoren, die etwas begründen	...
Konnektoren, die einen Gegensatz einleiten	...

Es ist für das Übersetzen hilfreich, Überlegungen zum Textzusammenhang für die Vorerschließung eines Texts nutzbar zu machen, also darauf zu achten, wie der Zusammenhang einer Geschichte ist und welches Thema behandelt wird. Solche Hinweise auf den Inhalt eines Textes findest du bereits beim ersten Durchlesen.

◆ Die inhaltliche Thematik eines Textes erkennst du auch leichter, indem du nach **Sach-** und **Wortfeldern** suchst. Als **Sachfeld** bezeichnet man **Wörter verschiedener Wortarten** (Substantive, Adjektive, Verben etc.), die ihrer Bedeutung nach einem bestimmten Lebensbereich zugehören. Solche Bereiche sind z. B.: Politik, Militärwesen, Religion, Handel, Philosophie, Stadt- oder Landleben. Die Wörter eines Sachfeldes werden oft auch als **Schlüsselwörter** bezeichnet. **Wortfelder** sind demgegenüber **Wörter gleicher Wortart**, die zu einem Sachfeld gehören.

❷ *Entscheide bei der Liste der folgenden Wörter, welchen Sachfeldern du sie zuordnen möchtest. Übertrage die Wörter nach Sachfeldern geordnet in dein Heft.*

senex, vendere, ludus, delectare, mulier, clamor, taberna, adulescens, donum, circus, pecunia, equus, amicus, mercator, praemium, victor, amica

Ergänze die Sachfelder durch weitere lateinische Wörter.

❸ *Stellt Sachfelder oder Wortfelder zu folgenden Themen zusammen: Thermen, Kommunikation, Sinneswahrnehmung, Bewegung (ggf. nach Richtung geordnet), Gefühle.*

Tipp: Sach- und Wortfelder helfen euch auch beim Vokabellernen und -wiederholen.

Das Badehaus der Römervilla in Fischbach, Baden-Württemberg. Die einzelnen Räume sind gut zu erkennen, kannst du sie benennen?

4 Jubel auf dem Forum

Das Forum bildete das Zentrum des antiken Rom. Es war das Herz der Stadt, hier pulsierte das Leben. Es war – u. a. durch die großen Basiliken – ein Handelszentrum und – als Standort verschiedener Göttertempel – ein religiöser Mittelpunkt; schließlich war es das politische Zentrum des republikanischen Rom. In der Kurie tagte der Senat, eine Versammlung ehemaliger Beamter, deren Beschlüsse zwar formal nicht verbindlich waren, faktisch aber wegen der großen Erfahrung und hohen gesellschaftlichen Stellung der Mitglieder von den amtierenden Konsuln kaum missachtet werden konnten.
Gegenüber der **curia** befand sich die Rednertribüne; diese hatte ihren Namen **rostra** von den erbeuteten Schiffsrammspornen, die sie zierten, erhalten. Von den Rostra aus gaben die Beamten Erklärungen ab, von dort hielten Politiker Reden an das Volk, das sich auf dem zwischen **curia** und **rostra** gelegenen, 90 mal 90 Meter großen Versammlungsplatz (**comitium**) versammelte.
Zum Kapitol hin wurde der Platz durch ein hoch aufragendes Gebäude begrenzt, in dem wichtige öffentliche Dokumente und Schriften aufbewahrt wurden.

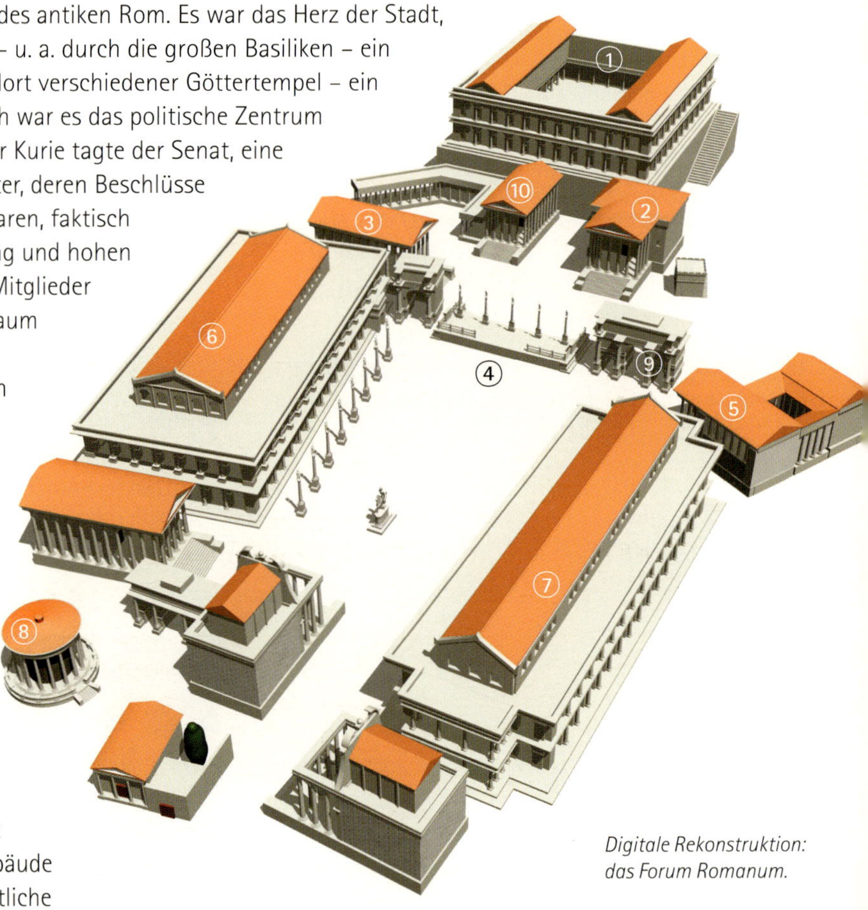

Digitale Rekonstruktion: das Forum Romanum.

In späterer Zeit kamen weitere Bauwerke hinzu, z. B. der Triumphbogen des Kaisers Septimius Severus (9) oder der Vespasian-Tempel (10).

❶ Benenne die übrigen nummerierten Bauwerke (1 – 8) der Rekonstruktionszeichnung mithilfe des Planes auf der rechten Seite.

❷ Informiert euch über die verschiedenen Bedeutungen, die das Wort **forum** haben kann. Nehmt dabei verschiedene Informationsquellen zu Hilfe. Stellt eure Ergebnisse in der Klasse vor, vergleicht und beurteilt sie.

G

Quintus senem videt. Subito clamorem tollit.
Senex: „Cur clamas? Cur non taces? Fur non sum!“
Quintus: „Rideo! Vinum sumis, sed pecuniam non das. Fur es! Vinum vendo, non dona do!“
In *tepidario*:
Lucius: „Cur subito tacetis? Cur *tepidarium* relinquitis? Quo *(wohin)* properatis?“
Aulus et Gaius: „Ad Quintum mercatorem contendimus; nam furem tenet *(hält fest)*!“

T

Jubel auf dem Forum

Hodie Aulus et Gaius ad forum properant. Etiam populus undique ad forum contendit. Atia et Lucius modo tabernam relinquunt et in via Aulum et Gaium vident. Lucius clamat: „Cur curris, Aule? Quo properas, Gai? Quo turba currit?“ Aulus et Gaius consistunt. Aulus clamat: „Forum petimus, nam hodie nuntius in curia est et victoriam nuntiat. Cur non venis, Atia? Cur venire dubitas, Luci? Quid exspectatis, Atia et Luci?“ Atia respondet: „Non dubito. Iam contendo. Luci, ubi es?“ Nam Atia Lucium in turba non iam videt. Lucius clamat: „Hic sum. Venio.“ Atia et Lucius cum amicis ad forum currunt.

Amici ad forum perveniunt et curiam petunt. Atia: „Ecce! Iam senatores e curia ad rostra[1] accedunt.“ Etiam M. Aquilius senator adest. Repente populus tacet et audit, nam C. Servilius consul palam nuntiat: „Tandem victoriam nuntio! Tandem victoria gaudere licet! Tandem victores sumus! Gaudemus, quod non iam iniuriis dolemus, quod non iam cum barbaris pugnamus, quod non iam patriam armis defendimus. Templa accedere et deos laudare sacrificioque[2] colere debemus. Nam nunc sine periculo vivimus!“ Statim populus clamat: „Io triumphe![3]“ Etiam amici nuntio gaudent.

[1] rōstra *(Pl.) Rednerbühne*
[2] sacrificium *Opfer*
[3] Iō triumphe! *Triumph, Sieg!*

❶ Lies die Zeilen 4 – 10 sorgfältig durch und überprüfe sie auf neue Verbformen. Untersuche den Abschnitt anschließend daraufhin, wer spricht oder handelt und wer angesprochen wird oder antwortet. Übertrage dann den Text als Schaubild in dein Heft, indem du die Zusammenhänge durch Pfeile verdeutlichst. Versuche, eine Vermutung über Art und Funktion der neuen Verbformen zu formulieren.

❷ Im ersten Abschnitt von **T** (Z. 1 – 11) treten verschiedene Verben eines Wortfeldes gehäuft auf. Nenne die betreffenden Verben und suche einen Überbegriff für das Wortfeld. Welche Stimmung wird dadurch erzeugt?

❸ Bereitet die Rede des Konsuls Servilius (Z.15 – 21) als Vortrag vor. Lest dazu den Abschnitt sorgfältig durch und entscheidet, wo ihr etwas hervorheben wollt. Tragt die Rede anschließend vor der Klasse vor. Vergleicht und beurteilt die einzelnen Vorträge unter folgender Fragestellung: Wo wurden Hervorhebungen gemacht? Welche Wirkung wird damit beim Zuhörer erzielt? Belegt eure Ausführungen am Text.

❹ Wenn du wissen willst, was in deinem Land und in der Welt geschieht, wie informierst du dich?
Was konnte ein Römer tun, wenn er sich darüber informieren wollte?

❺ Vergleicht die Zentren unserer Städte mit dem Forum Romanum des antiken Rom: Was ist anders, was ähnlich? Wie bewertest du die Gemeinsamkeiten und Unterschiede?

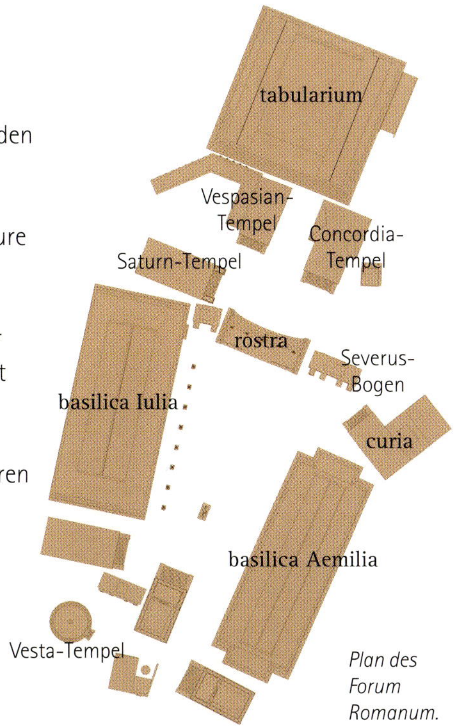

Plan des Forum Romanum.

Ü

a In **T** begegnen dir viele neue Verbformen. Suche alle Verbformen der 1. und 2. Person heraus und sortiere sie nach Konjugationsklassen. Vervollständige die jeweilige Formenreihe durch die anderen Personalformen.

b In Lektion 3 hast du den Ablativ des Mittels kennengelernt. Untersuche die Ablative von **T**, Z. 16–22 (**victoriā – iniuriis – armis – sacrificio – nuntio**): Welche bezeichnen ein Mittel? Was wird durch die anderen angegeben?

c Bei den folgenden Formen fehlt jeweils ein Buchstabe der Endung. Ergänze ihn und bestimme jede Form.
Achtung: Bei einigen Formen gibt es mehrere Lösungen.

mercator- ? m	port- ? e
for- ? m	sen- ? s
amic- ? s	consul- ? bus
curi- ? m	victor- ?

d Setze die Singularformen in den Plural und umgekehrt. Übersetze dann:
amicus adest – mulieres donis delectamus – senator es – ad mercatorem contendis – cum amicis intrant – deum sacrificio *(Opfer)* **colo – bestiam vides – curiam specto**

e Setze die in Klammern stehenden Substantive in die richtige Form. Achte dabei auf den richtigen Numerus und verwende, wenn nötig, auch passende Präpositionen.
Füge die Einzelsätze zu einer Geschichte zusammen, indem du treffende Konnektoren ergänzt. (Es bleiben Konnektoren übrig, sie dürfen aber auch mehrfach verwendet werden.)
nunc, etiam, tum, nam, et, neque, tandem, autem, itaque, deinde, denique, tamen
1. **Aulus (Circus Maximus) est et (ludus) spectat.** 2. **(Amicus) adsunt.** 3. **(Equus) currunt.** 4. **Populus (ludus) gaudet.** 5. **Amici (Syrus victor) laudant.** 6. **(Lucius) (Circus Maximus) relinquit et (forum) contendit.** 7. **Lucius (Atia) (basilica Iulia) intrat.**

LATEIN LEBT

Al Foro Romano
1. Paolo entra nel foro, vede la curia. Paolo:
2. „Sono davanti alla porta della curia.
3. Vedo i senatori.
4. I senatori mi salutano.
5. Entro nella curia."

Welche lateinischen Wörter erkennt ihr in den italienischen Sätzen?
Schreibt das italienische und das lateinische Wort jeweils nebeneinander.
Übersetzt die Sätze ins Deutsche.

ÜBERSETZUNG

Wähle die richtige Übersetzung. Begründe deine Entscheidung, indem du die Fehler der anderen Übersetzungen genau aufspürst.
Populus, quod consul victoriam nuntiat, gaudet et forum clamore complet.
1. Das Volk freut sich über den Konsul, weil er den Sieg verkündet, und erfüllt das Forum mit Jubelgeschrei.
2. Das Volk freut sich, weil der Konsul den Sieg verkündet, und erfüllt das Forum mit Jubelgeschrei.
3. Das Volk freut sich, weil der Konsul den Sieg verkündet und das Forum mit Jubelgeschrei erfüllt.
4. Weil der Konsul den Sieg verkündet und sich freut, erfüllt das Volk das Forum mit Jubelgeschrei.

Überlegt gemeinsam, warum solche falschen Übersetzungen entstehen und wie sie zu vermeiden sind. Bezieht die Übersetzungsmethodik I (S. 23) in eure Überlegungen mit ein.

Endungen

Es ist beim Übersetzen wichtig, die veränderlichen Signale, die an den Stamm von Substantiven und Verben gehängt werden (die sogenannten **Endungen**), zu beachten. Sie zeigen die grammatische Form an.

Beispiele:

	Wortstamm	*Endung*	*Grundform*	*Form*
Verb:	lauda	mus	laudare	1. Person Plural Präsens
Substantiv:	amic	us	amicus	Nominativ Singular masculinum

Aus der Bestimmung der Form ergibt sich auch die Funktion eines Wortes im Satz.

Beispiel:

	Amici	deos	sacrificiis	colere	debent.
Formen:	Nom. Pl. *m*	Akk. Pl. *m*	Abl. Pl. *n*	Inf. Präs.	3. Pers. Pl.
Grundwort:	amicus	deus	sacrificium	colĕre	debēre
Testfrage:	Wer?	Wen?	Womit?	Was tut xy?	
Funktion:	Subjekt	Objekt	Adverbiale	Prädikat	
Übersetzung:	**die** Freunde	**die** Götter	**mit** Opfern	verehr**en**	**(sie)** müss**en**

Übersetzung des ganzen Satzes (mit „Springen" zum Prädikat debent, vgl. Übersetzungsmethodik I, Lektion 1): Die Freunde müssen die Götter mit Opfern verehren.

❶ *Analysiere und übersetze den folgenden Satz nach der gleichen Methode.*
Amici in foro nuntio gaudent.

Beachte aber: Nicht alle Endungssignale sind eindeutig.
Beispiel: -a:

Substantiv-Form auf -a	Grundwort im Nom. Sg.	Deklination	Kasus, Numerus
amica	amica	a-Dekl.	Nom. Sg. *oder* Abl. Sg.
templa	templum	o-Dekl. *n*	Nom. Pl. *oder* Akk. Pl.

Man muss eine Substantivform also immer auf den Nominativ Singular, eine Verbform auf den Infinitiv Präsens zurückführen und die Zugehörigkeit zu einer bestimmten Deklinationsklasse oder Konjugationsklasse bestimmen.

❷ *Bestimme die möglichen Formen der unterstrichenen Wörter und übersetze richtig.*

1) Pila ludimus.
2) Templum patet.
3) Atia templum videt.
4) Atia templa videt.
5) Senator cum nuntio venit.
6) Nuntius clamat: „Nuntio vobis *(euch)* victoriam."
7) Populus nuntio gaudet.

Die ersten Lektionen haben dir gezeigt, wo sich die Römer gerne aufgehalten haben, welche Orte und Gebäude für ihren Tagesablauf wichtig waren. Immer wieder steht das Forum im Mittelpunkt der Ereignisse. Dort ist das Zentrum des politischen und öffentlichen Lebens der Römer. Um Neuigkeiten zu erfahren, Freunde zu treffen, Einkäufe zu erledigen, muss man sich dorthin begeben.
Gibt es auch in deinem Leben, in deiner Stadt, in anderen Ländern solch einen Mittelpunkt? Vergleiche die heutigen Verhältnisse mit denen im alten Rom. Beurteile die Unterschiede.

a Füge zu sinnvollen Sätzen zusammen:

vinum – victoriā – clamorem – agitatores *(Wagenlenker)* et equos – M. Aquilium senatorem – bestias

In thermis – In basilicā – Ad curiam – In foro – In Circo Maximo – in tabernā

audiunt – spectant – videt – gaudent – vendit – exspectat

Aulus – populus – amici et amicae – mulieres – Atia et Antonia – Quintus mercator

b Welche Gebäude sind hier abgebildet?
Nenne die lateinischen Bezeichnungen.

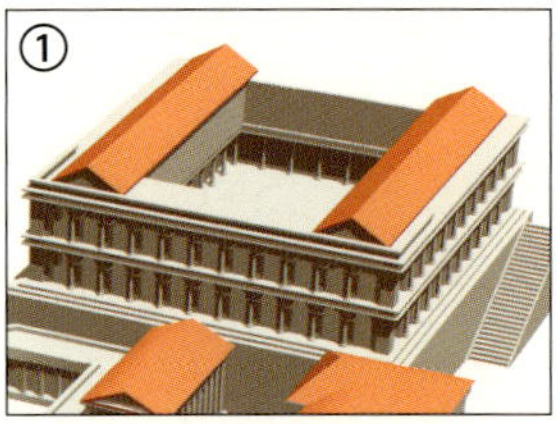

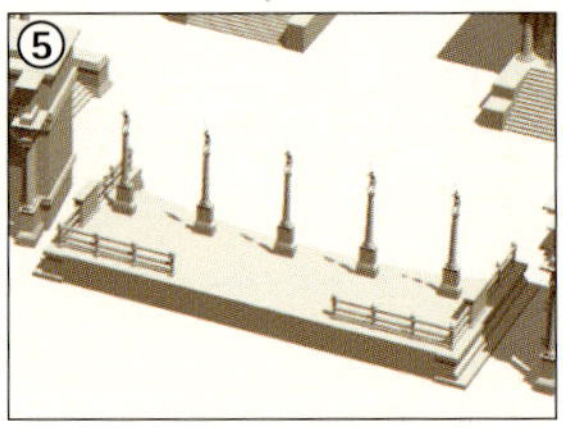

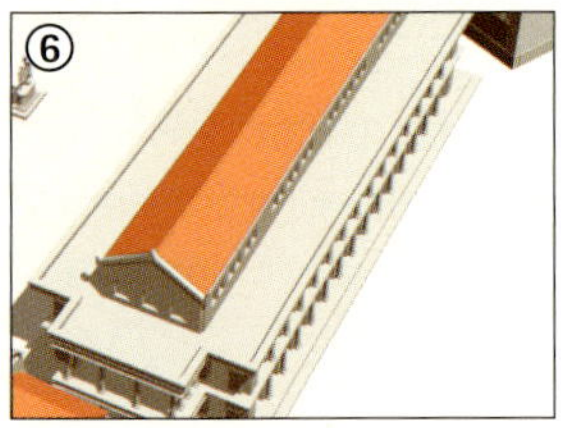

c Führe die folgenden Begriffe auf lateinische Verben zurück:
Lizenz – Petition – Laudatio – Video – Depot – komplett – senil

Wir spielen „Formenball"
Ein Spieler erhält einen kleinen Ball und übersetzt die erste der folgenden Formen. Anschließend wirft er den Formenball einem beliebigen Mitschüler zu. Dieser bildet zur selben Form den Infinitiv. Der Spieler, dem der Ball dann zugeworfen wird, übersetzt die zweite Form usw.
Wie schnell schafft ihr es, als Team die ganze Reihe durchzuspielen?
taceo – vivunt – pugno – estis – curritis – tollis – damus – respondent – es – rogas – relinquimus – sumo – sum – doles – defendit – videmus – sumus – intratis – stant – gaudet

Menschen wie du und ich?

Zu Hause bei Publius

In den folgenden Lektionen begleiten wir Publius, den Sohn des Senators Marcus Aquilius Florus, in einem für ihn wichtigen Lebensabschnitt, der auch mit einem großen Fest begangen wird.

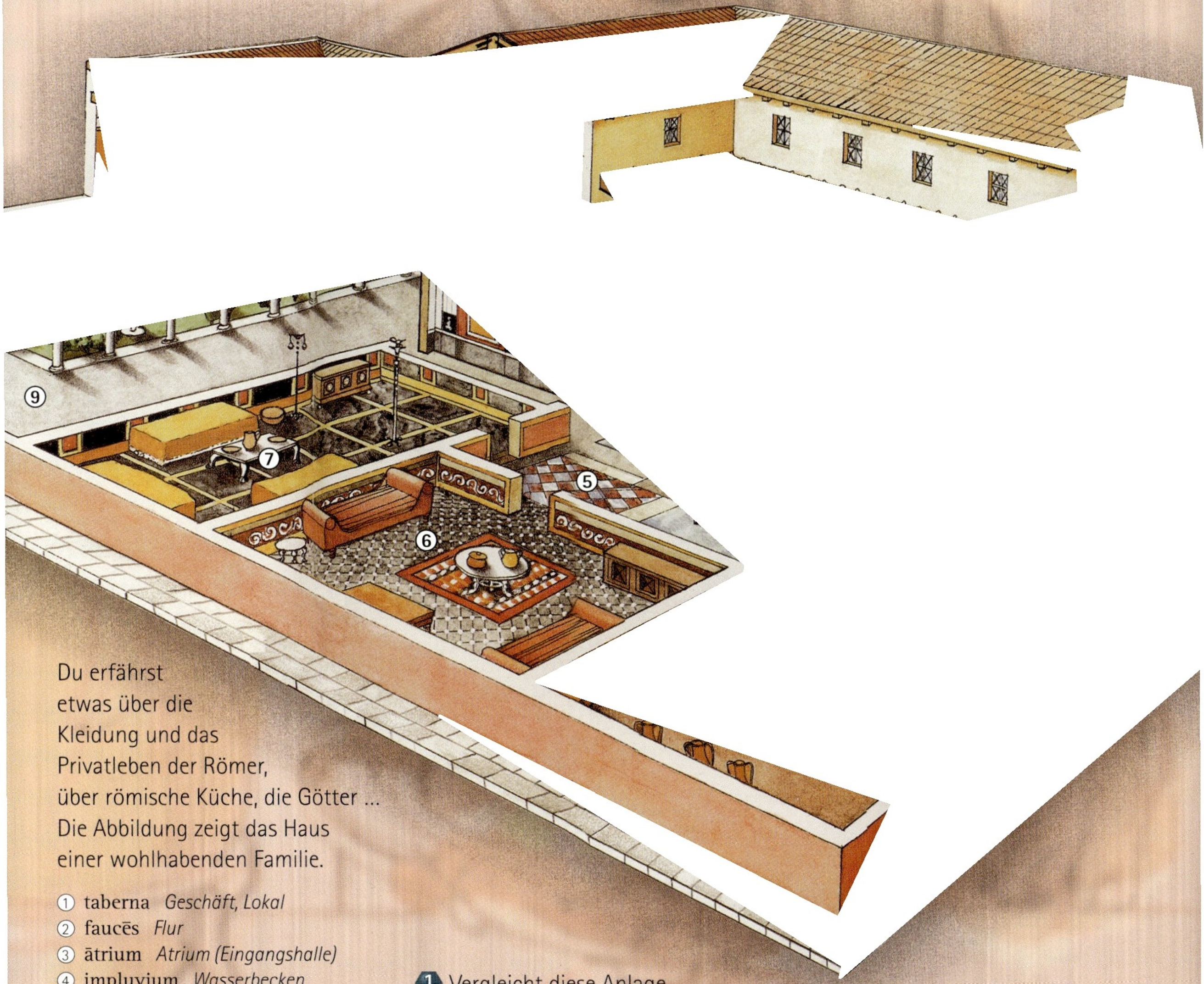

Du erfährst etwas über die Kleidung und das Privatleben der Römer, über römische Küche, die Götter ... Die Abbildung zeigt das Haus einer wohlhabenden Familie.

① **taberna** *Geschäft, Lokal*
② **faucēs** *Flur*
③ **ātrium** *Atrium (Eingangshalle)*
④ **impluvium** *Wasserbecken*
⑤ **āla** *Seitenraum im Atrium*
⑥ **tablīnum** *Empfangs-, Arbeitszimmer*
⑦ **trīclīnium** *Speiseraum*
⑧ **cubiculum** *Schlafraum*
⑨ **peristȳlium** *Säulengang mit Garten*

1 Vergleicht diese Anlage eines römischen Hauses mit unseren Wohnverhältnissen.

2 Nicht alle Menschen in Rom konnten sich ein solches Haus leisten. Informiere dich über die Wohnverhältnisse der einfachen Bevölkerung.

5 Eine Toga für Publius

Der Dichter Vergil bezeichnete die Römer als die **gens togata,** als das Volk in der Toga. Dieses Kleidungsstück stellte ein wichtiges Identifikationsmerkmal eines echten Römers dar. Ausländer, Sklaven oder zur Verbannung Verurteilte durften keine Toga anlegen.

Die meisten Römer trugen über dem **subligaculum,** einem windelähnlich gewickelten Lendentuch, eine **tunica,** ein einfaches Gewand aus Leinen oder Wolle. Im Haus ließ man es locker herabfallen, während es zum Ausgehen mit einem Gürtel in der Taille zusammengenommen wurde. In der Öffentlichkeit musste der römische Bürger eine **toga** tragen.

Das Anlegen dieses umfangreichen Gewandes erforderte eine gewisse Übung. Speziell ausgebildete Sklaven legten am Vorabend die Toga mithilfe von Holzstücken in die gewünschten Falten, um am Morgen den Faltenwurf besser an ihrem Herrn drapieren zu können. Die symbolische Bedeutung der Toga veranschaulicht der im Familienkreis begangene Festtag, an dem der etwa 16-jährige frei geborene Römer die **toga praetexta** gegen die **toga virilis** tauschte und damit seine Aufnahme in die Bürgergemeinde nach außen sichtbar machte.

Frauen trugen über der **tunica** eine **stola,** ein Gewand mit verzierten Säumen. Zum Ausgehen legte eine angesehene Frau eine **palla** um, mit der sie ihr Haupt bedecken konnte.

subligaculum

toga praetexta

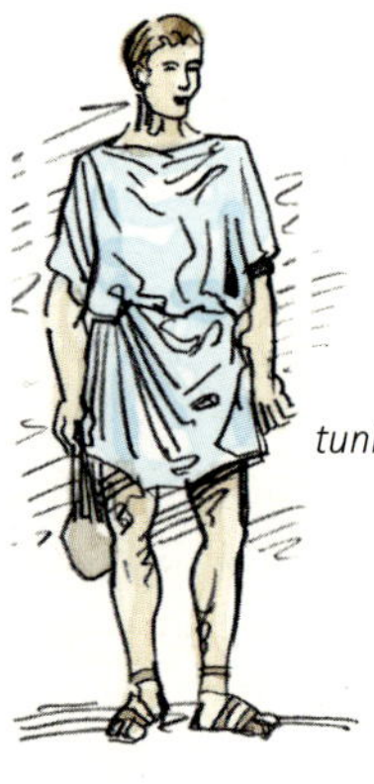

tunica

tunica

stola

palla

G Beachte die lateinischen Verbformen, die durch das deutsche Ausrufezeichen hervorgehoben werden.

Aulus et pueri ad forum currunt.
Aulus consistere vult, itaque clamat:
„Consistite, amici! Me *(mich)* exspectate!"
Publius consistere non vult; itaque respondet:
„Noli consistere, amice! Propera, Aule!"
Ad pueros: „Exspectate Aulum!"

● Es gab verschiedene Arten der Toga. Finde mithilfe eines Wörterbuches heraus, zu welchen Anlässen ein Römer eine bestimmte Toga trug.

Imperativ – **velle, nolle** – o-Deklination auf -er – Verwendung von **noli(te)**

Zur Bedeutung der kursiv gedruckten Wörter vgl. S. 37 f.

Senatoren trugen als äußeres Zeichen ihrer Würde eine Toga mit breitem Purpurstreifen.

T

Eine Toga für Publius

In christlich orientierten Familien stellt die Firmung oder die Konfirmation das Fest dar, das traditionell den Wechsel der Jugendlichen in das Erwachsenenalter markiert. Auch die Römer begingen den Eintritt ihrer Kinder in das Erwachsenendasein mit einer religiösen Zeremonie und einer häuslichen Feier.
Die Gestaltung eines solchen Festes bedarf einiger Vorbereitung. Sowohl neue Kleidung muss angeschafft als auch das Gastmahl vorbereitet werden. Das bedeutet eine Menge Arbeit und Aufregung für die familia des Senators Marcus Aquilius Florus und seiner Frau Cäcilia. Ihr Sohn Publius wird die toga praetexta, die Knabentoga, ablegen und die toga virilis, die Männertoga, anlegen.

Hodie Caecilia cum pueris in *atrio* stat et Fortunatum servum vocat: „Fortunate, propera ad forum et Ancum mercatorem voca! Ancum iam diu exspectamus. Nam sacrum et convivium paramus. Itaque vestes emere volo.“ Statim Fortunatus ad mercatorem currit. Tum Caecilia iubet: „Servi, parate convivium! Serva, para *triclinium,* mensam orna! Adeste, pueri!“ Paulo post Ancus cum servis aedes intrat et dominam liberosque salutat. Servi circiter viginti vestes in *cubiculum* portant. Caecilia Publium advocat: „Publi, mi fili[1], ades! Nonne togas spectare vis?“ Publius *togas praetextas* videre non vult, itaque respondet: „*Togas praetextas* videre nolo – togas viriles[2] videre volo. Mercator, noli ostendere *togas praetextas*, ostende togas viriles!“ Nunc puer, quod togam virilem induere[3] vult, servos vocat: „Nolite spectare, sed auxilium praebete!“ Publius togam libenter sumere vult. Mater togam virilem emit, tum liberos interrogat: „Vultisne *togas praetextas* et *tunicas* spectare?“ Liberi togas sumere volunt, sed *tunicas* videre nolunt. Itaque ad matrem dicunt: „*Tunicas* spectare nolumus. Togas gerere volumus, nam Romani sunt viri togati[4].“

[1] mī fīlī *mein Sohn (Vok.)*
[2] toga virīlis *Männertoga*
[3] induere *anziehen*
[4] togātus *mit der Toga bekleidet*

❶ Untersuche in **T** alle Sätze mit einem Ausrufezeichen auf neue Formen. Versuche, mithilfe bereits bekannter Formen eine Vermutung über ihre Funktion zu formulieren.

❷ Lies den Einleitungstext zu **T** aufmerksam durch. Welche Sachfelder erwartest du in **T**? Überprüfe deine Erwartungen am Text und formuliere dann einen inhaltlichen Vorentwurf.
Gliedere nun den Text mithilfe der Konnektoren und bestimme in den einzelnen Abschnitten die Handlungsträger (Subjekte). Konkretisiere deinen Vorentwurf.

❸ Heute nutzen viele Leute das Internet, um einzukaufen. Davor war das Einkaufen aus einem der zahlreichen Versandhauskataloge modern. Beschreibe die früheren und heutigen Arten einzukaufen und nimm Stellung zu den Unterschieden. Untersuche die Einkaufsgewohnheiten im Freundeskreis.

❹ Sowohl in **T** als auch auf Seite 38 erfährst du etwas über die römische Kleidung. Stell dir vor, du bist ein(e) römische(r) Modedesigner(in): Entwirf eine Kollektion. Beschrifte die Kleidungsstücke, damit auch Nichtrömer die neue Mode verstehen.

Ein Stoffhändler lässt von seinen Sklaven verschiedene Kleidungsstücke vorführen. Die Kunden betrachten aufmerksam die Modenschau. Römisches Relief (Rom, Museo della Civiltà Romana).

Zahlreiche Fremd- und Lehnwörter haben ihren Ursprung in der lateinischen Sprache. Sucht in Lexika Fremd- und Lehnwörter zu den folgenden lateinischen Wörtern und überlegt, wie die deutsche Bedeutung mit dem lateinischen Wort zusammenhängt: LATEIN LEBT

vocare – sacrum – ornare – advocare – interrogare – vir

Ü

a Ordne die Imperative, die in **T** enthalten sind, den entsprechenden Konjugationsklassen zu.

b Schreibe aus **T** alle Adverbialien mit Präposition heraus. Ordne nach Präpositionen mit dem Akkusativ und dem Ablativ.

c Übersetze die Sätze und erstelle eine Konjugationstabelle aus den Verbformen von nolle – *nicht wollen*.

1. „Visne cum Aulo ludos in Circo spectare, Antonia?“ – „Nolo.“
2. „Cur amicos exspectare non vis, Aule?“
3. „Vultne Atia simias *(Affen)* emere?“ – „Non vult.“
4. „Vultisne thermas petere, pueri?“ – „Nolumus.“
5. Cur amphoras *(große Krüge)* portare non vultis, servi?“
6. Pueri forum intrare nolunt, quod ibi turbam vident.

d Endbuchstabe -e!

Ordne die Verben nach Singular und Plural.
Welche Wörter kannst du nicht zuordnen? Warum?

emite – serve – curre – victore – relinque – portate – depone – complete – pete – consistite – tace – gaudete

e Formen, wandelt euch!

properat → Plural → 1. Person → Singular → 2. Person → Imperativ ▸ Übersetzung

curris → 3. Person → Plural → Imperativ → Singular → 1. Person ▸ Übersetzung

nolumus → 2. Person → Singular → 1. Person → 3. Person → Plural → Imperativ ▸ Übersetzung

f Wo sind die Vokale geblieben? Du hast die Wahl zwischen a – e – i – u.

curr ? s	orn ? s
proper ? tis	em ? nt
compl ? mus	defend ? mus
ostend ? nt	depon ? t
pugn ? t	pat ? nt

g Übersetze:

Fortunatus ist ein strenger Aufseher, der alle Tricks seiner Sklaven kennt. Das muss auch Hilarus, ein junger Sklave aus Gallien, erkennen.

1. Servi per *atrium* currunt, quod convivium parare et aedes ornare volunt. 2. Sed Fortunatus Hilarum servum non videt. Ubi est Hilarus? 3. Hilarus in *cubiculo* est, quod venire non vult.
4. Fortunatus Hilarum videt et advocat: „Hilare! Curre statim in *triclinium*! Porta vinum!“

Das lateinische Wort mensa wurde als Lehnwort in unsere Sprache übernommen. Welche Bedeutung hat es heute? Erkläre den Bedeutungswandel. LATEIN LEBT

Modenschau in Rom

Es ist eine Sache, über Kleidung zu reden, eine andere auszuprobieren, wie sich die Träger dieser Kleidung bewegen konnten oder mussten. Deshalb wollen wir uns nun ein römisches Outfit zulegen.

Wir brauchen: Schere, Nadel, Nähgarn, bunte Bänder, Nähmaschine, Sicherheitsnadeln und – viel Stoff.

Eine **Tunika**, das Unterkleid, das alle Römer trugen, ähnelt einem übergroßen ärmellosen T-Shirt. Die gewünschte Länge der Tunika ermitteln wir, indem wir den Abstand von den Schultern bis zum Knie oder Knöchel ausmessen.

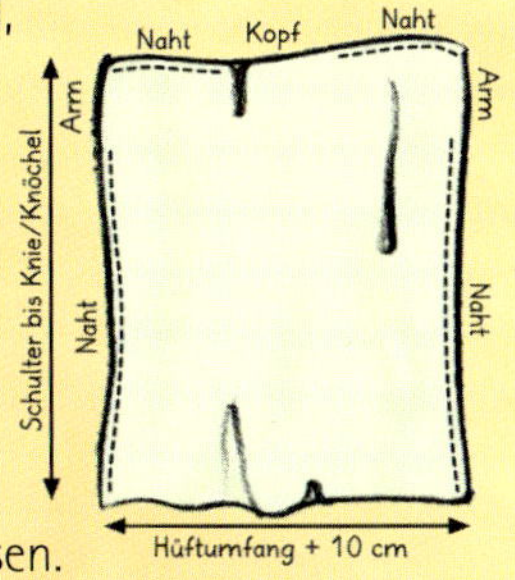

Ihre Weite ergibt sich aus dem Hüftumfang plus mindestens 10 cm Stoffzugabe.
Die beiden geraden Stoffbahnen werden so zusammengenäht, dass oben ein Schlupfloch für den Kopf, an den Seiten oben zwei Ärmellöcher bleiben.
Das lose herabfallende Hemd kann durch eine Kordel oder einen Gürtel in der Taille zusammengenommen werden. Durch das Raffen des Stoffes ist die Länge variierbar.

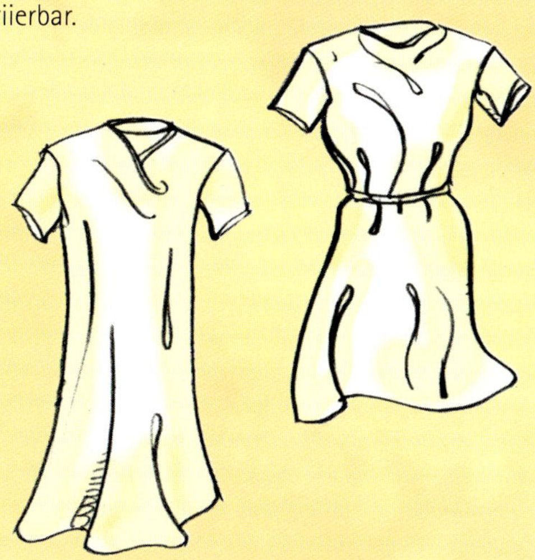

Eine **Toga** ist ein sehr aufwändiges, halbellipsenförmiges Kleidungsstück aus schwerem Wollstoff, das ursprünglich Männer und Frauen anlegten.

Da es sich bei der Hausarbeit als unpraktisch erwies, wurde es bald nur noch von Männern getragen.
Die Länge einer Toga errechnet man, indem man die Körperlänge des künftigen Trägers mit 2,5 multipliziert.
Hat man die gerundete Seite gesäumt, so kann man eine *toga praetexta* anfertigen, indem man die gerade Seite mit einem schmalen Purpurstreifen (Knabentoga) oder mit einem breiten violetten Streifen (**toga senatoria**) verziert.

Beim Anlegen der Toga halfen geschickte Sklaven. Das Gewand wird in Falten über die linke Schulter gelegt, etwa ein Drittel hängt vorne herab.
Der restliche Stoff wird über den Rücken unter dem rechten Arm nach vorne gezogen und wieder über die linke Schulter nach hinten arrangiert.

6 Vorbereitung eines großen Festes

Unzählige Läden mit unterschiedlichstem Warenangebot säumten die Straßen Roms. Ein bedeutendes Einkaufszentrum stellten die Trajansmärkte mit 150 Geschäften auf fünf Etagen dar. Da es im Erdgeschoss am kühlsten war, wurden hier Blumen und Obst verkauft. Große Lagerhallen für Öl und Wein fanden sich im ersten Stock, während man in der zweiten und dritten Etage Lebensmittel, Gewürze und Stoffe anbot. Die vierte Etage beherbergte die Fürsorgeeinrichtungen, in denen an bedürftige Bürger kostenlos Getreide und Öl verteilt wurden. Große Salz- und Süßwasserbecken, die durch Aquädukte gespeist wurden, befanden sich im fünften Stockwerk. Hier boten Fischhändler ihre Ware feil.

Die heutigen Reste der Trajansmärkte. Man kann noch gut die halbkreisförmige Anordnung erkennen sowie die ersten beiden der ehemals fünf Stockwerke.

In Rom fanden täglich Märkte statt, auf denen die Bauern oder Fischer der Umgebung ihre im Laufe der Nacht gelieferten Produkte verkauften. Wohlhabende Leute ließen ihre Einkäufe von Sklaven erledigen, ärmere Bürger kauften selbst ein. Da ihre Wohnungen oft keine Küchen oder nur unzureichende Kochgelegenheiten besaßen – in den Mietskasernen war das Kochen wegen der Brandgefahr oft verboten, – erstanden sie entweder fertige Speisen in Imbissstuben oder brachten ihr Essen zum Bäcker, der es dann in seinem Ofen garte.

G Aulus ad tabernam Rutilii mercatoris currit. Etiam Lydus ad tabernas fori venit. Lydus ante portam tabernae stat et dicit: „Clamorem mercatorum et servorum et servarum audio.“

Lies G ohne die Genitive. Welche Informationen gehen dabei verloren? Welche Schlussfolgerungen kannst du daraus für die Funktion des Genitivs ableiten?

Zur Bedeutung der kursiv gedruckten Wörter vgl. S. 37 f. und S. 43

T Vorbereitung eines großen Festes

Die Vorbereitung eines Gastmahls erforderte großen Aufwand. Da Kühlung von Lebensmitteln sehr schwierig und nur begrenzt möglich war, mussten frische Nahrungsmittel auf den verschiedenen Märkten, wie dem Fleisch-, Gemüse- oder Fischmarkt, kurz vor ihrer Zubereitung eingekauft werden.

Hodie familia Marci Aquilii Flori senatoris convivium parat. Fortunatus et Lydus servi per fora contendunt, ubi mercatores negotia agunt.

Primo in tabernis mercatorum *pisces, ova, olivas, caseum* comparant, attingunt, probant, emunt. Tum in taberna Quinti mercatoris servi vinum emere volunt: ... bibunt, ... probant, ... bibunt, ... probant, ... Denique *amphoras* domum portare non iam possunt[1]; itaque filii mercatoris servos ad montem Esquilinum, ubi aedes domini sunt, ducere debent. In itinere forte Syrum amicum vident. Etiam Syrus vinum diligit; ergo probat ...

Tandem Fortunatus et Lydus ad aedes familiae adveniunt. Sed nunc servi poenas patris familias timent. Paulo post e culina[2], ubi servae laborant atque cenam familiae parant, aquam portant et *amphoras* vini aqua complent ...

Repente servi vocem domini audiunt: „Fortunate, veni; togam induere[3] volo!“ Statim Fortunatus in *cubiculum* properat et auxilium praebet. Tum autem pater oculos in speculum[4] convertit et videt: *Toga praetexta* in umeris est. – Senator non gaudet!

Subito e culina verba servorum audit: „In amphoris non solum vinum, sed etiam aqua est!“

Statim Lydus et Fortunatus effugiunt.

[1] possunt *sie können*

[2] culīna *Küche*

[3] induere *anziehen, anlegen*

[4] speculum *Spiegel*

piscēs

ōva

olīvae

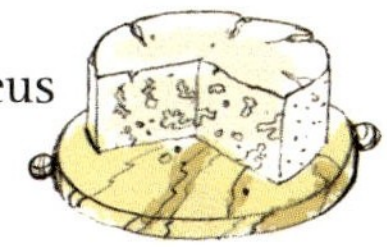
cāseus

amphora

❶ Erschließe **T** mithilfe der Erläuterungen und Aufgaben von Texterschließung II (S. 45).

❷ Römische Frauen verbrachten die meiste Zeit im Haus. Sie mussten die Kinder erziehen, den Haushalt organisieren und die Sklaven beaufsichtigen. Das Ansehen einer Frau, ihre Rechte und ihre gesellschaftliche Stellung hingen vom Status und der Position des Mannes ab. Frauen wohlhabender Familien konnten einige ihrer Aufgaben Sklaven übertragen.

Notiere aus **T** 5 und **T** 6, welche Aufgaben Cäcilia, die Gattin des Senators Aquilius, zu erledigen hat. Vergleiche das Ergebnis mit dieser kurzen Sachinformation.

Welche Aspekte werden in **T** nicht erwähnt? Welche Fragen stellen sich dir?

❸ Paul und Lisa sind während der Sommerferien nach Italien gefahren. Als sie über einen Wochenmarkt schlendern, fallen ihnen einige Preisschilder auf. Welche Waren sind auf der unten abgebildeten Tafel gemeint? Gib mithilfe der Bilder zu **T** die deutschen Bezeichnungen an.

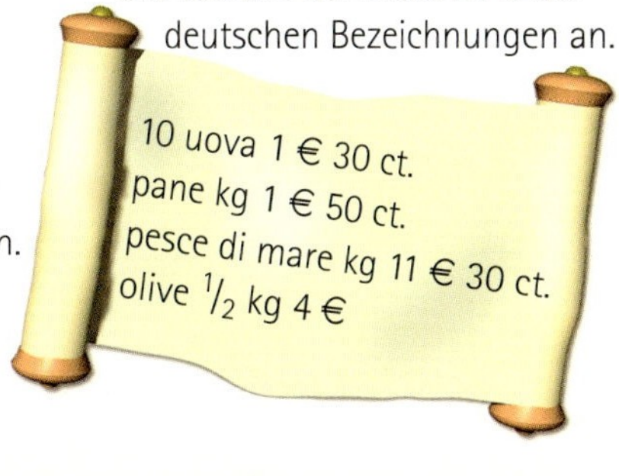

Ü

a In den Becken des Springbrunnens sind sehr viele Substantive der bis jetzt bekannten drei Deklinationsklassen enthalten. Die Schalen des Brunnens verlangen aber eine Ordnung der Wörter. Ordne jeder Schale die passenden Substantive zu und bilde zu jedem Wort Genitiv Singular und Plural.

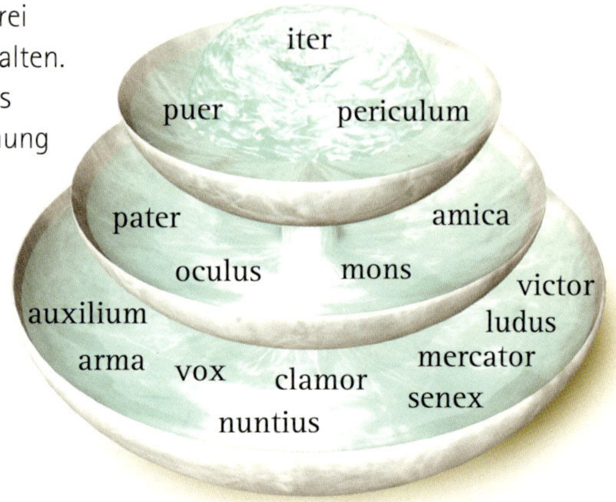

b Ordnung muss sein!
Lucius hat alle Formen durcheinandergebracht. Suche die Genitive heraus. Ordne sie nach Singular und Plural.

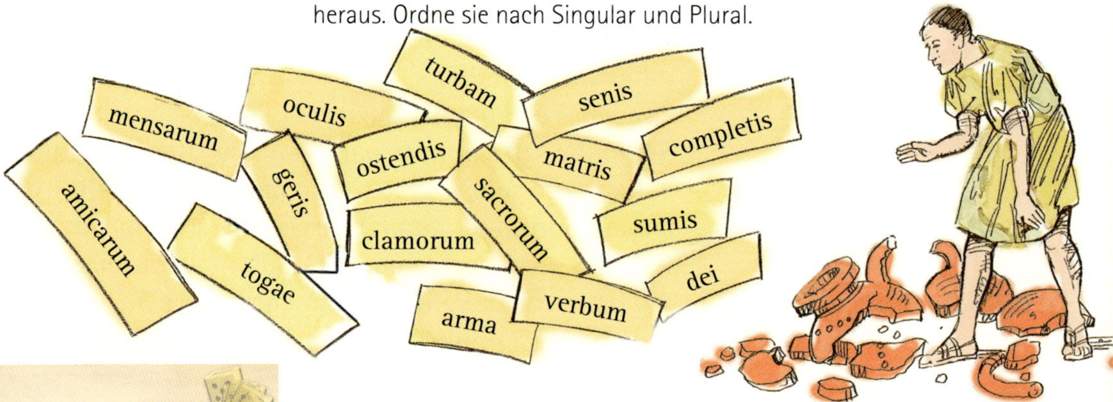

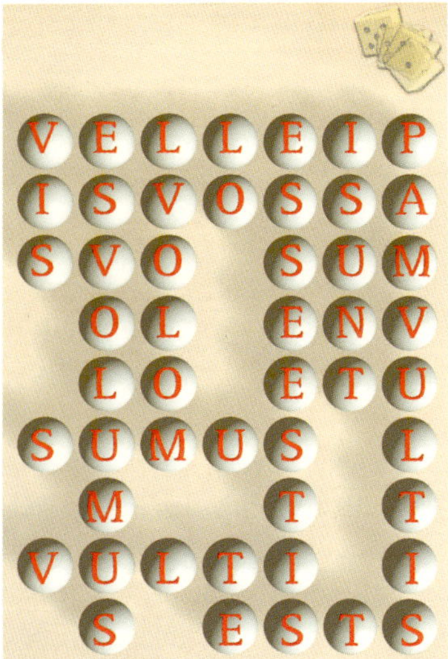

Ihr findet auf den Kugeln (waagerecht und senkrecht) fast alle bisher bekannten Formen von **esse** und **velle**. Welche Form fehlt?

c Bildet die Genitive (Sg. und Pl.) zu: **porta**, **amicus** und **victor**. Was fällt euch auf, wenn ihr die Genitivendungen betrachtet? Versucht, eure Beobachtung als Lerntipp zu formulieren.

d Pingpong der Wörter
Rücke immer einen Kasus bzw. eine Person weiter, wenn du über das Netz schlägst. (Manchmal gibt es mehrere Möglichkeiten.)
Beispiele: **volo** (1. Pers.) – **vis** (2. Pers.)
clamor (Nom.) – **clamoris** (Gen.)

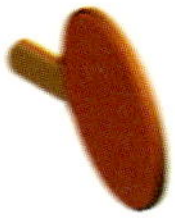

volumus –	consules – (2)
matrem –	vis –
dico –	mercatorem –
oculus –	auxilium – (2)
ridemus –	puerum –

LATEIN LEBT

Erkläre die folgenden Wörter und nenne die lateinischen Ursprungswörter:
Aquädukt, Konvertit, Porto, servil, Viadukt

Transphrastische Vorerschließung

Ein Text muss immer als gesamte Einheit in den Blick genommen werden; dass bestimmte Teile eines Satzes nur über den Zusammenhang verständlich sind, habt ihr bereits erfahren. Man sollte sich also schon **vor** der eigentlichen Übersetzung über den gesamten Inhalt eines Textes Klarheit verschaffen. Ein solches Vorverständnis hilft uns, inhaltliche Fehler bei der Übersetzung zu vermeiden.

Bei dieser Methode spielen auch die **Überschrift** und die deutsche **Einführung** eine bedeutende Rolle. Sie enthalten Hinweise auf Inhalt und Aufbau des Textes sowie die konkrete (politische, historische, alltägliche, mythologische etc.) Situation, in welcher der Text anzusiedeln ist. Aus diesen Hinweisen kannst du dann für dich selbst Erwartungen formulieren, welchen Inhalt der Text haben wird und um welche Textsorte es sich handelt.

In der Folge müssen wir unsere Vermutungen durch eine konkretere Betrachtung des gesamten lateinischen Textes absichern. Diese Betrachtung kann auf verschiedene Weise geschehen.

Durch die verschiedenen Möglichkeiten der **Vorerschließung** solltest du dann in der Lage sein, den Text zumindest in seinem grundsätzlichen Inhalt erfassen zu können und dein bisheriges Textverständnis in einer Paraphrase zu formulieren. Danach folgt die Übersetzung, in der auch die inhaltlichen und grammatischen Einzelheiten genau geklärt werden.

Bearbeite die folgenden Aufgaben zu **T6**:

❶ *Wie du in der Einleitung zu* **T** *erfahren kannst, sind die Vorbereitungen für das große Fest in vollem Gange. Formuliere mithilfe der Einleitung sowie der Bilder unterhalb von* **T**, *welche inhaltlichen Erwartungen du an* **T** *hast.*

❷ *Erstellt eine Gliederung des Textes. Orientiert euch dabei an den Konnektoren als Gliederungselemente.*

❸ *Teilt euch in Gruppen auf und bearbeitet die Textabschnitte arbeitsteilig mithilfe der unten genannten Erschließungsaufgaben.*
Fertigt auf der Grundlage eurer Arbeitsergebnisse eine Paraphrase von **T** *an. Stellt eure Ergebnisse in der Klasse vor und vergleicht sie. Ergänzt bzw. korrigiert anschließend eure inhaltlichen Vorerwartungen aus* ❶.

Erschließungsaufgaben:
a) Lest den Text satzweise langsam und sorgfältig durch. Versucht dabei, unbekannte Vokabeln aus dem Kontext oder durch Rückgriff auf eure Fremdsprachen- und Fremdwörterkenntnisse zu erschließen.
b) Stellt in Tabellenform Konnektoren, Subjekte und Verbalhandlungen (Prädikate) satzweise zusammen.

*In einer römischen Küche (***culīna***): In den Küchen reicher Familien verbrachten Sklaven einen Großteil des Tages mit der Zubereitung der Speisen. Einige dieser Köche waren auf die Herstellung eines einzigen Gerichtes spezialisiert.*

7 Das große Fest

Kleine Statue eines Laren, eines Hausgottes, wie sie in den Hausaltären aufbewahrt wurden. In der linken Hand trägt er eine Opferschale, in der rechten Hand ein Trinkgefäß.

Das Leben der Römer wurde durch die Verehrung einer Vielzahl von Göttern beeinflusst, die jeweils für einen bestimmten Aspekt des Lebens zuständig waren. Die Götter des Staatskultes, die für das Wohlergehen des Staates sorgten, mussten durch öffentliche Zeremonien und Opfer gnädig gestimmt werden.
Das Glück und der wirtschaftliche Erfolg der Familie beruhten auf dem Wohlwollen der Laren und Penaten, der Hausgötter, deren Statuen auf dem Hausaltar verehrt wurden. Täglich opferte ihnen der **pater familias** entweder Brot, Obst, Wein oder aus Dinkel und Honig zubereiteten Opferkuchen. Vesta, die Göttin des Herdfeuers, verehrte man, indem man einen symbolischen Teil des Essens und des Weins in den Flammen des Hausherdes verbrennen ließ.
Im *triclinium* speisten die Gäste, indem sie zu dritt auf drei u-förmig aufgestellten Liegen ruhten. Ein Festessen bestand in der Regel aus drei Gängen. Salate, Eier und Fisch wurden als Vorspeise gereicht. Gesüßter Wein leitete den Hauptgang ein, der bis zu sieben verschiedene Speisen umfassen konnte. Obst, Kuchen und Nüsse bildeten den Abschluss. Da man mit den Fingern aß, hielten Sklaven ständig Wasserschüsseln und Servietten zum Reinigen der Hände bereit.

❶ Welche Opferhandlungen vollzogen die Römer? Lexikon, Geschichtsbuch oder Internet können dir Informationen liefern.
❷ Welche „Opferhandlungen" sind dir aus unserem Kulturkreis sowie aus anderen Kulturen bekannt?
❸ Vergleicht die Bedeutung der Religion für die Römer mit ihrer Bedeutung heute.

G

Lydus aquam portat.
Lydus amico / amicis aquam portat.
Lydus amicae / amicis aquam portat.
Lydus senatori / senatoribus aquam portat.

Quinto mercatori taberna est.

Übersetze zunächst wörtlich und beschreibe dann den Inhalt des letzten lateinischen Satzes. Wie kann man diesen im Deutschen wiedergeben?

Dativ – Dativ als Objekt – Dativ des Besitzers – 3. Deklination: Neutra, Wortstamm

T

Das große Fest

Propinqui, amici, liberti gentis Aquiliae in montem Esquilinum ad aedes Marci Aquilii patroni conveniunt. Ante aedes servus hospites salutat et in *atrium* ducit, ubi dominum et uxorem, filiam et filium exspectant.
Tandem Publius cum parentibus Aquiliaque sorore *atrium* intrat. Amici oculos in Publium convertunt. *Togam virilem* gerit, hospitibus salutem dicit. Tum ad aram Larum accedit et dicit: „Ad aram venio, bullam[1] depono. Mihi *toga praetexta* non iam est, nunc *togam virilem* gero." Verba Publii parentibus et propinquis et Aquiliae sorori placent.
Denique Aquilius parens dicit: „More maiorum Publium in Capitolium ducere debemus. Amici, venite, nolite remanere!"
Nunc gens Aquilia et agmen hospitum Capitolium petunt. In templo Iovem deum et Iunonem deam pacem salutemque orant.
Postea templum relinquunt atque domum contendunt. Domina servis signum dat: Servae statim dominae parent et hospitibus aquam, vinum, cibos praebent. Hospites edunt[2], bibunt, de itineribus narrant. Hospitibus et familiae gaudium est.
Nunc Aquilius parens orationem habet: „Propinqui, amici, liberti: Vobis gratias ago, quod convivio gentis Aquiliae interestis. Publio nunc *toga virilis* est; itaque Laribus, dis deabusque[3] familiae, munera dare debemus."

[1] bulla *Amulett (das ein Kind vor Gefahren beschützen sollte)*
[2] edere *essen*
[3] dīs deabusque: *Dat. Pl. zu* deus *und* dea

Alle Gäste erheben sich und begleiten Publius und seinen Vater ins Atrium zum Altar der Laren. Cäcilia und Aquilia tragen mit Speisen gefüllte Schalen herbei, die sie Publius überreichen. Nach einem gemeinsamen Gebet stellt Publius die Gaben in das Lararium.

In dem Buch „Das Privatleben der Römer" von Joachim Marquardt (erschienen 1886) heißt es:
Als die Grenze der gewöhnlichen Jugendbildung gilt das vollendete 17. Jahr, mit welchem das Mannesalter und die Verpflichtung zum Kriegsdienst beginnt. ... Hatte der Knabe die körperliche Reife erreicht, so trat er durch einen feierlichen religiösen Akt, zu welchem ein besonderes Fest, die Liberalia, am 17. März bestimmt war, aus dem Knabenstande aus. Er legte vor den Laren des Hauses die Zeichen seiner Kindheit, die Kindertoga und die **bulla***, ab und bekleidete sich mit der* **toga virilis***. ... Nach einem Opfer im Hause wurde er von seinem Vater oder Vormund in Begleitung von Verwandten und Freunden auf das Forum geführt und in die Bürgerlisten eingetragen, zu welchem Zwecke er seinen vollständigen Namen erhielt.*
Den Beschluss der Feier machte ein Opfer auf dem Capitol, eine Bewirtung der Freunde.

❶ Lies Marquardts Beschreibung des Fests und erstelle mit diesem Vorwissen eine grobe Gliederung von **T**. Nutze dabei die Hilfen, die du in Texterschließung I (S. 31) kennengelernt hast.

❷ Formuliere dein so erarbeitetes Textverständnis in einer Paraphrase (vgl. Texterschließung II, S. 45)

❸ Welche Ereignisse, die du aus diesem Zitat erfährst, sind neu für dich? Vergleiche die Ereignisse mit deiner Konfirmation bzw. Firmung.

Ü

a Du kennst jetzt alle Kasus der lateinischen Sprache. Stelle für die drei Deklinationsklassen alle Kasusendungen an selbst gewählten Beispielen zusammen.

Ein Bäcker hat vor dem Backen Buchstaben in seine Brote eingeritzt, die – in der richtigen Reihenfolge gelesen – einen lateinischen Satz ergeben:

b Dativ gesucht!
Bilde den Dativ zu folgenden Nominativen:
senator – serva – convivium – adulescentes – dei – deae – voces – uxores – agmen – iter – salus – turba

c Übersetze elegant:
1. Senatori aedes sunt.
2. Iunoni templa sunt.
3. Senatori Trebius, Quintus, Gnaeus liberti sunt.
4. Rabirio mercatori equi sunt.

d 1 oder 2?
Nach manchen Verben kann neben dem Akkusativobjekt auch ein Dativobjekt stehen. Manche Verben sind auch mit nur einem Akkusativobjekt zufrieden. Entscheide, welche der folgenden Verben zwei Objekte, welche nur eines bei sich haben.
Beispiel: Lucius schenkt Atia *(Dativobjekt)* einen goldenen Ring *(Akkusativobjekt)*.
ostendit – exspecto – das – portate – narrat – relinquimus – videt

e Irrläufer gesucht!
Notiere ihn und begründe deine Entscheidung.
convivium – victorum – filium – templum
genti – paci – voci – liberti
senatore – salute – turbae – foro
clamorum – mercatorum – morum – servorum

LATEIN LEBT

Führe die folgenden französischen Infinitive auf einen lateinischen Infinitiv zurück: *venir, narrer, porter, vivre, aimer, convenir, dire, accéder, rire, saluer, montrer, parer*
Versuche, eine Regel zu finden, mit deren Hilfe du die Bildung französischer Infinitivformen erklären kannst. Beachte dabei die unterschiedlichen lateinischen Konjugationsklassen.
Bilde nun die französischen Infinitive zu folgenden Verben: interrogare, transportare, vendere, advenire, delectare, ornare, comparare, defendere

f Aulus erhält am Morgen eine Botschaft seines Freundes Publius. Leider ist der Bote nicht sehr sorgfältig damit umgegangen, denn einige Buchstaben sind verschmiert und unleserlich.
Fülle die Lücken und übersetze.

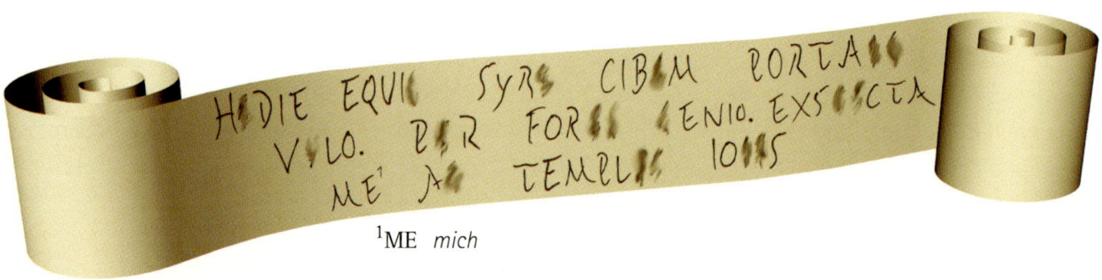

[1]ME *mich*

❶ *Begrüßt euch, stellt euch vor und verabschiedet euch nach folgendem Muster. Ihr braucht dazu die folgenden Vokabeln:*

discipulus – *Schüler*
discipula – *Schülerin*
magister – *Lehrer*
magistra – *Lehrerin*
ego – *ich*
tu – *du*

„Salvete, discipulae et discipuli!"
„Salve, magistra / magister!"
„Salve! Quis es?" - „Salve! Marcus sum. Et tu? Quis es?" - „Ego sum Titus."
„Ut vales?" - „Bene / male valeo."[1]
„Valete[2], discipulae et discipuli!"
„Vale[2], magistra / magister!"

[1] = *„Wie geht es dir?" - „Mir geht es gut / schlecht."*
[2] = *tschüss, mach's gut / macht's gut*

❷ Gaudeo!
Teilt euch gegenseitig mit, worüber ihr euch freut oder auch nicht freut. Die folgenden möglichen Gründe zur Freude müsst ihr dabei in den Ablativ setzen:
donum, dona, victoria, victoriae, nuntius, nuntii, pecunia, ludus, ludi, praemium, praemia, clamor, clamores, fur, fures
Ein Gruppenmitglied beginnt: Gaudeo dono. Et tu? ...

❸ *Wir spielen: „Ich laufe durch Rom und sehe ..."*
Ein Mitspieler beginnt:
„Per Romam curro et video Forum Romanum."
Jeder Mitspieler wiederholt alle bereits genannten Elemente und fügt am Ende der Aufzählung ein neues Element im Akkusativ hinzu:
„Per Romam curro et video Forum Romanum, ..."
Wie viele Elemente schafft ihr?

❹ *Fragt Euch gegenseitig nach folgendem Muster. Achtet auf den richtigen Numerus und überlegt, wann ihr* in *mit Akkusativ oder Ablativ verwenden müsst.*

- Ubi stat populus? - Populus in foro stat.
- Quo properant senatores? - Senatores in curiam properant.

Ubi	esse	senatores, nuntius	curia
	stare	mercatores, Atia	taberna
	exspectare	populus, consul	forum
	consistere	turba, equi	Circus Maximus
Quo	currere	bestiae, gladiator[1]	Colosseum
	properare	Lucius, Antonia	templum
	contendere	liberi, servae	thermae
		domina, fur	aedes
		mulieres	basilica

[1]gladiātor *Gladiator*

❺ *Welche lateinischen Fragen kannst du mit deinem bisherigen Wortschatz an das Bild unten und an die Grabinschrift (rechts neben dem Bild) stellen?*

In einem Katalog wird dieses Fresko aus Pompeji (1. Jh. n. Chr.) so vorgestellt:
Es zeigt eine junge Frau aus vornehmem Hause ...
– *Woran kann man erkennen, dass die junge Frau aus einer vornehmen Familie stammt?*
– *Erkläre kurz anhand der Abbildung und der Grabinschrift, worauf vornehme Römer bei der Erziehung der Mädchen Wert legten.*

Ihr habt in den letzten Lektionen Cäcilia, die Mutter des Publius, als Hausfrau mit vielen verantwortungsvollen Aufgaben kennengelernt. Leider gibt es nur wenige Informationen über römische Frauen in antiken Schriften – einiges ist uns aus Grabinschriften bekannt. Ein Ehemann hat seiner Frau folgende Inschrift gewidmet:
Kurz, Wanderer, ist mein Spruch;
halt an und lies ihn.
Es deckt der Grabstein eine schöne Frau.
Ihre Eltern nannten sie Claudia;
aus ganzem Herzen liebte sie ihren Mann;
zwei Söhne gebar sie; einen ließ sie auf Erden zurück; den andern barg sie in der Erde.
Sie führte geistreiche Gespräche und hatte einen anmutigen Gang. Sie kümmerte sich sorgsam um Haushalt und Kleidung.
Nun geh!

8 Im Buchladen

Seit ihrer gemeinsamen Studienzeit in Griechenland verbindet den Athener Diodorus und den Senator Aquilius eine enge Freundschaft. Nun hat Diodorus geschäftlich in Rom zu tun. Er wohnt mit seinem Sohn Philippus im Hause des Freundes. Philippus möchte seinem Lehrer in Griechenland ein Geschenk mitbringen, deshalb bittet er Publius, ihn bei seinem Einkaufsbummel zu begleiten.
Sie gehen in den Stadtteil nördlich der großen Foren, in dem sich viele Buchhandlungen befinden. Vor dem Laden des Athenodorus bleiben sie stehen und lesen die Titelverzeichnisse. Gerade wollen sie den Laden betreten, da stoßen sie mit einem Jungen zusammen. „Kannst du nicht aufpassen?", fährt Publius den Jungen an.
Der zuckt zusammen, wird ganz rot im Gesicht und stottert: „Entschuldigung, ich ... ich will zu Athenodorus, meinem Herrn, ich arbeite in der Schreibstube." Publius und Philippus horchen auf: „Wie heißt du und was machst du dort?" „Mein Name ist Felix, ich bin als Schreiber ausgebildet. Wir vervielfältigen Bücher." „Kannst du uns sagen, wie das geht?", fragt Philippus interessiert. „Wir sind sieben Schreiber; Timotheus, unser Lehrer, diktiert uns den Text, wir schreiben ihn auf – und so machen wir aus einem Buch sieben neue Bücher." Felix kann gar nicht verstehen, was daran so interessant ist, und will verschwinden.
Da erscheint Athenodorus und sieht Publius und Philippus im Gespräch mit Felix.
„Wollt ihr euch die Werkstatt einmal ansehen?" Die beiden nicken begeistert.
Zuerst zeigt ihnen Athenodorus seine Papyrusvorräte und erklärt, wie Papyrus aus dem Mark der Papyrushalme hergestellt wird. Dann zeigt er auf Stapel von Pergament. „Pergament wird hauptsächlich aus der Haut junger Ziegen hergestellt. Das Fell wird bis auf den letzten Rest entfernt, dann wird das Leder mit einem Bimsstein geglättet, bis es ganz dünn und fein ist. Pergament ist sehr teuer." Schließlich sind sie in der Werkstatt angelangt. Timotheus diktiert aus einer Buchrolle, und in höchster Konzentration beschreiben die jungen Sklaven das Pergament.
Beim Eintritt der Besucher unterbricht Timotheus das Diktat.
Er erklärt dann, dass die Schreiber eine lange Ausbildung benötigen, denn sie müssen schön, sauber, richtig und schnell schreiben können.
„Da schreibe ich lieber auf meiner guten alten Wachstafel", beeilt sich Publius zu sagen. „Dort kann ich jeden Fehler sofort beseitigen."

● Welche Gefahren birgt die beschriebene Art der Vervielfältigung von Büchern?

Die Abbildungen zeigen:
*① eine **capsa** (Behälter für Buchrollen),*
*② ein **volumen** (Buchrolle) mit **titulus** (Anhänger für den Buchtitel),*
*③ Wachstäfelchen und **stili** (Griffel),*
④ ein Tintenfass

G

Diodorus: „Publi et Philippe, quid agere cupitis?"
Philippus: „Ego donum emere cupio. Sed tu, Publi, quid facere cupis?"
Publius: „Primo tibi tabernam ostendere, deinde tecum forum videre cupio. Itaque properare cupimus."
Diodorus ad Caeciliam: „Pueri forum videre cupiunt."

Vergleiche die Formen von **cupere** mit denen von **audire** und **agere**.
Nun kannst du die fehlende Form von **cupere** selbst bilden.
Beschreibe den Unterschied zwischen der Verwendung lateinischer und deutscher Personalpronomina.

T

Im Buchladen

Publius Philippum comitem in tabernam Athenodori inducit, quod Alexandro magistro[1] donum emere cupit. Pueri multitudinem librorum aspiciunt. Philippus dicit: „Alexander etiam linguam Latinam[2] scit. Itaque te rogo, Publi – dic mihi! Quid tu cogitas: Placetne Alexandro liber poetae Graeci[3] an poetae Romani[4]?“ Publius respondet: „Noli rogare me, tibi consilium dare non possum[5], quod ego poetas Graecos non amo.“ Repente mercator ad pueros accedit. Philippus hominem rogat: „Cupisne nobis adesse? Te ad consilium admittere cupimus.“ Mercator respondet: „Vobis librum Ovidii poetae ostendere cupio.“ Sinistra librum capit et Publio ostendit, sed Philippus librum corripit et cum amico carmina Ovidii legere instituit ... et legit ... et legit ... et ... Tandem mercator rogat: „Vosne librum emere an legere cupitis?“ Comites rident: „Librum emere cupimus.“ Mercator: „Nunc vobis librum Caesaris ostendo. In libro imperator de bello, de nationibus, de provinciis fluminibusque narrat. Duos libros componite!“ Philippus ad Publium: „Mihi placet Alexandro librum Ovidii poetae emere.“ Denique mercator: „Quis vestrum pecuniam solvit[6]?“

Tum amici librum emunt et tabernam relinquunt. Publius: „Nunc in forum contendere volumus. Eo puellae conveniunt.“

[1]magister, trī *Lehrer*

[2]lingua Latīna *lateinische Sprache*

[3]poeta Graecus *ein griechischer Dichter*

[4]poeta Romanus *ein römischer Dichter*

[5]possum *ich kann*

[6]pecūniam solvere *bezahlen*

Papyrusstaude

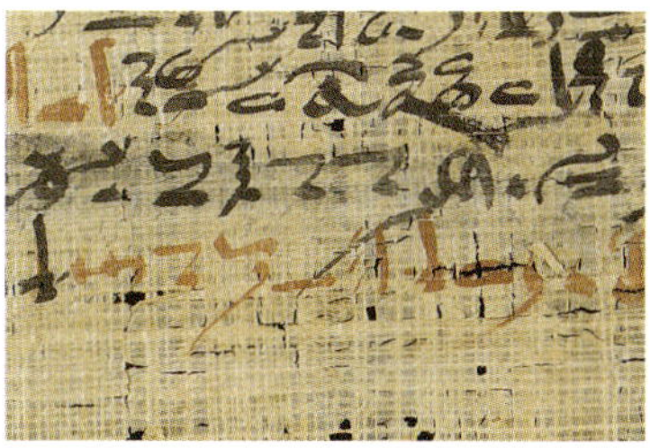

Auf diesem Ausschnitt eines antiken ägyptischen Papyrus kann man die gitterförmig gelegten Papyrus-Fasern gut erkennen – über 2000 Jahre nach deren Verarbeitung.

❶ Philippus und Publius befinden sich im Buchladen des Athenodorus, um dort nach einem Geschenk für Alexander, den griechischen Lehrer des Philippus zu suchen. Erwartest du bei dieser Ausgangssituation einen beschreibenden Text, einen erzählenden Text, einen Dialog oder eine Mischung aus mehreren Textsorten? Überprüfe deine Erwartungen am Text.

❷ Beim Übersetzungsvorgang ist ein systematisches Vorgehen wichtig, zumal die Sätze – wie ihr gemerkt habt – immer umfangreicher werden. Unterteilt **T** in Abschnitte zu je 4–5 Zeilen und bildet eine entsprechende Anzahl von Arbeitsgruppen. Entscheidet, mit welcher Übersetzungsmethode ihr die einzelnen Sätze aus eurem Abschnitt übersetzen wollt. Nehmt dabei die Seiten zur Übersetzungsmethodik (S. 23, 35 und 53) zu Hilfe. Stellt eure Ergebnisse (gewählte Methode und Übersetzung) der Klasse vor.

❸ Stellt alle Fragewörter zusammen, die ihr bisher gelernt habt (vgl. Wortschatz 1–4). Formuliert zu jedem Abschnitt von **T** drei verschiedene Fragen (vgl. auch Latinitas viva I, S. 49).

Ü

a Öffne das richtige Tor!
Bestimme bei folgenden Verbformen die Konjugationsklasse und ordne sie dem entsprechenden Tor zu.

inducit – scis – vocat – debes – adsunt – ago – audit – dubitamus – es – remanent – oramus – bibimus – venimus – capio – colimus – gero – ducunt – attingunt – instituis – aspicit – dicis – ridetis – pervenit – cogitatis – facit – laudant – intersum – habet – iubes

LATEIN LEBT

Welche deutschen und englischen Wörter fallen dir ein zu capere und facere?

b Wie soll ich es sagen?
Setze die jeweils passenden Infinitive ein und übersetze.
(respondere, audire, currere, legere, remanere)

Marcus ad Lucium: „Cur dubitas per vias ? ? Cur semper hic ? vis?" Lucius ? dubitat. Tum autem: „Clamores ? nolo. Nam ? cupio."

c Agite et capite!
Bilde zu den folgenden Verbformen die entsprechenden Formen von agere und capere und übersetze:

habes	licet	debent
narramus	videtis	respondete
colo	lege	inducimus

d Bilde Genitiv Singular und Plural zu folgenden Substantiven:
adulescens, aedes, carmen, comes, consul, gens, homo, hospes, mons, mos, multitudo, oratio, liber, uxor, vestis
Übrigens: Auch mit dieser Aufgabe lässt sich – wie mit verschiedenen anderen Übungen der folgenden Kapitel – „Formenball" (vgl. S. 36) spielen.

e Bestimme die unterstrichenen Satzglieder und übersetze.

1. Aulus et Gaius cum Publio amico ex aedibus in forum properare volunt.
2. Servi hospitibus Aquili cibos et vinum portant.
3. Gens Aquilia in templo deos salutem orat.
4. Servilius senator cum libertis e curia in basilicam contendit.

f Füge die folgenden Formen ein und übersetze: vobis, nobiscum, nobis, te, mihi

1. Amica, ? videre cupio.
2. Pater ? de bellis Caesaris narrat.
3. ? pro vino pecuniam dare debeo.
4. Amicus ? semper adest.
5. Philippus rogat: „Magister *(Lehrer)*, quo ? iter facis?"

Erschließen vom Prädikat aus

Das Prädikat ist der wichtigste Baustein eines Satzes: Es legt fest, welche weiteren Glieder im jeweiligen Satz vorkommen müssen; deshalb werden komplexere Sätze vom Prädikat ausgehend erschlossen.

a) Manche Verben erfordern nur ein Subjekt:

Senator ridet.

Der Senator	lacht.	*Wir wollen wissen:*
Subjekt	**Prädikat**	*Wer lacht?*

Das Verb **ridere** benötigt nur ein Subjekt, um einen grammatisch vollständigen Satz zu bilden.

Im Lateinischen kann das Subjekt sogar im Prädikat enthalten sein, z. B.:

Ride-t.

Er (sie, es)	lacht.
Subjekt	**Prädikat**

b) Andere Verben brauchen ein Akkusativ-Objekt:

Dominus puellam laudat.

Dominus	laudat.	*Wir wollen wissen:*
Der Herr	lobt	*Wen/Was lobt der Herr?*
		das Mädchen

Subjekt **Prädikat**
↓
puellam
das Mädchen
Akkusativ-Objekt

c) Einige Verben brauchen zwei Ergänzungen:

Amicus amico auxilium praebet.

Amicus	praebet	*Wir wollen wissen:*
Der Freund	gewährt	*Wen/Was gewährt der Freund?*
		Hilfe
		Wem gewährt er Hilfe?
		dem Freund

Subjekt **Prädikat**
↓ ↘

amico	auxilium
dem Freund	Hilfe
Dativ-Objekt	**Akkusativ-Objekt**

d) Einige Verben werden durch ein Adverbiale ergänzt:

Lydus in forum properat.

Lydus	properat	*Wir wollen wissen:*
Lydus	eilt	*Wohin eilt Lydus?*
		auf das Forum

Subjekt **Prädikat**
↓
in forum
auf das Forum
Adverbiale

e) Das Hilfsverb **esse** erfordert oft eine Ergänzung durch ein Prädikatsnomen im Nominativ:

Ancus mercator est.

Ancus	mercator est.	*Wir wollen wissen:*
Subjekt	**Prädikat**	*Was ist Ancus?*
		ein Kaufmann

Das Prädikat besteht also aus zwei Teilen: aus einer Form von **esse** und dem Prädikatsnomen.

❶ *Bestimme die Satzglieder und zeichne den „Bauplan" der folgenden Sätze.*

1. Philippus magistro *(Lehrer)* librum emit.
2. Comites oculos in libros convertunt.
3. Publius aedes intrat et hospitibus salutem dicit.
4. Pater familias amicis gratias agit.
5. Marcus forum petit.
6. Syrus ad portam properat.

❷ *Ergänze die Satz-Puzzles und übersetze die von dir gebildeten Sätze.*

ago: ↙ ________ ↘ ________

________ ← laudant ↓ ________

________ ← emit ↙ ________ ↓ ________

________ ← ostendit ↙ ________ ↓ ________

mercator tibi hospites Publius orationem magistro *(Lehrer)* patri gratias librum tabernam vinum servis

(Zwei Wörter bleiben übrig.)

Der Dichter Ovid.
Kupferstich aus der Renaissancezeit.

ORA ET LABORA!

Während der letzten Lektionen hast du Publius bei einer wichtigen Station seines Lebens begleitet. Dabei hast du seine Familie, seine Wohnung, seinen Alltag und vieles mehr kennengelernt.

Welche Unterschiede zu unserer heutigen Lebensweise sind dir besonders aufgefallen?

Um weitere Informationen über die römische Gesellschaft, das römische Wohnen, den römischen Alltag zu erhalten, kannst du dein Geschichtsbuch, Lexika, das Internet ... zurate ziehen. Hier findest du Anregungen für Referate und Projektarbeiten.

a Wer oder was war(en) gleich wieder – die Entsprechung für
- ein römisches Unterkleid: Torques – Torso – Tunika?
- ein **Triclinium**: Esszimmer – Dreikampf – Dreieck?
- ein **Lararium**: Waschschüssel – Hausaltar – Kinderlied?

b Verbindungen sind wichtig!
Übersetze den folgenden Text und achte besonders darauf, wie die Sätze miteinander verbunden werden können. Setze passende Konnektoren ein.

Sitticus servus Aquilio domino epistulam *(Brief)* Cornelii amici dat. Aquilius legit: „Librum Ovidii poetae habere volo, quod carmina legere cupio." ? Aquilius in bibliothecam (!) properat. ? Theodorum servum vocat: „Cornelius senator carmina Ovidii legere cupit. ? porta librum ad aedes senatoris!" Theodorus librum capit et aedes Aquilii relinquit. Iter ? facere non cupit, ? per Suburam properare non amat.

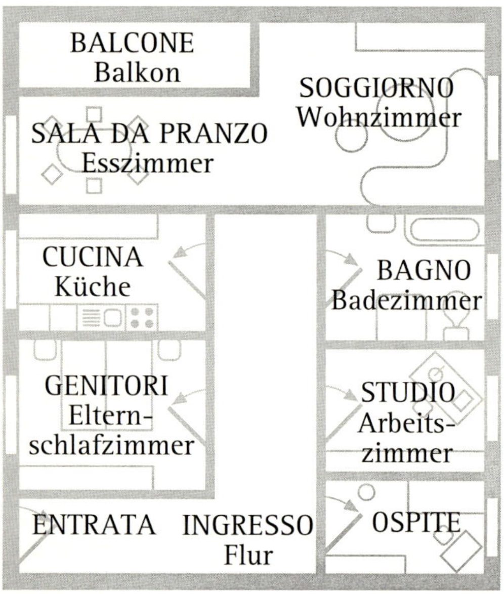

Casa Comoda.

c In einem Reiseprospekt wird eine Ferienwohnung im sonnigen Italien ausführlich beschrieben. Leider hat der Besitzer der „Casa Comoda" vergessen, einige Bezeichnungen der Wohnräume ins Deutsche zu übersetzen. Deine Lateinkenntnisse werden dir bestimmt weiterhelfen.
ospite – entrata

d Latein in allen Schulfächern
Erschließe die Bedeutung der folgenden Begriffe:
Provence – Lektüre – Mount Everest – Oratorium – Komponist – Sakrament – Labor – Armee – Daten – Vokal – Pater

e Ordne die folgenden Wörter den beiden Sachfeldern *Schule* und *Handel* zu. Bedenke bei deiner Zuordnung, dass ein Wort je nach Bedeutung zu mehreren Sachfeldern gehören kann und schreibe die entsprechende deutsche Bedeutung in Klammern dazu.
emere, instituere, ostendere (!), poeta, componere, legere (!), taberna, liber, cogitare, ostendere (!), negotia agere, carmen, scire, ludus, mercator, legere (!)

Vom Hüttendorf zum Weltreich

Als kleines Dorf auf einem Hügel gegründet, wurde Rom die Hauptstadt eines riesigen Weltreichs. Bedeutende Gestalten der römischen Geschichte haben zu diesem erstaunlichen Aufstieg beigetragen.

Auf der Karte sind viele römische Provinzen eingetragen.
Welche Staaten befinden sich heute auf dem Gebiet des ehemaligen Römischen Reiches?

9 Ein Anfang mit Schrecken

Noch heute wird Rom – auf hügeligem Gelände am Tiber gelegen – die Stadt der sieben Hügel genannt. Dieses „Septimontium" (Gebiet der sieben Hügel) war das historische Herzstück Roms, boten die Anhöhen doch Schutz vor Angreifern und vor den gesundheitlichen Risiken der teilweise sumpfigen Ebene. Wie archäologische Funde zeigen, gab es die ältesten, von Hirten bewohnten Siedlungen bereits um 900 v. Chr. auf dem Palatin, der wegen seiner Nähe zum Tiber günstig gelegen war. Im Laufe der Zeit schlossen sich aus Gründen der Sicherheit die auf den Hügeln verstreuten Siedlungen zu einer Gemeinde zusammen. Die Talsenke am nördlichen Rand des Palatin entwickelte sich nach ihrer Entwässerung zum Zentrum der Stadt, dem „Forum Romanum". Auf dem das Forum Romanum westlich begrenzenden *Kapitol*, einem steilen Felsen und damit dem sichersten Zufluchtsort der Stadt, entstand der Tempel der drei Hauptgottheiten, der sogenannten Kapitolinischen Trias (Jupiter, Juno, Minerva). Einen ersten Mauerring erhielt Rom, wie antike Quellen überliefern, im 6. Jh. v. Chr. unter König Servius Tullius.

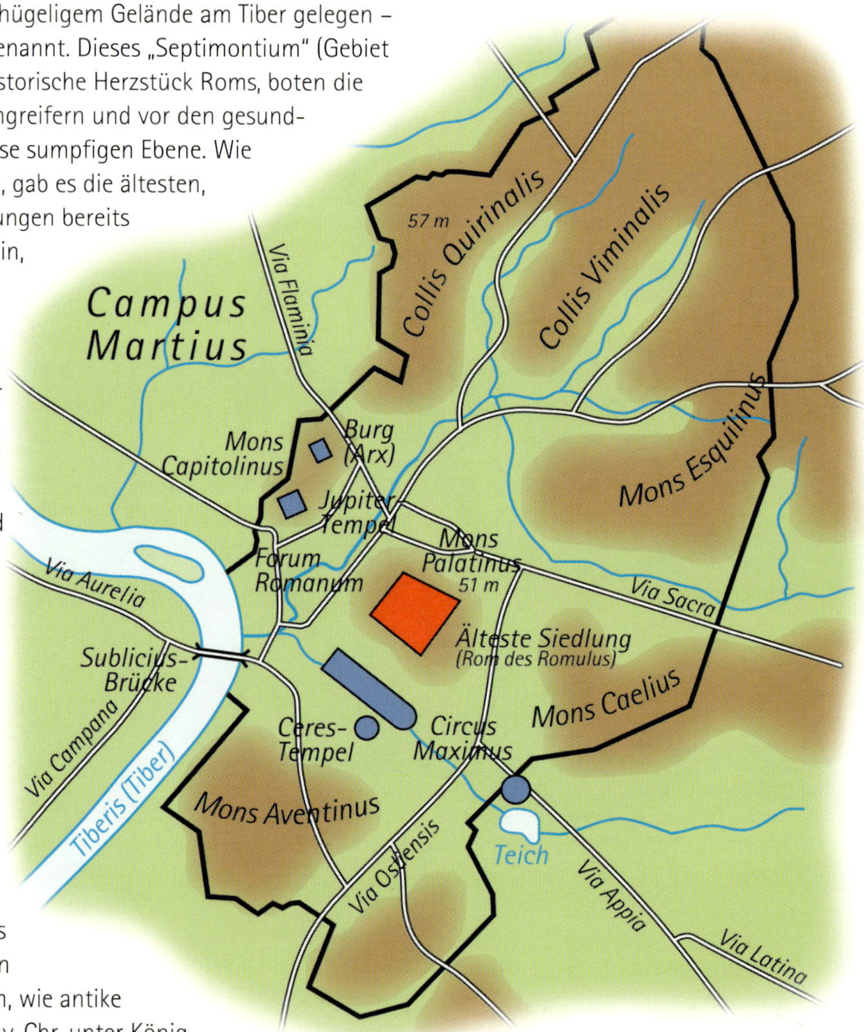

Man durfte die Stadtgrenze nur an bestimmten Stellen passieren. Eine Verletzung dieser Vorschrift galt als verwerfliche Handlung.

G

Philippus et Publius aedes M. Aquilii intrant. Statim Diodorus accedit interrogatque:

„Ubi fuisti, Philippe? Quid spectavistis, pueri?"

Publius: „In foro fuimus. Primo tabernam intravimus."

Philippus: „Tum Publius multa *(vieles)* de foro narravit."

Publius: „Denique cum Philippo ad Capitolium properavi, ubi templum Iovis spectavimus."

Der Sage nach soll die Stadt Rom von den Zwillingsbrüdern Romulus und Remus am 21. April **753 v. Chr.** gegründet worden sein (*Merkspruch:* 7 - 5 - 3: Rom kroch aus dem Ei.). Dieses Datum ist auch der Beginn der römischen Zeitrechnung „ab urbe condita" (a. u. c. = seit Gründung der Stadt).

T

Ein Anfang mit Schrecken

Als Romulus und Remus wegen der Stadtmauer in Streit gerieten, erschlug Romulus seinen Bruder. Wie ein Lauffeuer breitete sich die Kunde vom Brudermord aus. Auch der Hirte Faustulus – er hatte einst die von einer Wölfin gesäugten Knaben am Tiberufer gefunden und zu sich genommen – war Zeuge des Geschehens gewesen und eilte, so schnell er konnte, nach Hause zu seiner Gattin Acca:

Faustulus casam[1] intrat: „Acca, ubi es? Veni et audi de calamitate! Romulus Remum necavit!" Acca verbis mariti non credit: „Quid dicis, quid audivi? Tibi credere non possum!" Faustulus autem: „Crede mihi, uxor! Hodie cum comitibus ad montem Palatinum properavi. Etiam Romulus et Remus et multitudo virorum Palatium petiverunt. Tum Romulus viros ad se vocavit et, ubi tacuerunt, orationem habuit: ‚Gaudeo, quod venire non dubitavistis. Hodie sacrum facere volumus; nam auxilio deorum Palatium munivimus. Videte: Aedificavimus murum! Nunc tandem sine periculo vivere possumus!'
Viri verba Romuli clamore probaverunt. Subito autem Remus: ‚Ego tuum[2] murum rideo; murus enim hostes ab urbe prohibere non potest.'
Statim murum transiluit[3]. Tum Romulus per iram Remum petivit et, o Acca, fratrem necavit. Remo adesse non potui." Faustulus tacet. Acca autem lacrimas tenere non iam potest et clamat: „O Faustule, frustra lupa[4] Remum in ripa Tiberis servavit et aluit, frustra tu Remum cum fratre domum portavisti, frustra Remo parentes fuimus! O Romule, cur fratrem necavisti? O superi, cur caedem non vitavistis?" Tum Faustulus et Acca fleverunt filiique nece doluerunt.

(nach Livius, Ab urbe condita)

[1] casa *Hütte*

[2] tuus *dein*

[3] trānsilīre (*Perf.* trānsiluī) *m. Akk. überspringen*

[4] lupa *Wölfin*

❶ Beschreibe die Reaktion Accas auf die Nachricht des Faustulus (zunächst Z. 2–4, dann Z. 17–21) und beurteile sie.

❷ Was könnte Remus zu seinem Handeln veranlasst haben? Warum reagiert Romulus so heftig auf das Verhalten seines Bruders?

❸ Welche vergleichbare Geschichte eines Streits unter Brüdern kennt ihr?

❹ Beschreibe lateinisch, welche Handlung auf dem Kalksteinrelief dargestellt ist.

❺ Sucht im Internet unter den Stichwörtern *Romulus und Remus* oder *Gründung Roms* möglichst viele Informationen über die Geschichte der Zwillingsbrüder. Überprüft eure Ergebnisse anhand eines geeigneten Lexikons und notiert ggf. Unterschiede.

Römische Wölfin mit Romulus und Remus. Kalksteinrelief als Gartenschmuck (Avenches, Schweiz).

Ü

HOMINES SUMUS, NON DEI.

ET SERVI HOMINES SUNT.

WORTSCHATZ

1. Stelle bedeutungsähnliche Wortpaare und solche entgegengesetzter Bedeutung zusammen:
properare – parere – arma – praebere – ante – emere – videre – velle – post – flere – pax – aspicere – cupere – dare – vendere – dolere – iubere – contendere

2. Nenne jeweils ein lateinisches Substantiv, das zur Wortfamilie der folgenden Verben gehört:
clamare – amare – nuntiare – vocare – gaudere – necare

3. Welche Fremdwörter kennst du zu folgenden lateinischen Begriffen:
vox – credere – frustra – legere

4. Finde eine treffende Übersetzung:
Semper pecuniam a me petis. Multa negotia in foro agimus. Senatores de bello paceque agunt. Tibi gratias ago. Si adsum, tibi adsum. Lucius amicam habet. Lucius orationem habet.

a Erstelle eine Tabelle mit vier Spalten (a-, e-, i-, konsonantische Konjugation).
Suche aus **T** alle Perfektformen heraus: Trage sie jeweils in die richtige Spalte ein und schreibe die entsprechende Präsensform in die Zeile darunter.
Welche Form lässt sich nicht einordnen?

b Setze die Formen ins Perfekt:
sum – possum – flet – colimus – sumus – potest – doletis – muniunt – dubito – petitis – sunt – vult – narrant – potestis – nolunt – componis

c Bestimme die Formen nach Person, Numerus und Tempus.
Gib jeweils den Infinitiv Präsens an und übersetze dann die Formen:
narramus – potes – complevit – audit – potuimus – cupitis – habuerunt – estis – fuisti – potuerunt – vis – noluistis – pareo – praebent – tacuimus – possunt

d Setze die in Klammern stehenden lateinischen Verben in die richtige Perfektform. Übersetze die Sätze dann:
1. Faustulus cum comitibus Tiberim (petere). 2. Repente viri (tacere): Voces puerorum (audire). 3. Faustulus ad pueros accedere non (dubitare). 4. Diu pueros (spectare). 5. Denique viri fratres domum (portare). 6. Faustulus, ubi casam *(Hütte)* (intrare), Accam uxorem ad se (vocare). 7. Acca: „Ubi (esse), Faustule?“ 8. Faustulus: „Ad Tiberim cum comitibus (properare). 9. Subito voces puerorum (audire). 10. Ecce: Fratres sunt. Domum eos *(sie)* (portare).“ 11. Statim Acca pueros attingere atque alere (cupere).

e Füge in die folgenden Sätze jeweils ein passendes Verbum im Perfekt ein. Übersetze die Sätze.
1. Viri Romulum Remumque ad casam *(Hütte)* Faustuli ? .
2. Acca fratres tenere et alere non ? .
3. Tandem pueris parentes ? .

f Fülle die Krüge so auf, dass jede Form im richtigen Krug landet.
Achtung: Einige Formen müssen öfter verteilt werden.
amico – armorum – puellae – ludis – amice – senibus – consulum – lacrimas – senatores (2x) – forum – consul (2x) – negotia – uxore – oculos – serva (3x) – bestiarum

Wortbedeutungen

In der Regel kann man eine Vokabel nicht mit einer einzigen, immer gleichbleibenden Wort-Entsprechung in eine andere Sprache übersetzen. Die Idee, die hinter einem Wort steckt, muss in einer anderen Sprache je nach Kontext mit verschiedenen Wörtern wiedergegeben werden. Dies gilt umso mehr für eine Sprache, die Geschehnisse und Vorstellungen aus einer etwa zwei Jahrtausende zurückliegenden Zeit vermittelt. Deshalb lernst du zu vielen lateinischen Vokabeln mehrere Wortbedeutungen – und oft sind diese Wortbedeutungen recht unterschiedlich.

Beispiele:
- petere: suchen, aufsuchen, streben, erstreben, bitten, verlangen, angreifen
- capere: nehmen, fassen, erobern
- salus: Gesundheit, Glück, Rettung, Gruß
- consilium: Beratung, Beschluss, Plan, Rat

❶ *Übersetze die unterstrichene Vokabel kontextangemessen.*
1. hostes armis <u>petere</u>
2. ab amico auxilium <u>petere</u>
3. cum amicis Forum Romanum <u>petere</u>
4. <u>salutem</u> fugā[1] petere
5. amico <u>salutem</u> dicere
6. filio <u>consilium</u> dare
7. <u>consilium</u> <u>capere</u>
8. urbem armis <u>capere</u>
9. arma <u>capere</u>

[1]fuga *Flucht*

Ziel einer Übersetzung ist es auch, den Sachverhalt des lateinischen Textes in verständliches Deutsch zu übertragen. Dazu kannst du ggf., solange du den Sinn der Aussagen belässt, von den gelernten Wortbedeutungen abweichen.

Beispiele:
- a patre consilium petere kann übersetzt werden mit „vom Vater einen Rat erbitten", aber auch mit „den Vater um Rat fragen".
- Colosseum petere kann übersetzt werden mit „das Kolosseum aufsuchen", aber auch mit „zum Kolosseum eilen".

Die im Textzusammenhang sinnvolle Bedeutung vieler, oft scheinbar einfacher Wörter kann auch in einer noch so genauen Übersetzung nicht hinreichend deutlich werden; zum vollen Textverständnis muss man daher auch kulturelles Hintergrundwissen erwerben.

Beispiel:
Eine Übersetzung von familia mit „Familie" verstellt den Blick dafür, dass diese lateinische Vokabel die gesamte der Gewalt des Familienvaters unterstehende Hausgemeinschaft, also auch die Sklaven, bezeichnete.

❷ *Überlege, ob man* Forum Romanum *mit „Römischer Marktplatz" übersetzen sollte.*

❸ *Inwiefern kann man die antike* curia *auf dem Forum Romanum als ein „Rathaus" bezeichnen? Was bezeichnet man bei uns als ein Rathaus?*

Innenansicht der Kurie (Rekonstruktion)

Die Kurie im heutigen Zustand.

10 Das Maß ist voll

Der sagenhaften Überlieferung nach herrschten in Rom zuerst sieben Könige: Romulus, Numa Pompilius, Tullus Hostilius, Ancus Marcius, Tarquinius Priscus, Servius Tullius und als letzter Tarquinius Superbus. Die letzten römischen Könige waren etruskischer Abstammung. Das Kernland der Etrusker, deren Herkunft bis heute ungeklärt ist, umfasste das Gebiet zwischen den Flüssen Arno und Tiber. Es entsprach damit in etwa der heutigen Toskana, deren Name auf die Etrusker – lat. **Tusci** – zurückzuführen ist. Weil sie reiche Bodenschätze (Eisen, Kupfer, silberhaltiges Blei) besaßen und viel Seehandel betrieben, konnten die Etrusker ihre Macht weit nach Norden und Süden hin ausdehnen.

Neuere Forschungen kommen zu dem Schluss, dass die Etrusker etwa im Zeitraum 575/550 v. Chr. die dörflichen Siedlungen auf den Hügeln des späteren Roms besetzten, sie nach einer Entwässerung der Forumsenke zu einer Stadtgemeinde zusammenschlossen und dieser Stadt dann nach ihrem Königsgeschlecht, der **gens Ruma**, den Namen Rom gaben.

Als um 500 v. Chr. die einflussreiche Stellung der Etrusker in ganz Italien zu schwinden begann und mit dem Etrusker Tarquinius Superbus ein skrupelloser Tyrann auf dem römischen Thron saß, suchten die Römer nach einer günstigen Gelegenheit, sich von Tarquinius und der Königsherrschaft zu befreien (**T**).

● Finde heraus, was die Römer mit den Etruskern verbindet.

Rekonstruktion des Rundtempels der Vesta auf dem Forum, der schon zur Königszeit unter dem zweiten König Numa Pompilius erbaut wurde. Vesta war die Schutzgöttin der Stadt. Ihre Priesterinnen hüteten im Tempel das heilige Feuer.

G

Ein Fremdenführer auf dem Forum:
Ecce Forum Romanum! Forum magnum est.
Ibi multi homines, multae tabernae, multa templa sunt.
Spectate magnas basilicas, spectate magna templa deorum!
Hic videtis templum Vestae deae.
Vestam multis muneribus colimus.
Nam Vesta dea bona et magna est.

Lucius Iunius Brutus.

T

Das Maß ist voll

Tarquinius Superbus, der siebte König Roms, ist bei den Römern wegen seiner grausamen Herrschaft zunehmend verhasst. Die Situation verschärft sich, als Lukretia, die Frau des aus einer bedeutenden Familie stammenden Collatinus, von Tarquinius' Sohn Sextus überfallen und vergewaltigt wird. Lukretia, die – obwohl unschuldig – ihre Ehre für immer verloren sieht, weiß keinen anderen Ausweg als sich selbst zu töten.
In Collatia, dem Wohnort der Lukretia in der Nähe Roms, ist die Empörung so groß, dass L. Iunius Brutus, ein Freund des Collatinus, mit einer großen Schar junger Männer bewaffnet nach Rom zieht.

Post mortem Lucretiae Brutus multos adulescentes arcessivit. Cum magno numero adulescentium Romam petivit et forum occupavit. Voces et arma et multitudo virorum Romanos terruerunt. Homines statim ad forum properaverunt, quod causam clamoris cognoscere voluerunt. Ubi de scelere filii regis et de sorte misera Lucretiae audiverunt, iram non iam tenuerunt.
Tum Brutus magna voce Tarquinios accusavit: „Lucretia", inquit, „semper Collatino marito uxor bona fuit, semper deos coluit. Nunc non iam vivit propter iniuriam Sexti Tarquinii. Expellite tandem gentem superbam Tarquiniorum! Tarquinii regno digni omnino non sunt. Iura divina atque humana omnino non servant, pudorem omnino non habent. Scelera regis non ignoratis. Num de nece Servi Tullii[1], num de nece multorum virorum bonorum dicere debeo? Si tuti a sceleribus et iniuriis vivere vultis, expellite regem et totam gentem Tarquiniorum, liberate tandem urbem a summo periculo!"
Et Romani et Collatini[2] verba Bruti probaverunt. Tarquinii autem iram hominum timuerunt et Romam relinquere properaverunt. Ita Tarquinius Superbus rex ultimus Romanorum fuit. *(nach Livius, Ab urbe condita)*

[1] Servius Tullius: *Vorgänger des Tarquinius, den dieser hatte töten lassen*

[2] Collātīnī, ōrum *die Collatiner*

❶ Beschreibe mithilfe der Informationen in der Einleitung sowie der Schlüsselwörter (petere, occupare, terrere, properare, audire, iram non iam tenere) einen möglichen Handlungsverlauf sowie die Stimmung im ersten Abschnitt (Z. 1–7) von **T**.

❷ Welche Charaktermerkmale der Tarquinier werden im zweiten Abschnitt (Z. 8–18) von **T** genannt? Stelle die entsprechenden Substantive mit ihren Adjektiv- und Genitivattributen in einer Tabelle zusammen. Ordne die Wendungen einem Sachfeld zu und beziehe sie auf die Überschrift.

❸ Stelle grafisch – z. B. durch Pfeile – dar, in welchem Verhältnis die in **T** auftretenden Personen zueinander stehen.

Liktor mit Rutenbündel und Beil.

❹ Als nach außen sichtbares Symbol für die unumschränkte Herrschergewalt des Königs gab es verschiedene Zeichen, wie z. B. Purpurgewand und Goldkranz. Daneben konnte sich der König in der Öffentlichkeit von zwölf Amtsdienern, den Liktoren, begleiten lassen. Sie trugen Rutenbündel (fasces) bei sich, aus denen Beile herausragten.
Wofür könnte das Beil Symbol sein?

Sandro Botticelli (1445–1510): Die Geschichte der Lukretia, Ausschnitt (Boston, Isabella Stewart Gardner Museum).

Ü

a Suche alle Adjektive aus **T** heraus und überlege, welche nicht als Attribute verwendet sind.

b Übersetze die Sätze. Bestimme jeweils den Gebrauch des Adjektivs.

1. Hic videtis multos deos et deas Romanorum.
2. Romani multos deos colunt.
3. Nam a multis periculis tuti vivere volunt.
4. Dei boni sunt, nam hominibus adsunt.
5. Homines boni iram deorum non timent.
6. Ira deorum magna est.

c Wähle aus den gegebenen Adjektiven aus und ergänze die Lücken. Übersetze dann:

multa – tota – multi – multae

1. In Foro Romano ? mercatores et ? tabernae sunt.
2. Itaque homines ? ex urbe forum petunt.
3. Sed etiam ? templa fori homines delectant.

bonum – magna – multis

1. Lucius Atiam amicam ? donis delectare vult. 2. Sed Atia Lucium non semper laudat, nam non ? dona amat, sed amicum ? .

d v- oder u-Perfekt? Bilde jeweils die entsprechende Perfektform:
sum – prohibemus – petunt – estis – vult – fles – doleo – tacent – complet – cupitis - deponis – servant – colunt – timet – liberamus – cognoscis – alit – sunt – auditis – licet – corripis

uxor bona

magnum iter

homo miser

amicus bonus

„Formenstaffel!" Welches Team gewinnt?

Wir bilden vier Mannschaften. Der Gruppenführer jedes Teams erhält einen Staffelstab, nennt den Nominativ Singular und gibt den Stab an den nächsten Mitstreiter weiter. Dieser „verwandelt" die Form in die nächste verlangte usw.

Vorsicht: Bemerkt der folgende Spieler, dass die Form seines Vordermanns falsch ist, nimmt er den Staffelstab nicht an. Der Gruppenführer notiert die Formenreihe. Sieger ist das Team, das als erstes alle richtigen Formen beim Lehrer bzw. bei der Lehrerin abgibt.

Nom. Sg. → Pl. → Abl. → Dat. → Sg. → Abl. → Gen. → Pl. → Akk. → Sg.

LATEIN LEBT

1. Nenne zu den folgenden Wörtern europäischer Sprachen das lateinische Herkunftswort und gib dessen Bedeutung an:

frz. *porte* / rum. *portal*
sp. *vivir* / port. *viver*
engl. *sign* / frz. *signe*
sp. *hombre* / it. *uomo*
rum. *orador* / frz. *orateur*
engl. *to prove* / sp. *probar*
it. *buono* / frz. *bon*
port. *paz* / engl. *peace*
frz. *défendre* / engl. *to defend*
it. *vedere* / rum. *vedea*

2. Welche der hier genannten europäischen Sprachen gehört nicht zu den romanischen Sprachen?

Rezeption von historischen Stoffen und Motiven

Wir kennen viele Geschichten, die seit Jahrtausenden erzählt werden. Doch ist ihre ständige Wiederholung ein Garant für Wahrheit? Oder handelt es sich um missverstandene Bilder oder Metaphern des ursprünglichen Autors? Dieser Frage wollen wir hier nachgehen.

Eine Großmacht wie Rom hat natürlich auch Feinde: Zu ihren unerbittlichsten Gegnern gehörte der im Jahre 247 in Karthago geborene Hannibal. Über ihn berichtet der römische Geschichtsschreiber Titus Livius (59 v. Chr. – 17 n. Chr.) in seinem 142 Bücher umfassenden Geschichtswerk *Ab urbe condita* Folgendes:
Man erzählt auch, Hannibal habe, als er ungefähr neun Jahre alt war, auf jungenhafte Art seinem Vater Hamilkar das Versprechen entlockt, ihn mit nach Spanien zu nehmen. Als dieser nach Beendigung des Afrikanischen Krieges zur Vorbereitung der Überfahrt seines Heeres dorthin eine Opferhandlung vollzog, habe er den Jungen an den Altar herangeführt, ihn das Opfer berühren und schwören lassen, dass er – sobald er könne – als Feind des Römischen Volkes auftreten werde. (Livius XXI,4)

In einem Lateinbuch, das 1995 erschienen ist, findet sich unter dem Titel *Hannibals Hass auf die Römer* dieser Text:
Hamilcar, pater Hannibalis et imperator Carthaginiensium *(der Karthager)*, magnum exercitum *(Heer)* in Hispaniam *(Spanien)* ducere voluit. Hannibal, puer novem annorum *(von neun Jahren)*, Carthagine *(in Karthago)* remanere noluit; itaque patrem interrogavit: „Cur mihi non licet tecum ire *(zu gehen)*?" Hamilcar: „Tibi nobiscum Hispaniam accedere licet, si mihi fidem das *(du … einen Eid leistest)*." Tum puerum ad aram ducit et iubet: „Iura! Ego numquam *(niemals)* amicus populi Romani esse volo." Hannibal adicit *(fügt hinzu)*: „Semper hostis populi Romani esse volo."

Im *Wikipedia*-Artikel zum Thema Hannibal kann man zur Jugend Hannibals lesen:
Die römische Geschichtsschreibung berichtet davon, dass der neunjährige Hannibal zusammen mit seinen Brüdern den Römern ewige Feindschaft schwören musste, doch handelt es sich hierbei um eine Legende.

❶ *Lies die drei Darstellungen dieser „Episode aus dem Leben Hannibals" sehr sorgfältig. Was wird im jeweiligen Text mitgeteilt? Welche Wirkung will der Verfasser beim Leser hervorrufen und wie geht er dabei vor? Auf welche Weise sichert er seine Aussagen ab? Vergleiche auch den Comic (unten) mit den Texten. Welchen Eindruck muss der Leser/Betrachter jeweils gewinnen?*

❷ *Überlege allgemein, wodurch das Bild, das wir von einer historischen Persönlichkeit haben, geprägt wird.*

❸ *Zu welcher Schlussfolgerung gelangst du für deinen weiteren Umgang mit Texten und Bildern?*

In einem englischen Comic von 1850 findet sich diese Darstellung der Szene.

11 Hannibal ante portas

Schwurszene Hannibals mit seinem Vater.

Das 814 v. Chr. gegründete Karthago entwickelte sich ab der Mitte des 7. Jahrhunderts zur führenden Macht im westlichen Mittelmeerraum. Der Kern des karthagischen Herrschaftsgebietes war etwa das heutige Tunesien. Karthago wurde von einem Adelsrat und einer Beamtenschaft – mit den zwei sogenannten Sufeten an der Spitze – regiert.

Die Karthager (lat. **Poeni** *Punier*) dehnten ihren Herrschaftsbereich schon früh über den Westen Siziliens aus, wo sie aber mit den römischen Machtinteressen kollidierten. So kam es 264 bis 241 v. Chr. um Sizilien zum „Ersten Punischen Krieg" zwischen Karthago und Rom, aus welchem Rom siegreich hervorging. Sizilien wurde erste römische Provinz, Sardinien und Korsika folgten.

Während Rom so seine Macht im westlichen Mittelmeer ausbaute, eroberte Karthago unter dem Feldherrn Hamilkar Barkas (um 290-229 v. Chr.) und seinem Nachfolger Hasdrubal ab dem Jahre 237 Südspanien; 226 legte ein Vertrag zwischen Rom und Karthago den Ebro als Grenze der karthagischen Herrschaft fest. Hamilkars Sohn Hannibal (247-183 v. Chr.), der seit 221 das Kommando in Spanien hatte, schritt 218 unter Verletzung dieses Vertrages zur Eroberung der nördlichen Hälfte der spanischen Halbinsel. Hierüber kam es zum „Zweiten Punischen Krieg" (218-201 v. Chr.).

Über Hannibal berichtet der Historiker Livius:

„Sie kannten keinen Feldherrn, dem sie mehr vertrauten, für den sie mehr wagten. Er war äußerst kühn, wenn es galt gefährliche Aufträge zu übernehmen.

Keine Anstrengung konnte seinen Körper ermüden und seinen Mut besiegen.

Gleich groß war seine Ausdauer in Hitze und Kälte. Viele haben ihn gesehen, wie er zwischen Wachen und Soldatenposten auf der Erde schlief, oft nur mit einem Militärmantel zugedeckt. Als Erster zog er in den Kampf, als Letzter verließ er die beendete Schlacht."

G

Brutus cum adulescentium turba Romam contendit.
Romani, ubi Collatinos viderunt, primo ita dixerunt:
- Cur ad nos venistis, Collatini? Cur arma cepistis?
- Num Romani vobis iniurias fecerunt?
- Cur tu, Brute, Collatinos in urbem duxisti?
- Deponite arma, viri! Nos cum amicis pugnare non cupimus.

Brutus autem ad Romanos accessit et de sorte Lucretiae narravit.
Tum Romani Tarquinios ex urbe pepulerunt.

❶ Vergleiche die politischen Systeme Roms und Karthagos.

❷ Welche Bedeutung hatte Sizilien für die beiden Städte?

❸ Sucht nach Jugendbüchern über die in Lektion 11–13 vorgestellten Personen und stellt sie in der Klasse vor.

Perfekt (s-, Dehnung, Reduplikation, ohne Stammveränderung)

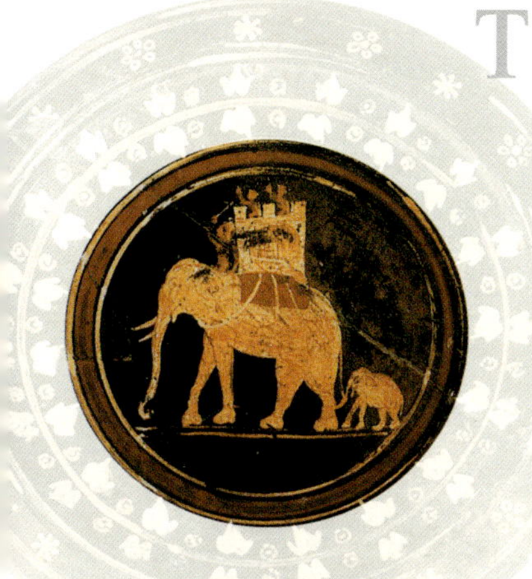

Tellerbild: Zum Krieg gerüsteter Elefant, 3. Jh. v. Chr.

T

Hannibal ante portas

Im Jahr 218 v. Chr. überquerte Hannibal von Spanien kommend völlig überraschend mit dem gesamten Heer die vereisten Alpen und stand plötzlich in Italien. Die Römer leisteten Widerstand, doch vergeblich: Nach mehreren Niederlagen gegen die Punier verloren sie schließlich bei Kannä 216 v. Chr. trotz zahlenmäßiger Überlegenheit fast das gesamte Heer. Der Weg nach Rom war für Hannibal frei. In Rom löste diese Nachricht Angst und Schrecken aus.

Uxores Romanorum, postquam de calamitate legionum Romanarum audiverunt, in vias cucurrerunt, ad fora contenderunt, totam urbem vocibus suis compleverunt. Uxor quaedam[1]: „Di[2] boni, adeste mihi miserae! Cuncti filii mei cum hoste pugnaverunt.“ Alia autem uxor: „Cur tu te miseram vocas? Maritus tuus in urbe mansit tibique multi filii sunt. Ego autem maritum amisi mihique unus filius restat. Non solum tu, sed etiam nos saluti virorum nostrorum timemus[3]! Sed scimus: Munus senatorum est nobis consulere.“

Et profecto[4]: Praetores senatores in curiam convocaverunt; senatores de sorte urbis consuluerunt. Statim unus e senatoribus dixit: „Hannibal magnis laboribus milites elephantosque[5] per Alpes in Italiam duxit, multa oppida cepit, legiones nostras pepulit, nunc certe Romam contendere cupit. Nobis autem legiones non iam sunt. Equidem ita censeo: Aperite portas victori!“ Alius autem senator: „Ego vero sententiam tuam non probo. Hannibal nos uno proelio vicit, sed victor totius belli non est. Nolite timere! Claudite portas! Moenia Romae alta sunt. Ego vos moneo et postulo: Cuncti Romani urbem armis defendere debent!“ *(nach Livius, Ab urbe condita)*

Hannibal aber nutzte die Gunst der Stunde nicht und verzichtete auf einen sofortigen Angriff gegen Rom.

[1] quaedam *eine*
[2] dī ~ deī
[3] timēre *m. Dat. fürchten um*
[4] profectō *tatsächlich*
[5] elephantus: *vgl. Bild*

❶ Informiert euch zunächst mithilfe der Einleitung über die Vorgeschichte von **T** und stellt dann Vermutungen darüber an, was nun in Rom diskutiert wird.

❷ Bearbeitet in Gruppen die beiden Textabschnitte (Z. 1–10, 11–22) und stellt dann eure Ergebnisse vor:
Die beiden Abschnitte sind formal gleich gestaltet: Auf eine kurze Einleitung folgt jeweils ein Gespräch. Untersucht, wie der inhaltliche Schwerpunkt sprachlich zum Ausdruck kommt. Stellt dazu die Subjekte und Prädikate eures Abschnitts zusammen und formuliert euer so erarbeitetes Textverständnis als Paraphrase.

❸ Welche(s) Sachfeld(er) kannst du aus **T**, Z. 1–10, zusammenstellen?

❹ In welche zwei Lager waren die Senatoren offenbar gespalten? Wie lassen sich beide Haltungen begründen (Z. 11–21)?

❺ Erkundigt euch über den Fortgang von Hannibals Feldzug in Italien und referiert darüber.

❻ Sammelt auf der Grundlage von **T** Argumente für und gegen die Kapitulation der Römer. Arbeitet eure Argumente zu einer kleinen Rede aus, die einer vorträgt.

Ü

ALIUD EST DICERE,
ALIUD FACERE.

LABOR OMNIA[1] VINCIT.

VENI, VIDI, VICI.

[1]omnia *alles*

WORTSCHATZ

Führe jeweils drei Begriffe zu einem Wortfeld zusammen und gib jedem Wortfeld eine passende Überschrift:
arma – poeta – aqua – mater – sacrum – taberna – deus – thermae – liber – hostis – pater – pecunia – templum – mercator – carmen – victor – frigidarium *(Kaltwasserbad)* – liberi

LATEIN LEBT

Wendungen aus unserem Alltag
Führe die kursiv gedruckten Wörter jeweils auf ein lateinisches Verb zurück:
einen Beitrag *zensieren*, das Essen *probieren*, eine *Audienz* beim Papst haben, *defensiv* spielen, kopflos *agieren*, nichts *kapieren*, Fehlverhalten *monieren*, sich *ignorant* verhalten, ein Land *okkupieren*, einen *Kredit* beantragen

a Schreibe alle neuen Perfektformen aus **T** heraus. Gib jeweils den Infinitiv an und bilde die entsprechende Präsensform.

b v-, u-, s-, Dehnungs-, Reduplikationsperfekt oder Perfekt ohne Stammveränderung? Ordne jede Form zu und gib den Infinitiv Präsens an. Übersetze die Formen.
postulavit – mansimus – defendi – risisti – aperuit – cucurrit – pervenerunt – egit – fecistis – aspexisti – censuimus – vidi – convocavimus – accessi – contenderunt – pepulisti

c Vervollständige die Sätze, indem du aus den Töpfen jeweils eine passende Subjunktion und ein passendes Prädikat auswählst. Übersetze die Sätze.

1. Multi Hannibalem magnum imperatorem vocant, ? milites elephantosque per Alpes ? .
2. Milites Romani, ? elephantos Poenorum ? , saluti suae timuerunt *(fürchten um)*.
3. ? Hannibal magno proelio legiones Romanas ? , multi senatores portas urbis aperire voluerunt.
4. Alii senatores autem: „Maiores nostri patriam semper ? et hostes ab urbe ? . ? Romam servare ? , nobis arma deponere non licet."

d Setze folgende Formen passend in den Text ein und übersetze:
vos – nobis – magnos – mihi – nos

Milites Hannibalis: „Quo ? ducis, Hannibal? Iam multos comites amisimus!"
Hannibal militibus respondet: „ ? labores non ignoro. ? per montes Alpium in Italiam duxi. Credite ? : Nunc Italia ? patet!"

e Suche nach einer treffenden Übersetzung von facere (vgl. Wortschatzarbeit II, S. 59):
1. Romulus murum fecit.
2. Tibi viam fecisti.
3. Servi labores magnos fecerunt.
4. Pueri ludos faciunt.
5. Tandem cum hostibus pacem fecistis!

1 *Fragt euch gegenseitig und antwortet nach folgenden Mustern:*

1. Nonne tacuisti? – Immo *(doch)*, tacui.
   Num risisti / risistis? – Non risi / risimus.

Fragt nach: adesse in Circo Maximo, in Colosseum properare, psittacos *(Papageien)* videre, vestem deponere, vinum sumere, in taberna laborare, me *(mich)* vocare, vocem audire, domum venire, ludis interesse, narrare de itinere, domino parere, librum legere, urbem petere, flere, timere

2. Ubi est frater meus? Fratrem tuum non vidi.
   Ubi sunt libri mei? Libros tuos non vidi.

Fragt nach: hospes, soror, servus, serva, amicus, amica, pater, mater, equus, pecunia, vestis, consul

3. Quod nomen *(welcher Name)* tibi est?
   Mihi est nomen Gaius.
4. Suntne tibi sorores vel *(oder)* fratres?
   Mihi una soror / duae / tres *(drei)* / quattuor *(vier)* / quinque *(fünf)* sorores et unus frater / duo / tres / quattuor / quinque fratres est / sunt.
   Mihi non est soror / frater.
5. Visne circum petere? Noli circum petere!

2 *Schreibe eine Postkarte aus Rom. Orientiere dich dabei Satz für Satz an dem Wortmaterial unten. Du kannst aber auch eigene Sätze formulieren.*

Inscriptio cursualis *(Postadresse)*:
- Dominae / Domino ...
- nomen: .....
- via: ....., numerus: .....
- numerus cursualis directorius *(Postleitzahl)*: ..... urbs / oppidum: .....
- natio: .....

Textus:
- Salve, ...!
- in, urbs, nunc, esse
- Roma, urbs, mons, esse
- iam, in, mons Capitolinus, et, mons Palatinus, fui
- in, mons Capitolinus; templum, summus, deus (Iupiter, Iuno, Minerva); esse
- in, Forum Romanum; multus, taberna, vestis; esse
- hodie; in, Circus Maximus; ludus, esse
- Vale *(Leb' wohl)*, ... tuus / tua

3 *Welche lateinischen Fragen kannst du mit deinem bisherigen Wortschatz an dieses Bild stellen?*

Hannibals Übergang über die schneebedeckten Alpen stellte für die damalige Zeit eine unglaubliche militärische Leistung dar. Bis heute versuchen Forscher den genauen Weg Hannibals nachzuzeichnen.
- *Welcher Punkt des Feldzugs ist auf dem Bild erreicht? Woran erkennst du dies?*
- *Wie wirkt Hannibal, wie wirken seine Soldaten auf den Betrachter?*

Hannibals Übergang über die Alpen. Lithografie nach einer Zeichnung von Alfred Rethel (1816–1859).

12 Scipio contra Hannibalem

Nach der Schlacht von Kannä gingen die Römer verstärkt außerhalb Italiens, vor allem in Spanien und auf Sizilien, gegen die Karthager in die Offensive, während sie in Italien gegen Hannibals Truppen auf eine Hinhaltetaktik setzten: Die Bundesgenossen hielten Rom die Treue, das römische Heer ging einer direkten Konfrontation aus dem Weg, konnte Hannibal aber von seinem Nachschub abschneiden.
Als im Jahre 204 v. Chr. römische Truppen unter dem Kommando des Publius Cornelius Scipio von Sizilien aus nach Afrika übersetzten und Karthago bedrohten, musste Hannibal, der seit dem Sieg bei Kannä keine entscheidenden Erfolge mehr erzielen konnte, unbesiegt Italien verlassen und zur Verteidigung seiner Heimat nach Afrika zurückkehren.
Zwei Jahre später gelang Scipio bei Zama der entscheidende Sieg über das punische Heer. Karthago, die große Rivalin, war besiegt. Ihre außerafrikanischen Besitzungen fielen an Rom, die Flotte wurde auf zehn Schiffe reduziert.
Scipio wurde in Rom begeistert empfangen und als großer Held gefeiert. In den folgenden Jahren bekam er die höchsten politischen Ämter und errang weitere militärische Erfolge. Doch die Neider ließen nicht lange auf sich warten und verwickelten Scipio in Prozesse, sodass er schließlich Rom verlassen musste. 183 v. Chr. starb er auf seinem Landgut in Kampanien. Im gleichen Jahr nahm sich Hannibal, der – in Karthago politisch kalt gestellt – seine Heimat im Jahr 195 v. Chr. verlassen hatte, in Bithynien das Leben, nachdem König Prusias einer römischen Gesandtschaft dessen Auslieferung zugesichert hatte.

● Auf der Karte ist der Zug des Hannibal dargestellt (grün). Beschreibt die wichtigsten Stationen mit je einem lateinischen Satz.

G Certe iam audivistis de Hannibale,
qui milites suos in Italiam duxit,
cuius milites Romani vincere non potuerunt,
cui milites semper paruerunt,
quem Romani diu timuerunt.
Romanos diu terruit Hannibal,
de quo certe iam audivistis.
Multa oppida Italiae Hannibalem non prohibuerunt.
Quem ubi viderunt, statim portas aperuerunt.

Vergleiche Z. 5 und 9. Versuche, die unterschiedliche Verwendung des Relativpronomens zu erklären.

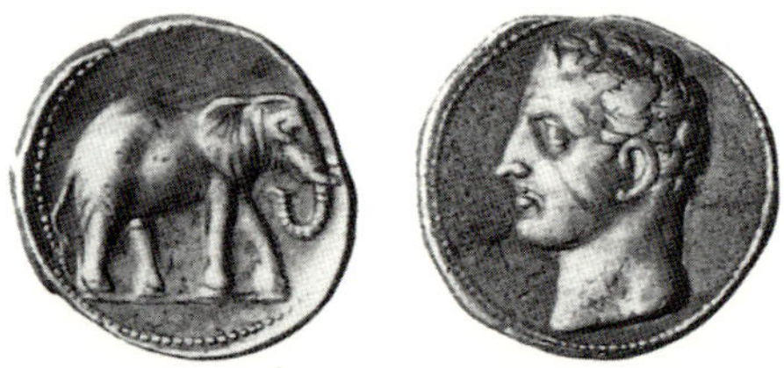

Münzprägung aus Carthago Nova (Spanien): auf der Vorderseite das Porträt Hannibals, auf der Rückseite die Darstellung eines Elefanten.

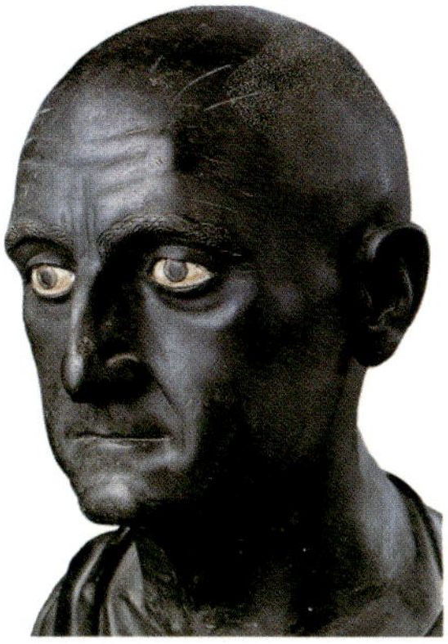

Büste Scipios.

T

Scipio contra Hannibalem

Marcus, Titus und Aulus sprechen mit ihrem Lehrer über die römische Geschichte. (Mag = magister *Lehrer*).

Mag: Vos iam de Publio Cornelio Scipione, quem vulgo Africanum appellamus, audivistis. Scire volo ...

Aulus: Sed Scipio vir Romanus fuit. Cur virum Romanum appellamus Africanum?

Mag: Bene animadvertisti, Aule. Visne respondere, Tite?

Titus tacet.

Mag: Et tu, Marce?

Marcus: Quia Scipio in Africa, quae est patria Poenorum, hostes superavit.

Mag: Non solum hostes vicit, Marce, sed imprimis Hannibalem! Victoria sua Scipio Romam tandem a magno periculo liberavit.

Marcus: Tamen Scipioni, cui senatores postea triumphum decreverunt, ob invidiam atque odium inimicorum in urbe manere non licuit.

Mag: Sic est, Marce. Propter crimen falsum[1] Scipio, cuius virtutem patres vestri cunctique Romani laudant, Romam reliquit.

Titus: Fueruntne Scipioni uxor liberique?

Aulus: Nonne scis Corneliam, quae est filia Scipionis, Tite?

Titus: Nescio. Neque vero tu, Aule, cuncta scis, quae magister noster scit.

Mag: Profecto Aulus non errat, Tite. Multi Corneliam, cui duodecim[2] liberi fuerunt, exemplum clarae uxoris matrisque vocant. Quae post mortem mariti non desperavit, sed familiam sola curavit. Imprimis Tiberio et Gaio[3] filiis, qui postea pro iuribus plebis[4] pugnaverunt, semper consiliis bonis adesse studuit ... .

Nunc magister multa de vita Corneliae narrat. Denique pueros dimittit. Qui gaudent, nam ad thermas contendere volunt.

[1] crīmen falsum: *Scipio wurden von seinen Gegnern Bestechung und Unterschlagung von Geld vorgeworfen.*

[2] duodecim *zwölf (nur drei Kinder überlebten)*

[3] Tiberiō et Gāiō: *gemeint sind Tiberius und Gajus Gracchus (s. Eigennamenverzeichnis)*

[4] īura plebis *Rechte des einfachen Volkes*

❶ Was bedeutet **contra** in der Überschrift?

❷ Welche Informationen erhältst du in **T** über Scipio? Notiere zunächst die Prädikate derjenigen Sätze, in denen Scipio Subjekt ist. Ergänze dann die Sätze, in denen Scipio Objekt oder Genitivattribut ist. Vervollständige deine Zusammenstellung, indem du die Prädikate der Relativsätze, die sich auf Scipio beziehen, hinzufügst.

❸ Beschreibt das Bildnis von Scipio. Überlegt welche Charaktermerkmale besonders hervorgehoben werden sollen. Zu welcher Zeit, in welcher Situation seines Lebens könnte die Büste entstanden sein? Nehmt Informationen aus **T** und von S. 68 zu Hilfe.

❹ Erstellt anhand der Informationen aus **T** jeweils ein Porträt des Scipio und der Cornelia. Ergänzt die Informationen durch weitere Quellen.

Ü

UBI BENE, IBI PATRIA.

MULTUM, NON MULTA.

QUOD LICET IOVI,
NON LICET BOVI[1].

[1] bovī *dem Rind*

a Schreibe alle Relativpronomina aus T heraus. Nenne das Bezugswort. Was unterscheidet die Relativpronomina in Zeile 24 und 29 von den übrigen?

b Wandle die Sätze nach dem folgenden Muster um.
Übersetze dann.
Beispiel: Philippus tabernam intrat (Philippus librum emere cupit).
Philippus, qui librum emere cupit, tabernam intrat.

1. Thermae magnae sunt (Lucius thermas intrat). 2. Lucius gaudet et ridet (Amici Lucii iam adsunt). 3. Lucius mercatores non videt (Mercatores turbam appellant).
4. Atia hodie ad forum properat (Atia est amica Lucii). 5. Ibi Atia amicas videt (Cum amicis semper tabernas intrat). 6. Postea cum Lucio equos spectat (Equi in Circo Maximo currunt).

c Ergänze die Lücken durch einen relativen Satzanschluss.
Übersetze dann.
1. Ad Tiberim Faustulus Romulum et Remum aspicit.
? lupa *(Wölfin)* servavit et aluit. 2. Faustulus pueros Accae uxori dat. ? statim Romulum et Remum tenet et liberos suos vocat. 3. Postea Remus murum Romuli ridet.
? subito fratrem petit et necat.

d Was gehört zusammen?

1. rege	5. patrem	A. tuae	E. magnum
2. imperatorum	6. virtutis	B. ultimo	F. altis
3. iter	7. sortes	C. multos	G. miseras
4. moenibus	8. poetas	D. clarorum	H. nostrum

Übrigens: Diese Aufgabe lässt sich in ein „Memory"-Spiel umwandeln: Schreibt dazu die Formen auf Kärtchen, legt diese umgedreht auf den Tisch und los geht's! Wer merkt sich die meisten „Paare"?

e Entschlüssle den folgenden Spruch und erkläre seinen Sinn:

MULTOSTIMETQUEMMULTITIMENT

f Die Lektionen 11 und 12 haben die Person Hannibals zum Thema, den großen Feldherrn und Feind der Römer. Damit ist es wahrscheinlich, dass hier viele Vokabeln des Sachfelds „Krieg" zu finden sind. Schreibe aus **T** 11 und **T** 12 alle Vokabeln heraus, die diesem Sachfeld zugeordnet werden können. Teile dabei die gefundenen Vokabeln in folgende Gruppen ein:
militärische Aktionen – Hilfsmittel im Krieg – Menschen im Krieg

WORTSCHATZ

Beachte jeweils den Bedeutungsunterschied:
1. Marcus forum petit. Hostes urbem armis petunt.
2. Tibi gratias ago. Servi bestias in montem agunt. Multa negotia in foro agimus. Senatores de bello paceque agunt.
3. Acca pueros ad se vocat. Acca pueros liberos suos vocat.
4. Amici adsunt. Amici mihi adsunt.

Textsorten

In den Lektionen 3 und 6 hast du erste Hinweise zur Erschließung lateinischer Texte erhalten, die über den einzelnen Satz hinausweisen und die Lektionstexte als Einheit in den Blick nehmen. Ein weiteres Kriterium, das dir bei der Erarbeitung eines inhaltlichen Vorverständnisses des Textes helfen kann, ist die Analyse der **Textsorte**.
Die Sprachforschung unterscheidet verschiedene Sorten von Texten. Einige davon hast du sicher schon kennengelernt:
Es gibt belehrende Texte (vor allem in der Wissenschaft), Texte, die Sachverhalte mitteilen (z. B. Protokolle, Nachrichtenmeldungen), die etwas regeln (z. B. Gesetzestexte, Wörterbücher) oder zu einer Handlung auffordern (z. B. Werbetexte, Einladungen), aber auch Texte, deren Absicht es ist, ihre Leser zu unterhalten und sie dabei zum Nachdenken anzuregen (z. B. Romane, Erzählungen, Gedichte, Theaterstücke).
All diese Texte haben bestimmte Merkmale: So erwarten wir bei der Einleitung „Es war einmal ..." keinen Nachrichtentext, sondern ein Märchen. Auch Fremdwörter oder umgangssprachliche Ausdrücke können Hinweise auf bestimmte Textsorten sein.
Für den Zweck der Vorerschließung von Texten ist vor allem die Unterscheidung zwischen erzählenden oder beschreibenden Texten und Dialogtexten, also Texten, in denen sich zwei oder mehr Personen miteinander unterhalten, wichtig. Diese Textsorten findet ihr auch in prima; manchmal sind Dialog und Erzählung oder Beschreibung allerdings vermischt.

1. Dialogtexte

Ein treffendes Beispiel für einen Dialogtext findet ihr in Lektion 12, wo sich der Lehrer mit Titus, Marcus und Aulus unterhält. Hierbei stellen die Schüler die Fragen, der Lehrer antwortet ihnen. Für die der Übersetzung vorangehende Vorerschließung des Textes solltet ihr euch darauf konzentrieren, die zentralen Wörter in den jeweiligen Fragen zu finden und zugleich sinnvolle Antworten zu überlegen. Ganz wichtig ist bei Dialogtexten auch, die Satzzeichen zu betrachten, um damit zu prüfen, ob es sich um eine Aussage, eine Frage oder einen Ausruf handelt, wann eine Rede beginnt und wann sie endet.

Bei Fragen ist es wichtig festzustellen, ob ein Fragewort die Frage einleitet oder ob der ganze Satz die Frage darstellt; das erste Wort ist also von großer Bedeutung.

Beispiel aus Lektion 12 (verkürzt):
AULUS: Cur virum Romanum appellamus Africanum? (...)
MARCUS: Quia Scipio in Africa, quae est patria Poenorum, hostes superavit.

Aulus leitet seine Frage mit cur ein, will also einen Grund für einen Sachverhalt erfahren. Marcus beginnt dann seinen Satz mit quia, also kann er die Frage beantworten.

TITUS: Fueruntne Scipioni uxor liberique?
AULUS: Nonne scis Corneliam, quae est filia Scipionis, Tite?

Das -ne zeigt hier eine Satzfrage an; Aulus' Antwort besteht aus einer Gegenfrage, eingeleitet mit nonne.

● *Erarbeite den inhaltlichen Aufbau von* T *12, Z. 10–21. Berücksichtige dabei die Sprecherwechsel und Satzzeichen sowie die inhaltlich wichtigen Wörter.*

2. Erzählende oder beschreibende Texte

Der gedankliche Zusammenhang und die Abfolge der Handlungen in erzählenden oder beschreibenden Texten werden leichter verständlich, wenn sie am Satzanfang durch Wörter, die die Sätze verbinden oder den Sinn eines Satzes festlegen (z. B. Pronomina oder Konnektoren; vgl. S. 31), angezeigt werden. Dadurch kannst du hilfreiche Hinweise auf die logische Entwicklung und inhaltliche Gliederung eines Textes erhalten: So leitet nam eine Begründung, itaque eine Folgerung, sed einen Gegensatz oder eine unerwartete Entwicklung ein.

Lehrer mit Schülern, Marmorrelief aus Neumagen an der Mosel, 2. Jh. n. Chr. (Trier, Rheinisches Landesmuseum).

13 Cäsar im Banne Kleopatras

C. (= Gaius) Julius Caesar – 102 v. Chr. geboren – stammte aus einer der angesehensten römischen Adelsfamilien. Im Jahre 60 v. Chr. schloss er mit zwei der einflussreichsten Männer Roms, nämlich mit dem reichen Crassus und mit seinem späteren Kontrahenten Pompejus, einen Dreimännerbund zur gegenseitigen politischen Unterstützung. Dieses sogenannte Erste Triumvirat verhalf ihm schließlich zum Aufstieg in die höchsten Positionen des Staates: 59 v. Chr. wurde er Konsul. 58–51 v. Chr. eroberte Cäsar als Prokonsul der beiden gallischen Provinzen **Gallia cisalpina** und **Gallia transalpina** (das diesseits und jenseits der Alpen gelegene Gallien, d. h. in etwa die heutigen Gebiete Oberitalien und Provence) das freie Gallien und dehnte den römischen Machtbereich weit nach Norden, sogar bis Britannien und bis ins westliche Germanien hin, aus. Sprichwörtlich bekannt wurde Cäsars **clementia**, seine Milde bei der Behandlung besiegter Feinde; dieser angeblichen „Milde" steht allerdings sein vielfach brutales militärisches Vorgehen gegenüber. Unterdessen machten sich Cäsars politische Gegner, allen voran jetzt der um seinen Einfluss fürchtende Pompejus, in Rom daran, Cäsar politisch und militärisch auszuschalten. Man warf ihm zahlreiche Amtspflichtverletzungen und persönliche Vorteilsnahme vor und plante, ihn vor Gericht zu stellen. Als 49 v. Chr. seine Amtszeit als Prokonsul in Gallien endete, forderte man ihn auf, seine Legionen zu entlassen und nach Rom zurückzukehren; andernfalls werde er zum Staatsfeind erklärt. Da Cäsar nicht bereit war, sich freiwillig der Anklage zu stellen, kam es zum Bürgerkrieg und zur Auseinandersetzung mit Pompejus, der vom Senat beauftragt worden war, mit seinen Truppen Cäsar entgegenzutreten. Nachdem Pompejus Cäsar in der entscheidenden Schlacht bei Pharsalos (48 v. Chr.) unterlegen war, musste er nach Ägypten fliehen, wo er durch Verrat ermordet wurde.

Cäsar, der Pompejus dorthin nachgesetzt war, schaltete sich nun in den ägyptischen Thronstreit zwischen dem Geschwisterpaar Ptolemaios XIII. und Kleopatra VII. ein. Schließlich kam es zwischen Cäsar, der eine Liebesaffäre mit Kleopatra begann, und Ptolemaios VII. zum sogenannten Alexandrinischen Krieg (48/47 v. Chr.), in dem Ptolemaios fiel. Anschließend begab sich Cäsar mit seiner Geliebten, die nun alleinige Herrscherin über Ägypten war, auf eine Nilreise.

Vergleicht diese Aussagen über Cäsar mit denen aus **T**. Bezieht auch das Bild S. 74 oben in den Vergleich ein. Nehmt zu den unterschiedlichen Darstellungsweisen Stellung.

G Der Konsul Cicero hat eine Verschwörung unter der Führung Catilinas aufgedeckt:

Cicero consul senatores in templum convocavit, postquam de sceleribus Catilinae audivit. Ubi is templum intravit, Cicero iram non iam tenuit eumque verbis acribus accusavit. Dum Cicero de sceleribus eius dicit, multi senatores acri voce clamaverunt. Ea oratio etiam hodie celebris est.

Königin Kleopatra VII. (69–30 v. Chr.), Marmorbüste, um 30 v. Chr. (Berlin, Staatliche Antikensammlung).

T

Cäsar im Banne Kleopatras

Anstatt sich weiter um seine Gegner zu kümmern, hatte Cäsar, der Sieger über Pompejus, nur noch Augen für Kleopatra, die schöne Königin der Ägypter. In Rom begann man sich Sorgen zu machen:

Multi homines conveniunt in foris aliisque locis celebribus; de Caesare atque Cleopatra verba acria faciunt et monent:

– Num Caesar, qui cunctis imperatoribus virtute praestitit, propter eam mulierem in Aegypto manere vult? Quid? Num id, quod credere vix possum, verum est? Etsi alii celebrem, alii pulchram eam vocant, mulier est. Num mulier plus valet quam victoriae pristinae? Num ei, qui totam Galliam vicit, mulier imperat?

– Multi te, o Caesar, servum Cleopatrae vocant; nam cum apud reginam[1] es, ei placere studes eamque magnis donis delectas. Aegyptum relinquere non vis, quamquam fratrem Cleopatrae[2] vicisti pacemque iam paravisti.

– Num Caesar morte Pompei contentus est? Nonne pericula novi celerisque belli videt, nonne consilia celeria inimicorum perspicit? Ii magnas copias et insidias parare instituerunt, dum Caesar cum Cleopatra nave iter per Nilum facit.

– Num monumenta Aegypti apud Caesarem plus valent quam victoriae? Is, si patriam servare et imperium temperare vult, ex Aegypto statim discedere debet.

– Cleopatra Caesarem et corpore pulchro et amore acri et multis aliis illecebris[3] sibi adiunxit. Eam timere debemus, quia non solum regnum Aegypti, sed etiam Romam tenere studet. Multis e nuntiis conicio: Ea mulier non Caesarem amat, sed eius potentiam.

[1] regīna *Königin*

[2] frātrem Cleopatrae: *Gemeint ist Ptolemaios XIII., der die Römer in Alexandria angreifen ließ.*

[3] illecebra *Verlockung*

❶ Achte bei der Übersetzung der Adjektive **celeber**, **acer** und **celer** auf die unterschiedlichen Wortbedeutungen.

❷ Der Text gliedert sich in vier Abschnitte. Fasse kurz den Inhalt jedes Abschnittes zusammen. Formuliere für jeden Abschnitt eine lateinische Überschrift.

❸ Worin sehen die Römer die größten Gefahren in der Beziehung zwischen Cäsar und Kleopatra?

❹ Typisch männlich – typisch weiblich?!
Beurteile die Art und Weise, wie in **T** über Cäsar und Kleopatra geredet wird.

❺ Der Historiker Christian Meier schreibt in seinem Cäsar-Buch über Kleopatra:

Sie war nicht eigentlich schön, wenn man nach den überlieferten Porträts urteilen darf, die Nase in der Tat beachtlich, an der Spitze etwas eingebogen, die Lippen sehr voll. Aber sie muss Cäsar bezaubert haben ... Kleopatra war aber zugleich eine hochgebildete Frau, sprach viele Sprachen wie ihre Muttersprache. Sie war politisch von überragender Klugheit, verschlagen, zu jeder Intrige fähig. Bestrickend seien ihre Umgangsformen gewesen, unwiderstehlicher Reiz sei von ihr ausgegangen und habe jeden in seinen Bann geschlagen. Alle ihre körperlichen Vorzüge stellte sie in den Dienst ihrer Politik.

a) Welche Informationen über Kleopatra stimmen mit **T** überein? Was erfährst du darüber hinaus über Kleopatra?
b) Vergleiche die Büste Kleopatras mit der Comic-Zeichnung (S. 72): Versuche, die Unterschiede zu erklären.

Büste Cäsars, um 20 v. Chr. (Rom, Vatikanische Museen).

Ü

a Suche in jeder Reihe den Irrläufer:

doni – genti – celeri – multo – altae – viro – saluti
celebrium – tutum – vocum – carminum – insidiarum
moenia alta – tota gens – acri naso *(Nase)* – reges boni

b Welche Adjektivform(en) passt (passen)?

inimici (acres / acri / acris / acria)
nave (celeres / celeri / celere)
monumentum (celebrem / celebre / celebrium)

c Verbinde die Aussagen sinnvoll. Ergänze auf der linken Seite eine der angegebenen Subjunktionen. Übersetze dann die Sätze.

quod (quia) – cum – postquam – dum – etsi – quamquam – si – ubi

1. ? Romani de scelere filii regis audiverunt,
2. ? lupa *(Wölfin)* pueros servavit et aluit,
3. ? Scipio Hannibalem in Africa vicit,
4. ? pueri bene respondent,
5. ? pauci *(wenige)* viri sumus,
6. ? tuti ab insidiis esse vultis,
7. ? inimici novas copias paraverunt,

a) Faustulus eos Accae uxori dedit.
b) urbem armis defendere debemus.
c) iram non iam tenuerunt.
d) magister *(Lehrer)* eos laudat.
e) tamen Caesar apud Cleopatram mansit.
f) Tarquinios superbos expellere debetis.
g) Romani eum Africanum appellant.

d Welches Pronomen stimmt mit welchem Substantiv in Kasus, Numerus und Genus überein?

eius	is	iis	eas	id
virtutes	familiae	oppidum	murus	militibus

e Setze die richtigen Formen von **is, ea, id** ein und übersetze.
Tiro war ein Sklave und (später) ein Freigelassener Ciceros und seiner Frau Terentia:

1. Multa de ? viro scimus. 2. Terentia ? saepe *(oft)* laudat. 3. Nam Tiro semper ?, quae Terentia imperat, bene facere studet. 4. Et familiam et ?, qui aedes intrant, bene curat. 5. Etiam Cicero Tironem amat: ? ad consilia admittit; cum ? itinera facit ? que libros suos et multa negotia mandat *(vertraut an)*. 6. Itaque multi Tironem non servum Ciceronis, sed ? amicum vocant.

Zeit für eine **„Formenstaffel"** (vgl. 10**Ü**, S. 62)!
Drei Gruppen deklinieren um die Wette (Singular und Plural).
Auf die Plätze, fertig, los!

equus celer
oratio celebris
verbum acre

WORTSCHATZ

Das Kompositum **convenire** ist zu **venire** gebildet.
Suche zu wenigstens drei Verben aus **T** je ein Kompositum und versuche, dessen Bedeutung zu erklären.
Das lateinisch-deutsche Wörterverzeichnis kann dir dabei helfen.

Einrücken und Wortblöcke

Vor der Übersetzung eines Textes empfiehlt es sich oft, die grammatischen Strukturen genauer zu analysieren und zu markieren.

Mithilfe der **Kommata** und besonders der **Gliedsatzeinleitungen** wie postquam *(nachdem)*, quamquam *(obwohl)*, cum *(wenn, als)*, quod *(weil)* und des Relativpronomens qui, quae, quod lassen sich Nebensätze identifizieren; man kann sie grafisch kennzeichnen und die Satzstruktur veranschaulichen, indem man sie in eine eigene, etwas eingerückte Reihe schreibt (Hauptsatz steht ganz links). Einen Gliedsatz, der wiederum von einem anderen Gliedsatz abhängig ist, schreibt man in eine neue Reihe und rückt ihn doppelt ein.

❶ *Schreibe alle Gliedsatzeinleitungen mit sämtlichen deutschen Bedeutungen heraus, die du bisher gelernt hast. Du findest sie in den Lektionen 3, 4, 9, 11, 12 und 13. Ordne sie nach ihrer Sinnrichtung.*

Mithilfe einer genauen Analyse der **Endungen** kann man das Subjekt (oft das erste oder zweite Satzglied) und das Prädikat (oft das letzte Satzglied) unterstreichen und mit Verbindungslinien zusammengehörige Wortgruppen kennzeichnen, z. B.
Substantiv + (meist nachgestelltes) Adjektivattribut (KNG-Kongruenz!),
Substantiv + Genitivattribut (manchmal vorangestellt),
Substantiv + Apposition,
Präposition + Substantiv,
Adverb + Prädikat.

Beispiele:

1. **Publius Cornelius Scipio,**
        cuius virtutem cuncti Romani laudant,
    postquam Hannibalem,
        qui populo Romano magnum periculum fuit,
    vicit,
per urbem Romam triumphum **egit**[1].

2. **Multi** Corneliam,
    cui duodecim *(12)* liberi fuerunt,
exemplum clarae uxoris **vocant**,
    quia post mortem mariti familiam sola curavit.

[1]triumphum agere *einen Triumph feiern*

❷ *Verteilt die Sätze von* **T** *gleichmäßig auf fünf Gruppen und analysiert sie dann in gleicher Weise.*

Karl von Piloty (1826–1886): Die Ermordung Cäsars (Hannover, Niedersächsische Landesgalerie).

Was können wir aus der **Geschichte Roms** lernen?
– Sie zeigt uns beispielhaft, wie aus einem winzigen Staat ein riesiges Weltreich entstehen kann und dass der Lauf der Ereignisse sehr oft vom Verhalten und Einsatz einzelner Personen bestimmt wird.
– Sie erklärt auch, warum das Lateinische bis heute in vielen europäischen Sprachen fortlebt: Weil es infolge der Ausdehnung Roms zum Weltreich von einer unbedeutenden Regionalsprache für lange Zeit zu einer internationalen Handels- und Verkehrssprache wurde. Dies können wir vergleichen mit der heutigen Bedeutung des Spanischen in Lateinamerika oder des Englischen.

Viele Gestalten der römischen Geschichte sind heute so berühmt wie damals. Schreibe aus deiner Kenntnis der letzten fünf Lektionen in jeweils einem Satz auf, weswegen folgende Personen berühmt geworden sind: Romulus, Tarquinius Superbus, Hannibal, Scipio Africanus, Cäsar, Kleopatra. Zeige, dass diese Berühmtheit nicht nur positive Seiten hat!

– Welche Szene ist auf dem römischen Silberdenar, geprägt im 1. Jh. v. Chr., dargestellt?

– Der Name des Münzmeisters lautet L. Titurius Sabinus, dessen Abstammung wohl auf die Sabiner zurückzuführen ist:
Woran sollten sich die Römer durch die Abbildung auf den Geldstücken – die ja in alle Hände gelangten – stets erinnern?

a Im Lateinischen gibt es unterschiedliche Arten der Perfektbildung. Um die Perfektformen rasch bestimmen zu können, solltest du zu jeder Perfektform den Infinitiv Präsens, die „Lernform", angeben können. Ordne die Verben der folgenden Liste nach ihrer Art der Perfektbildung zu Gruppen. Gib jeweils den lateinischen Infinitiv Präsens an.
flevi – duxerunt – defendisti – pepulistis – cupivit – monuerunt – vidi – cucurristi – venimus – vicistis – mansit – voluistis – animadverti – cognovisti – fuerunt – audivimus – potuit – risimus – feci – aspexerunt – dedit

b Du hast gelernt, dass die lateinischen Adjektive in Kasus, Numerus und Genus mit ihrem Bezugswort übereinstimmen. Doch Vorsicht: Dies bedeutet nicht, dass Bezugswort und Adjektiv immer die gleichen Endungen haben müssen! Ergänze die Adjektivendungen:

viri celebr ?	uxorum bon ?
carmen pulchr ?	in mult ? itineribus
sortem miser ?	poeta clar ?
nostr ? ex urbe	equorum celer ?

c Im Unterschied zum Adjektiv stimmt das Relativpronomen (qui, quae, quod) nicht in allen drei Punkten (Kasus, Numerus, Genus) mit seinem Bezugswort überein. Übersetze die folgenden Sätze und stelle fest, in welchem Punkt das Relativpronomen sich nicht nach seinem Bezugswort richtet. Begründe, warum das so ist.
1. Caesar Cleopatram, quae regina *(Königin)* Aegypti est, amat.
2. Cleopatra, quam Caesar amat, regina Aegypti est.

d Quibus verbis pater liberos monuit.
Übersetze den Satz zunächst ins Deutsche, dann ins Englische und Französische. Vergleiche die Übersetzungen jeweils mit dem lateinischen Satz. Was fällt dir auf?

Wer hat Cäsia geraubt?

Was lernt ihr kennen?
In den nächsten vier Lektionen wird eine spannende Geschichte erzählt, in der viel Aufregendes passiert. Aber es soll nicht zu viel verraten werden.
Dabei werden zahlreiche Themen des Lebens in der Antike angesprochen; ihr erfahrt z. B. etwas über Reisen im Altertum. Überlegt:
Welche Fortbewegungsmittel gab es?
Wie bequem waren Reisen damals?
Mit welchen Gefahren musste man rechnen?

Es wäre gut, wenn ihr euch mit einer Karte des Mittelmeerraumes vertraut macht.

Eine wichtige Rolle, wenn auch nur am Ende unserer Sequenz, spielt der berühmte Pompejus, den ihr als politischen Gegner Cäsars bereits kennt.

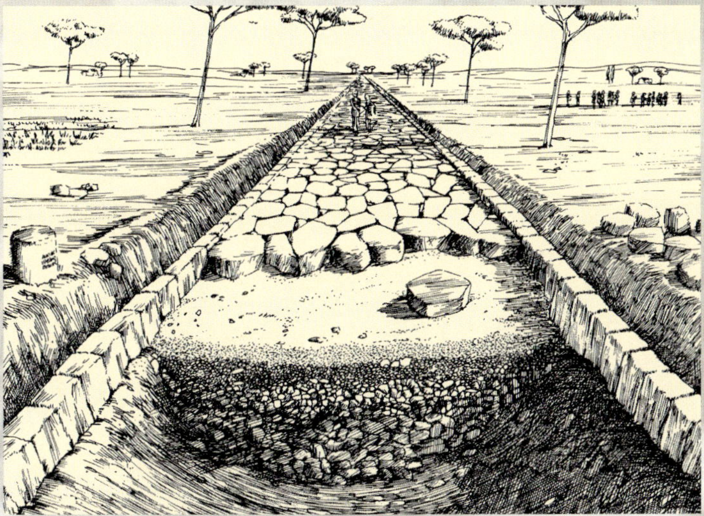

Gibt es in der Nähe eures Wohnortes Spuren aus der Römerzeit? Wo?
Gibt es vielleicht noch Spuren von alten Römerstraßen?

Verschafft euch Informationen darüber, wie die Römer ihre Straßen bauten – und wie man sie heute baut.

Eine Zeitungsmeldung aus dem Jahr 2009:

Störtebeckers Erben werden immer brutaler

Djakarta. 293 Schiffe wurden im Jahr 2008 von Piraten auf den Weltmeeren gekapert, 111 davon vor der Küste Somalias. Damit hat die Piraterie weltweit um 11 % zugenommen. Die Lösegelder betrugen 22,8 Millionen Euro.

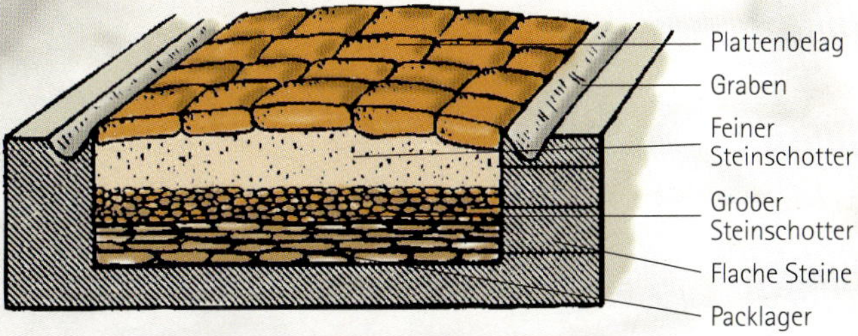

Informiert euch darüber, welche Gefahren in der römischen Antike von Seeräubern ausgingen und wer gegen sie kämpfte. Was kann man heute gegen Seeräuber unternehmen?

Sicher gibt es in eurer Nähe eine Straße, die aus Kopfsteinpflaster gebaut ist. Erkundigt euch, welche Schichten sich unter den Steinen befinden, und vergleicht den Aufbau dieser Straße mit der Abbildung.

14 Aufregung im Hause des Senators

Um Senator in Rom sein zu können, war ein Vermögen von 1 Million Sesterzen Voraussetzung; damit gehörte man nach heutigen Maßstäben zur finanziell obersten Schicht.
Dementsprechend wohnten die Senatoren nicht in den Wohnvierteln der Innenstadt, wo man in engen Straßen und Gassen lebte und dem Lärm der Händler und der vorbeifahrenden Karren, dem Schmutz und Gestank sowie der Bedrohung durch Straßenräuber ausgesetzt war, sondern sie zogen sich mit ihren Familien in die auf dem Esquilin gelegenen Wohngebiete zurück, die in etwa vergleichbar mit den Villenvierteln unserer Großstädte waren.
Zu den Aufgaben der Senatoren gehörten die Beratung sowie die abschließende Formulierung von Gesetzesvorlagen, die der Volksversammlung (**comitia**) zur Beschlussfassung vorgelegt wurden. Bei einfachen Entscheidungen war das Verfahren schnell durchlaufen; je kontroverser und umfassender ein Antrag jedoch war, desto intensiver und ausführlicher konnte darüber diskutiert werden; bisweilen zog sich ein solches Verfahren über mehrere Wochen oder Monate hin.
Obwohl es in Rom noch keine politischen Parteien in dem Sinne gab, wie wir sie seit Mitte des 19. Jahrhundert in Deutschland kennen, existierten doch verschiedene Gruppierungen innerhalb des Senats, deren unterschiedliche Interessen nicht selten der Grund für erbitterte Feindschaften zwischen den jeweiligen Anhängern waren.
Eine solche Feindschaft besteht auch zwischen den Senatoren Lucius Caesius Balbus und Marcus Fundanius Secundus, die mit ihren Familien auf dem Esquilin leben …

G

Cleopatra pulchra est.
Scio Cleopatram pulchram esse.
3 Video Cleopatram pulchram esse.
Audivi Cleopatram pulchram esse.
Scimus Cleopatram Caesarem amavisse.

Infinitiv Perfekt – Akkusativ mit Infinitiv (AcI)

T

Aufregung im Hause des Senators

Nach einem langen Tag voller harter Arbeit sitzt Balbus, einer der Sklaven des Senators Lucius Caesius Bassus, vor der Eingangstür auf der Straße und ruht sich ein wenig aus. Plötzlich öffnet sich die Tür und Caesia, die Tochter des Senators, kommt heraus:

Caesia Balbum servum ante aedes videt eumque verbis acribus petit: „Quid, serve, ante aedes facis? Abi intro[1], nam pater meus te quaerit!" Balbus paret. Postquam aedes intravit, subito in via clamorem audit atque protinus ex aedibus ruit. Nonnullos viros videt, quorum capita velata[2] sunt; qui Caesiam capiunt abducuntque. Sine mora Balbus in atrium[3] currit et magna voce clamat: „Adeste! Adeste! Puto nonnullos latrones[4] Caesiam rapere!" Cuncti, qui in aedibus sunt, statim conveniunt. Etiam Lucius Caesius Bassus senator adest servumque interrogat: „Quid nobis indicare vis, Balbe? Num dicis latrones filiam meam rapuisse? Quin tu Caesiae adfuisti? Quin latrones continuisti?"

Interea Chrysalus servus, qui audiverat[5] Caesiam Balbum paulo ante in aedes misisse, accedit. Itaque senatori dicit: „Manifestum est Balbum filiae tuae adesse non potuisse. Nam Caesia eum paulo ante intro misit. Et, quia capita velata fuerunt, neminem virorum cognovimus."

Senator, postquam verba servi audivit, per iram dicit: „Puto servos Marci Fundani Secundi id scelus commisisse! Is vir nefarius semper mihi inimicus fuit et nuper in curia verbis acribus atque infestis me laesit. Itaque vobis dico: Marcum Fundanium Secundum auctorem sceleris esse puto. Mihi quidem apertum est eum filiam meam abduxisse. Caesiam reperire debemus, priusquam latrones eam ex urbe deducunt!" Tum uxor senatoris accedit: „Num putas Fundanium virum tam improbum? Suspicionem tuam falsam esse conicio." Sed Lucius Caesius Bassus protinus iubet servos latrones in viis aedibusque urbis quaerere atque eis puellam eripere.

[1] abī intrō *Geh hinein!*

[2] vēlatus, ā, um *verhüllt*

[3] ātrium *Atrium*

[4] latrō, ōnis *Räuber*

[5] audīverat *er hatte gehört*

❶ Erstelle einen Sinnvorentwurf für **T**, indem du die Informationen aus dem Bild (S. 78), der Überschrift und der Einleitung von **T** berücksichtigst. Beziehe zudem folgende Schlüsselwörter ein: latro *(Räuber)*, clamor, capere, ab-ducere, clamare, non iam, adesse, scelus, inimicus

❷ Erarbeite den inhaltlichen Aufbau von **T** unter Berücksichtigung der Sprecherwechsel, der Satzzeichen und der inhaltlich wichtigen Wörter.

❸ Charakterisiere die auftretenden Personen mithilfe von Wendungen aus **T**.

❹ Stelle Vermutungen an, wie die Geschichte weitergehen könnte.

❺ Beurteile die Reaktion des Senators auf die Entführung seiner Tochter. Überlege, welche Möglichkeiten du in einer solchen Situation hättest.

❻ Plant für **T** eine Comic-Sequenz: Wie viele Bilder benötigt ihr? Überlegt, wie ihr den Text am besten auf Sprechblasen und Bildunterschriften verteilen könnt.

Ü

a Bilde zusammenhängende Sätze, indem du wie im folgenden Beispiel jeweils den zweiten Satz zum AcI machst:

Beispiel: Chrysalus servus nuntiat: Caesia ad portam properavit.
→ Der Sklave Chrysalus berichtet: Cäsia ist zur Tür geeilt.
→ Der Sklave Chrysalus berichtet, dass Cäsia zur Tür geeilt ist.
→ Chrysalus servus nuntiat Caesiam ad portam properavisse.

1. Chrysalus narrat: Caesia Balbum intro *(hinein)* misit.
2. Vidi: Nonnulli viri filiam domini abduxerunt.
3. Senator putat: Balbus servus improbus est.
4. Senator dixit: Marcus Fundanius Secundus est sceleris auctor.
5. Scio: Marcus Fundanius me verbis acribus laesit.
6. Manifestum est: Balbus filiae senatoris adesse non potuit.

b Welche Endung passt? Wähle aus.
am – visse – um – re – is – as – am – isse

1. Marcus Iuliam amicam pulchr ? esse scit.
2. Claudia Marcum Iuliae amic ? esse putat.
3. Manifestum est Marcum Iuliam ama ? .
4. Claudia Marcum amicam don ? delecta ? nuntiat.

c In einer Klassenarbeit hat der Lehrer diese Übersetzung als falsch angestrichen:

Senator filiam suam reperire cupit.
Der Senator möchte, dass ihn seine Tochter wiederfindet.

Überlegt, welchen Fehler der Schüler hier gemacht hat.
Wie lässt sich ein solcher Fehler vermeiden?

d Erstelle ein Sachfeld zum Thema Entführung/Raub.

Welche Übersetzung ist richtig?

ÜBERSETZUNG

1. Scimus Lucium Caesium senatorem fuisse.
a) Wir wissen, dass Lucius Caesius Senator ist.
b) Dass Lucius Caesius Senator war, wissen wir.
c) Wir kennen Lucius Caesius, der Senator gewesen ist.

2. Manifestum est servos filiam senatoris non repperisse.
a) Es ist nicht klar, dass die Sklaven die Tochter des Senators gefunden haben.
b) Es ist offensichtlich, dass die Sklaven die Tochter des Senators finden.
c) Es war klar, dass die Sklaven die Senatorentochter nicht finden würden.
d) Es ist offensichtlich, dass die Sklaven die Senatorentochter nicht gefunden haben.

3. Senator servos filiam quaerere iubet.
a) Der Senator befiehlt den Sklaven, die Tochter zu suchen.
b) Der Senator befahl, dass die Sklaven die Tochter suchen sollten.
c) Der Senator ordnet an, dass Sklaven seine Tochter gesucht haben.

Ableitung, Komposita

Viele Verben lassen sich von Substantiven **ableiten**, z. B. laborare von labor oder nuntiare von nuntius. Sie gehören zur selben Wortfamilie. Ebenso kannst du von einem Verb auf die Bedeutung eines Substantivs schließen. Dieses Wissen kann dir auch das Erschließen unbekannter Wörter erleichtern.

❶ *Nenne jeweils ein lateinisches Substantiv bzw. Verb und erschließe die deutsche Bedeutung folgender Wörter:*
servire, orare, lacrimare, militare, consulere, clamare, gaudere, equitare
amor, dux, imperator, laus, nex, studium, dolor, captivus

Besonders wichtig sind die **Komposita**.
Das sind Verben, die aus einem einfachen Verb (Verbum simplex) und einem Präfix (einer Vorsilbe) zusammengesetzt sind. Komposita gibt es auch im Deutschen, z. B. weg-laufen, hin-laufen.
Wenn du die Bedeutung der Vorsilbe und das Verbum simplex kennst, ergibt sich die Bedeutung des Kompositums oft von selbst, z. B. ad-venire: herankommen.
Beachte, dass manchmal das Präfix an den ersten Buchstaben des Verbum simplex assimiliert (angeglichen) wird, z. B. ad-cedere > ac-cedere.

Hier eine Aufstellung der wichtigsten Präfixe:

ab- (a-, abs-)	weg-, ab-
ad- (ac-, at-)	hinzu-, dabei
com- (col-, con-, cor-)	zusammen-
de-	herab-, weg-
dis- (di-, dif-)	auseinander-, weg-
ex- (e-, ef-)	heraus-, aus-
in- (il-, im-)	hinein-, darin-
per-	(hin)durch-
pro-	(her)vor-
re- (red-)	zurück-, wieder-
trans-	hinüber-

❷ *Welche Präfixe kennst du bereits als Präpositionen?*

❸ *Erschließe die wörtliche Bedeutung der folgenden Komposita:*
ad-ducere, con-scribere, de-ducere, de-esse, de-mittere, e-ducere, im-ponere, pro-ponere, pro-videre, re-tinere

Erschließe umgekehrt die Bedeutung der folgenden Simplicia, zu denen du schon Komposita kennst:
cedere, sperare, ponere

Wie heißt das Simplex zu continere*?*

❹ *Bilde Komposita zu* mittere, cedere, venire, facere (*wird in Komposita zu* -ficere), ponere *und* rapere (*wird in Komposita zu* -ripere) *und übersetze sie. Nimm anschließend die Wortliste am Ende des Buches, eine Wortkunde oder ein Lexikon zu Hilfe, um deine Ergebnisse zu überprüfen und Spezialbedeutungen einzelner Komposita herauszufinden.*

15 Den Entführern auf der Spur

Die Via Appia war die erste künstlich angelegte Straße des Imperium Romanum. Der Konsul und Zensor Appius Claudius Caecus hatte 312 v. Chr. den Baubeginn veranlasst. Zunächst reichte die Via Appia von Rom bis Capua in Kampanien; um 265 v. Chr. wurde sie bis nach Brundisium (heute: Brindisi) verlängert, das dadurch zu einem der bedeutendsten Umschlagplätze für Handelsgüter aus dem östlichen Mittelmeerraum wurde. Nach dem Vorbild der Via Appia wurde im Lauf der Zeit das römische Reich von einem Netz stabil gebauter Straßen mit etwa 300 000 Kilometern Länge durchzogen.

Diese Straßen boten mit einer durchschnittlichen Breite von mindestens 3,90 m soviel Platz, dass zwei entgegenkommende Wagen nebeneinander passieren konnten. An den Seiten befand sich jeweils ein etwa 2 – 3 m breiter Streifen, der zum Ausweichen benutzt werden konnte, gleichzeitig aber auch als Fußgängerweg diente. Trotz dieser vergleichsweise gut ausgebauten Verkehrswege war das Reisen in jener Zeit eine beschwerliche Angelegenheit: Wer sich kein Pferd oder einen Reisewagen leisten konnte, musste zu Fuß gehen und war oft mehrere Tage oder gar Wochen unterwegs.

Entlang der Straßen boten verschiedene Gasthäuser Übernachtungsmöglichkeiten an; ähnlich wie heute stellten die Wirte Schilder mit Speisekarten und Zimmerpreisen auf. Das Einkehren war freilich ein Risiko; Berichte über betrügerische Wirte oder diebische Mitreisende finden sich häufig. Aus diesen Gründen, aber auch der Geselligkeit und eigenen Bequemlichkeit wegen planten die vornehmen Römer ihre Reisen so, dass sie im Landgut eines Gastfreundes einkehren konnten.

Eine weitere Gefahr für die Reisenden in der Antike ging von den zahlreichen Räuberbanden aus, die am Wegesrand lauerten: Obwohl das Straßennetz vom römischen Militär überwacht wurde, wurden viele Menschen Opfer von Raubüberfällen.

● Die Via Appia erhielt bereits in der Antike den Beinamen **Regina viarum.** Nenne Gründe für diese Bezeichnung. Informiere dich über die Geschichte dieser besonderen Straße.

G

Aulus et Gaius amici ludis interfuerunt; Gaius amicum suum superavit. Postea Iuliam amicam in foro vident, quae pueros interrogat: „Quis hodie victor est?“ Aulus narrat se vicisse. Tum Gaius magna cum ira: „Amicus improbus es; nam tu verum non dixisti.“ Nunc Aulus, qui iram amici timet, dicit eum vicisse. Et Gaius: „Scio te amicum verum esse.“

Überlege, wann im AcI **se** und wann **eum** verwendet wird. Welchen Unterschied zur deutschen Wiedergabe kannst du feststellen?

Reflexivpronomen – Pronomina im AcI – Ablativ der Zeit

T

Den Entführern auf der Spur

Die Nachforschungen des Senators Lucius Caesius Bassus in Rom ergeben, dass die Entführer seiner Tochter die Stadt auf der Via Appia in Richtung Capua verlassen haben. Zusammen mit seinem Freund Quintus nimmt er zu Pferd die Verfolgung auf. Auf dem beschwerlichen Landweg geht es über die Albaner Berge nach Kampanien in die 195 Kilometer entfernte Landstadt Capua. Hier, in den verwinkelten Straßen und Gassen, verliert sich die Spur der Entführer. Von der langen Suche erschöpft sitzen der Senator Lucius und sein Freund Quintus nun in einem Gasthaus. Den ganzen Tag haben sie nach Hinweisen gesucht – doch vergeblich; nur ein Zufall kann jetzt noch weiterhelfen:

Senator: „Paene cunctis in tabernis Caesiam quaesivimus, multos caupones[1] interrogavimus. Sed cuncti negaverunt se filiam meam et latrones[2] vidisse. Quid facere possumus? Caesiam miseram et latrones a prima luce usque ad multam noctem quaesivimus – neque repperimus. Itaque eos Capuam iam reliquisse aut numquam petivisse existimo."

Quintus, quia sentit vires senatoris deficere, dexteram amici sui capit dicitque: „Noli animo deficere, Luci! Nam caupo, quem paulo ante interrogavimus, contendit plerosque hospites in eam tabernam, quae apud forum est, convenire. Veni mecum, Luci! Ad eam tabernam accedere volo!"

Tum Lucius Caesius Bassus senator, cuius vires verbis amici iterum creverunt, cum Quinto per vias angustas oppidi contendit; iterum atque iterum viam ex hominibus quaerunt. Tandem senator clamat se aedes magnas videre; paulo post ambo ante tabernam, quam quaesiverunt, stant. Lucius senator statim in tabernam ruere vult; Quintus autem umerum amici continet et dicit: „Luci – profecto non oportet te senatorem eam cauponam[3] intrare."

Sed senator: „Immo vero oportet patrem filiam suam, quam latrones vi eripuerunt, quaerere."

Deinde ambo viri tabernam intrant et cauponem interrogant. Caupo, qui primo respondere dubitat, tandem concedit nonnullos viros, qui virginem pulchram secum duxerunt, in taberna sua fuisse. Tum narrat se audivisse viros oppidum prima luce reliquisse et iter in urbem Brundisium fecisse. Eos nave Athenas petere putat.

[1] caupō, ōnis *Gastwirt*

[2] latrō, ōnis *Räuber*

[3] caupōna *Absteige, Kneipe*

❶ Suche aus **T** diejenigen Wörter heraus, die die Sätze verbinden und den gedanklichen Zusammenhang zwischen den Einzelsätzen herstellen.
Stelle die Wörter in einer Liste zusammen und beschreibe das logische Verhältnis, das der jeweilige Konnektor ausdrückt.

❷ Stelle die folgenden Sätze mithilfe der Einrückmethode dar (vgl. Übersetzungsmethodik IV, S. 75): Z. 8–9, 10–12, 14–17, 25–27. Analysiere die Sätze dann, wie in Übersetzungsmethodik V, S. 85, beschrieben.

❸ Finde mithilfe der Karte im Buchdeckel die Strecke heraus, die die beiden Freunde zurückgelegt haben. Schätze ab, wie lange der Senator und sein Freund wohl unterwegs waren.

Ü

ⓐ Finde alle AcI in **T**, in denen Pronomina vorkommen. Bestimme anschließend, wer oder was damit gemeint ist.

ⓑ Übersetze die Sätze. Bestimme dort, wo du einen AcI entdeckst, den Akkusativ und den Infinitiv. Entscheide jeweils, ob die Aussage des AcI im Verhältnis zum Prädikat des Satzes gleichzeitig oder vorzeitig ist.

1. Lucius et Quintus in oppido Brundisio[1] consistunt et in tabernis caupones[2] interrogant. 2. Tandem unus e cauponibus se adulescentem et virginem vidisse putat: 3. „Audivi eos de Athenis dicere. 4. Sed certe non scio. 5. Nam homines hic in taberna multa de Graecia et Athenis narrare manifestum est. 6. Multos oppidum Brundisium relinquere et Athenas petere non ignoramus.“ 7. Nunc Lucius: „Tibi, caupo,“ inquit, „gratias ago. 8. Sed et amicum meum et me vires defecisse puto. 9. In aedibus tuis nos recreare[3] volumus. 10. Da nobis cibos et vinum!“ 11. Caupo: „Vos in aedibus meis manere gaudeo.“ 12. Quintus, qui iam bibit: 13. „Ah, vinum tuum bonum esse animadverto. 14. Iam vires crescere sentio. 15. Graecia et Athenae nos exspectant.“ 16. Lucius: „Sed antea[4] mare[5] nos exspectat.“ 17. Quintus: „Oh! Mare nos exspectat? – Caupo, da mihi iterum de vino tuo!“

[1]Brundisium: *heute Brindisi*
[2]caupō, ōnis *Gastwirt*
[3]recreāre *erholen*

[4]anteā *vorher*
[5]mare *Meer*

ÜBERSETZUNG

Welche Übersetzung ist richtig?

Vires crescere sentio.

a) Die Männer fühlen, dass sie wachsen.
b) Ich habe bemerkt, dass die Kräfte zunehmen.
c) Dass meine Kräfte zugenommen haben, fühle ich.
d) Ich fühle, dass die Kräfte wachsen.
e) Ich merke, dass die Männer größer werden.

Caupo hospites nave Athenas petere audivit.

a) Der Wirt hat gehört, dass die Gäste mit einem athenischen Schiff fahren wollten.
b) Der Wirt hörte, dass die Gäste mit einem Schiff Athenes fahren wollten.
c) Der Wirt hörte, dass die Gäste zu Schiff nach Athen wollten.
d) Der Wirt hat gehört, dass die Gäste mit einem Schiff nach Athen gefahren sind.

LATEIN LEBT

Disput, Requisite, Defizit, verifizieren, Invalide, Propeller

a) Zerlege die Wörter im Lateinischen in Vorsilbe und Simplex und übersetze sie jeweils.
b) Erschließe dann aus den beiden Einzelbedeutungen die Bedeutung des Fremdworts.

existimare
quaerere
adiungere
deficere
defendere
sentire
reperire

„Perfektwürfel“

Jede Gruppe erhält einen Würfel. Reihum werden die folgenden Verben gemäß der gewürfelten Zahl „verwandelt“: Wer ⚀ würfelt, bildet die 1. Pers. Sg. im Perfekt, wer ⚃ würfelt, die 1. Pers. Pl. usw. Wer eine falsche Form bildet, scheidet aus.

Lineares Satzerschließen

Du hast schon festgestellt, dass du beim Erschließen von längeren Sätzen oft nicht der vorgegebenen lateinischen Wortstellung folgst, sondern im Satz hin- und herspringst. Natürlich haben die Römer selbst nicht erst auf das Prädikat gewartet, bis sie begonnen haben, sich mit dem Rest des Satzinhalts zu beschäftigen. Genau wie in anderen Sprachen wurde auch im Lateinischen die Reihenfolge der Informationen direkt verstanden.

Es gibt auch für diese **„natürliche" Art des Verstehens** ein methodisches Vorgehen: **das lineare Satzerschließen**:
Diese Methode hat den Vorteil, dass man auch über die Abfolge der grammatischen Informationen Klarheit gewinnt.
Das lineare Satzerschließen macht zudem einen grundsätzlichen Unterschied zwischen dem Lateinischen und dem Deutschen deutlich: Die deutsche Sprache ordnet die Informationen nach einer festgelegten Wortstellung, die lateinische Sprache ist in dieser Hinsicht viel offener.

Folgendes *Beispiel* zeigt, was gemeint ist:
Wenn wir im **lateinischen Satz** Mater videt filiam die Position des Subjekts und des Objekts vertauschen, also **Filiam videt mater** bilden, haben wir denselben Inhalt; lediglich die Betonung ist anders. Verfahren wir nun ebenso bei dem **deutschen Satz** *Die Mutter sieht die Tochter*, bekommen wir einen anderen Inhalt, nämlich: *Die Tochter sieht die Mutter.*

Dieser Unterschied ist darauf zurückzuführen, dass im Lateinischen meist schon durch die Kasusendung die Bedeutung als Satzglied klar wird, während das Deutsche die Wortstellungsregeln beachtet.
Nun können wir natürlich einen lateinischen Satz nicht in derselben Geschwindigkeit verstehen wie damals die Römer, aber wir können dieses lineare Verstehen nachvollziehen; wir brauchen eben nur mehr Zeit dazu.

Beispiel für lineares Satzerschließen:

Quintus, quia sentit vires senatoris deficere, dexteram amici sui capit.

Dieser Satz besteht aus folgenden Teilen:

Quintus	Subjekt, also die handelnde Person
Komma und quia	Was Quintus tut, soll erst einmal noch nicht ausgesagt werden; stattdessen wird zunächst eine Begründung geliefert.
sentit	Handlung im quia-Satz
vires senatoris	Akkusativ-Objekt (Subjekt kommt wegen des Singulars in sentit nicht in Frage) mit Genitiv-Attribut
deficere	Infinitiv als Ergänzung zum Prädikat; mit dem Infinitiv ist klar, dass ein AcI vorliegt.
Komma	Ende der Begründung, Übergang zurück zum Hauptgeschehen
dexteram amici sui	Akkusativ-Objekt mit Genitiv-Attribut
capit	Haupthandlung

Nachdem man sich die einzelnen Inhalte klargemacht hat, muss dieses inhaltliche Verständnis noch in korrektes Deutsch umgesetzt werden.

Erstes Verstehen nach dem linearen Erschließen:
Quintus, weil er fühlt die Kräfte des Senators nachlassen, die Rechte seines Freundes nimmt (er).

Korrektes Deutsch:
Weil Quintus fühlt, dass die Kräfte des Senators nachlassen, nimmt er die Rechte seines Freundes.

16 Auf hoher See

Da sich das römische Reich um das Mittelmeer herum erstreckte, war die Schifffahrt schon früh von größter Bedeutung. Handelsgüter konnten auf diese Weise erheblich schneller und kostengünstiger transportiert werden als auf dem Landweg.
Da es in der Antike noch keine Passagierschifffahrt gab, fuhren Reisende gegen ein entsprechendes Entgelt auf einem der zahlreichen Handelsschiffe. Allerdings musste man dabei auf den heute üblichen Komfort verzichten: Die Reisenden mussten selbst für ihren Proviant sorgen und lebten zusammen mit der Mannschaft auf Deck.
Das Reisen auf See war nicht ungefährlich; zahlreiche Wrackfunde bezeugen dies.

Zwar scheuten die antiken Seefahrer das Kreuzen auf dem offenen Meer und fuhren zumeist in Sichtweite der Küsten, was die Orientierung erheblich vereinfachte; dennoch war die Zahl der Seeunfälle durch Unwetter, Riffe oder Schiffsbrände beträchtlich. Eine weitere Gefahr ging von den Piraten aus. Nicht selten wurden Handelsschiffe gekapert, die Ladung geraubt und die Menschen auf Sklavenmärkten verkauft oder als Geiseln verschleppt, um von den Angehörigen Lösegelder zu erpressen. Eine prominente Geisel war Gajus Julius Cäsar, der im Jahre 75 v. Chr. auf dem Weg nach Rhodos von Seeräubern gefangen genommen wurde. Seine Familie bezahlte das hohe Lösegeld, und er wurde freigelassen – allerdings übte er dann an den Piraten Vergeltung: Mit einer privaten Seestreitmacht stöberte er die Piraten auf und ließ sie hinrichten.

Schließlich schlossen sich die Piratengruppen auch zusammen und dehnten so ihren Einflussbereich immer weiter aus. In den Jahren bis 67 v. Chr. gefährdeten sie durch ihre Überfälle nicht nur die Getreideversorgung Roms, sondern griffen zudem mehrere Küstenstädte Italiens an: eine klare Machtdemonstration Rom gegenüber, die eine Antwort erforderte. Auf Beschluss des Senats erhielt der angesehene Feldherr Pompejus einen außerordentlichen Oberbefehl, um die Piraten zu vernichten. Innerhalb nur weniger Wochen ließ er ihre Schlupfwinkel zerstören, eroberte ihren Hauptstützpunkt und tötete die Anführer; das organisierte Piratentum war damit nahezu vollständig zerschlagen.

G

Lucius et Quintus in urbem Capuam venerunt. Ibi Caesiam diu quaerebant; iterum atque iterum homines interrogabant. Tandem Quintus dixit: „Nunc ad forum ire volo; nam ibi taberna celebris est. I mecum, Luci! Eam tabernam inire volo." Deinde ad forum ierunt et tabernam intraverunt. In taberna caupo *(Gastwirt)* erat. Quintus eum de Caesia interrogabat. Sed caupo primo non respondebat. Tum Lucius: „Ego sum pater Caesiae, quam latrones *(Räuber)* abduxerunt. Iam diu per urbem ibam, paene in cunctis tabernis eram, sed nemo filiam meam vidit. Itaque te adeo: Vidistine nonnullos viros, qui virginem pulchram secum duxerunt? Oro te: Dic mihi, quod scis!"

❶ Informiere dich und erkläre folgende Fachbegriffe: Galeere – Rammsporn – **rostra** – Triere – Enterbrücke – Liburne – **mare clausum.**
Die Internetseite des Museums für antike Schifffahrt in Mainz kann dir dabei helfen.

❷ In der antiken Literatur gibt es zahlreiche Berichte über Schiffbrüche. Einer der bekanntesten ist der Apostel Paulus, der als römischer Gefangener im Oktober 59 n. Chr. von Myrna an der Südwestküste Kleinasiens aus zu seinem Prozess nach Rom aufbrach. Lies den Bericht darüber in der Apostelgeschichte 27,13–28,1 nach und ermittle alle Aussagen, die in diesem Text über die Gefahren der antiken Seefahrt enthalten sind.

Imperfekt – Tempora in erzählenden Texten – **ire**

Schiffsbug mit Rammsporn auf einem Relief. Rekonstruktionszeichnung von Peter Connolly.

T

Auf hoher See

Senator Lucius und sein Freund Quintus waren den Entführern auf den Fersen: Der Weg nach Brundisium allerdings führte zu großen Teilen durch den südlichen Apennin, einen unwegsamen Gebirgszug in Mittelitalien.

Lucius senator et Quintus amicus post iter longum tandem ad urbem Brundisium pervenerunt, ubi hospitium[1] petiverunt et quieverunt. Prima luce duo amici navem celerem inierunt Brundisiumque reliquerunt.

Glücklich darüber, dass sie so schnell ein Schiff gefunden hatten, zogen sich der Senator und sein Freund Quintus zunächst auf das Achterdeck zurück, um sich dort von den Strapazen ihrer Reise zu erholen. Was dann auf der Seefahrt weiter geschah, erzählt uns der Senator später aus seiner Erinnerung:

Nox erat obscura; iam diu in nave eramus. Dum Mare Adriaticum[2] transimus, in puppi[3] sedebam atque mare observabam. Neque venti adversi mare turbabant neque Neptunus deus nos magnis undis terrebat. Quintus amicus ceterique vectores[4] iam quiescebant; ego autem quiescere non poteram, quod iterum atque iterum per navem ibam atque de Caesia cogitabam. Repente unus e nautis navem aliam ostendit, quae magna celeritate per undas volabat, et clamavit: „Magno in periculo sumus; video piratas armatos, qui navem nostram adeunt. Ite, nautae, et defendite navem contra piratas!"

Statim ad Quintum ii eumque e somno excitavi. Quamquam nautae magna vi resistebant, piratae navemque nostram ceperunt. Tum homines scelerati nautas necaverunt, vectores autem captivos in navem suam traxerunt. Paulo post in obscurum alveum[5] navis nos duxerunt.

Intus iam alios captivos esse animadvertimus, cum subito vocem claram audimus: „Pater, Quinte? Estisne hic?" Deinde unam e captivis surgere et ad me ire video; pariter Quintus oculos suos in eam virginem convertit clamavitque statim: „Caesia?! Profecto est Caesia tua, quae per alveum it!" Et ego? Quotiens desperavi, quotiens animo defeci, quotiens finem itineris nostri desideravi – sed nunc, postquam filiam meam repperi, lacrimas tenere non iam possum.

[1] hospitium *Gasthaus*

[2] Mare Adriaticum *Adria (Meer zwischen Italien und Griechenland)*

[3] puppis, is *Achterdeck (Plattform am Ende eines Schiffes, wo sich das Steuerruder befand)*

[4] vector, ōris *Reisender*

[5] alveus *(Schiffs-)Bauch*

1 a) Gib den Inhalt der Einleitung sowie der Z. 1–4 von **T** mit deinen Worten wieder. Achte dabei besonders auf Schlüsselwörter zum Thema Reisen sowie Ortsangaben.
b) Nach der Lektüre des Zwischentextes gliedere Z. 5–28 nach dem Wechsel der Sprecher. Achte dabei zudem auf Konnektoren, Satzlänge und Satzarten.
c) Welche Wirkung hat die Erzählung auf den Zuhörer/Leser?

2 Überprüft, mit welchem Tempus im Text jeweils das Folgende ausgedrückt wird und notiert es in einer Tabelle:

- Beschreibung der Situation
- Erzählung
- Spannung
- andauernde Handlung

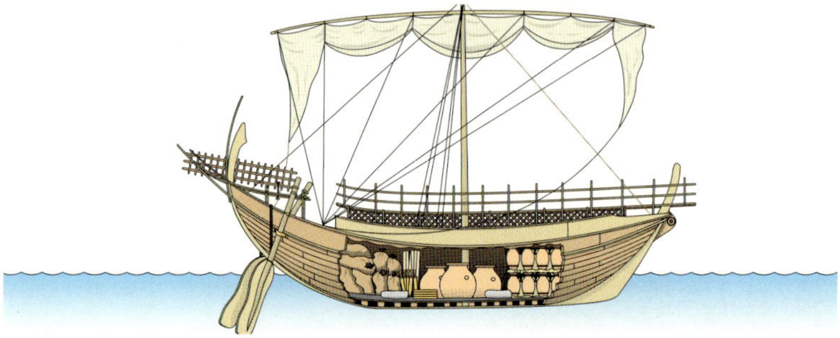

Modell eines römischen Handelsschiffes, auf dem auch Passagiere fuhren.

Ü

a Ordne die Formen in die Säcke:
valebam – negat – occupavit – cogitabat – gaudebat – eratis – miserunt – erant – interest – monet – vitabamus – necavistis – probamus – damus – praebetis – servant – admittebam – surgis – consulo – cupiebas – vivunt – defendi – fuit – vidistis – capiebas

b Sortiere die Formen aus **Ü**a nach Singular und Plural.

c Übersetze:

ibam	ibatis	istis	iimus
i	eunt	eo (!)	is (!)
ibant	ii	ite	imus
ierunt	ibamus	it	ibas
itis	isti	ibat	ire

Übrigens: Auch diese Übung lässt sich in ein kniffliges „Memory" (vgl. 12**Ü**e) verwandeln, indem ihr z. B. die Formen der ersten und zweiten Spalte und die richtigen Lösungen dazu auf Karten schreibt.

d Setze in die angegebenen Tempora und übersetze dann alle Formen:

imus (Impf. / Perf.)	transeo (Impf. / Perf.)
adibant (Präs. / Perf.)	inistis (Präs. / Impf.)

e Ich weiß alles!
Nautae clamant. – Scio nautas clamare.
Mache auch die folgenden Sätze von **scio** abhängig, notiere sie und unterstreiche – wie im Beispiel – die Veränderungen.
1. Mercator laboravit. 2. Viri equos tenebant. 3. Homines in viis stant. 4. Pueri venerunt. 5. Puellae discedunt. 6. Piratae puellam rapuerunt. 7. Senator finem itineris desiderabat.

f Beschrifte das folgende Bild mit den Komposita zu **ire**:

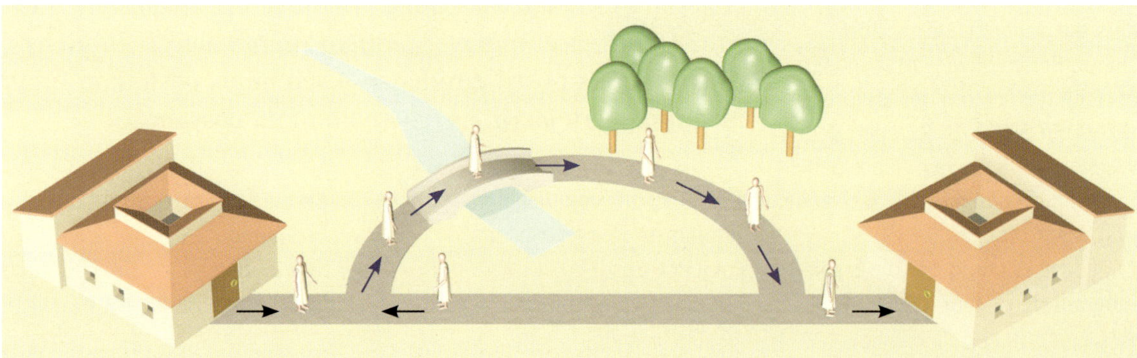

Tempusrelief, Pro-Formen

Eine weitere Möglichkeit, ein Vorverständnis für einen lateinischen Text zu gewinnen, bietet die Betrachtung der Tempora, vor allem in den Hauptsätzen, und der sog. Pro-Formen; damit sind die Wörter gemeint, die als sprachlicher Stellvertreter für Personen oder Sachen genannt sind, also hauptsächlich Pronomina.

◆ Die Wahl der **Tempora** ergibt sich nicht nur aus dem Inhalt des Satzes, sondern auch aus dem Textzusammenhang; das gilt vor allem bei Erzählungen, in denen durch die Wahl der Tempora z. B. eine Verlebendigung eintreten kann. Generell gilt, dass ein Text entweder in der Gegenwart oder – meistens – in der Vergangenheit geschrieben ist, dass also in jedem Text ein Grundtempus vorliegt.

Ein Ausschnitt aus T16 zeigt, wie man mit der Abfolge der Tempora erste Hinweise auf den Aufbau des Texts gewinnen kann:
Quintus amicus ceterique vectores *(Reisende)* iam quiescebant; ego autem quiescere non poteram, quod iterum atque iterum per navem ibam atque de Caesia cogitabam. Repente unus e nautis navem aliam ostendit, quae magna celeritate per undas volabat, et clamavit: „Magno in periculo sumus; video piratas armatos, qui navem nostram adeunt. Ite, nautae, et defendite navem contra piratas!"
Statim ad Quintum eo eumque e somno excito.

Das Grundtempus ist die Vergangenheit.
Die Prädikate der Hauptsätze sind zunächst quiescebant und poteram, also Imperfektformen, die darauf hindeuten, dass ein vergangener länger andauernder oder wiederholter Zustand beschrieben wird.
Mit den Perfektformen ostendit und clamavit wird klar, dass jetzt ein neues Ereignis eingetreten ist und die Handlung eine neue Wendung nimmt; das Perfekt ist im Lateinischen das Tempus für die Darstellung vergangener Ereignisse (Erzähltempus) und beschreibt einmalige, abgeschlossene Handlungen. Nach der Rede folgen zwei Präsensformen, die als sog. historisches Präsens dazu dienen, die Darstellung lebendiger werden zu lassen.

Damit kann man hier anhand der Tempuswahl folgenden Ablauf erschließen: länger dauernder Zustand (Imperfekt) – neues Ereignis (Perfekt) – Dramatisierung (Präsens).

◆ Eine Wortart, die nicht aus dem einzelnen Satz heraus verstanden werden kann, ist das **Pronomen**. Die Bezeichnung Pronomen *(Wort anstelle eines Nomens)* zeigt bereits, dass diese Wortart eine Stellvertreterfunktion für eine schon erwähnte Person, Sache oder Handlung einnimmt.

Beispiel: Lucius Marcum videt. Is ad forum currit. Die Tatsache, dass das Pronomen is auf die Person Marcus verweist, kann man aus dem zweiten Satz allein nicht ableiten; dazu wird der vorangegangene Satz benötigt.

● *Vergleiche die Übersetzung des folgenden Textes, in dem alle Pronomina durch die entsprechenden Nomina ersetzt sind, mit dem lateinischen Original. Stelle fest, wo sich der Sinn verändert.*

Senator, postquam verba servi audivit, per iram dicit: „Puto servos Marci Fundani Secundi id scelus commisisse! Is vir nefarius semper mihi inimicus fuit et nuper in curia verbis acribus atque infestis me laesit. Mihi quidem apertum est eum filiam meam abduxisse. Caesiam reperire debemus, priusquam latrines eam ex urbe deducunt!" Tum uxor senatoris accedit: „Num putas Fundanium virum tam improbum? Suspicionem tuam falsam esse conicio."

Nachdem der Senator die Worte des Sklaven gehört hatte, sagte der Senator im Zorn: „Der Senator glaubt, dass die Sklaven des Marcus Fundanius Secundus dieses Verbrechen begangen haben! Der verbrecherische Marcus Fundanius Secundus hat sich dem Senator gegenüber immer feindselig verhalten und hat den Senator neulich in der Kurie mit heftigen und feindseligen Worten verletzt. Für den Senator ist es nämlich offenkundig, dass Marcus Fundanius Secundus die Tochter des Senators weggeführt hat. Der Senator und die Hausgemeinschaft müssen Caesia wiederfinden, bevor die Räuber Caesia aus der Stadt wegführen!" Dann kam die Frau des Senators hinzu: „Hält der Senator etwa den Fundanius für einen so schlechten Mann? Die Frau des Senators glaubt, dass der Verdacht des Senators falsch ist."

17 Ein glückliches Ende?

Das Piratenschiff steuert nach den erfolgreichen Raubzügen voll beladen die zerklüftete illyrische Küste an, deren zahlreiche Buchten und kleine Inseln ein ideales Versteck bieten.
Im dunklen Schiffsbauch sitzen Cäsia, ihr Vater Lucius und dessen Freund Quintus dicht gedrängt beieinander. Der Senator, von der Wiedersehensfreude überwältigt, umarmt seine verloren geglaubte Tochter immer wieder. Abwechselnd erzählen er und Quintus von den Strapazen der Suche.
Als aber der Vater seine Hand ausstreckt, um Cäsias Gesicht zu berühren, hält er erschrocken inne. Seine Tochter weint; Trauer und tiefe Verzweiflung liegen in ihrem Blick. Was ist geschehen? Woher dieser Kummer? Lucius bestürmt seine Tochter mit Fragen. Cäsia schlägt die Augen nieder und beginnt leise mit stockender Stimme zu erzählen.

Pyramus und Thisbe.

In unserer Geschichte ist ein Motiv verarbeitet, das auch in die Weltliteratur Eingang gefunden hat: Zwei Menschen, die sich lieben, können nicht zueinander finden, weil ihre Familien oder die äußeren Umstände dagegen sind.
Informiert euch über folgende Werke der Weltliteratur, in denen sich dieses Motiv findet, und referiert darüber: Pyramus und Thisbe; Romeo und Julia; Porgy und Bess; Westside Story; Daphnis und Chloe.

G Publius ad Colosseum it. In via Marcum amicum vidit: „Quo is, Publi? Etiamne tu in forum is?“ Et Publius: „Non in forum, sed in Colosseum eo. Nonne mecum in Colosseum venire vis, Marce? Nam hodie ibi multi gladiatores *(Gladiatoren)* pugnant.“ Marcus interrogat: „Qui gladiatores in Colosseo pugnant?“ „Eos nescio“, Publius respondet, „sed manifestum est gladiatores celebres et fortes esse.“

Interrogativpronomen – Adjektive 3. Deklination (ein- und zweiendige) – Wort- und Satzfragen

T

Ein glückliches Ende?

[1]ignōscere *verzeihen*

„O Pater, te oro: Ignosce[1] mihi! Fefelli te, quamquam te fallere non cupivi.“ Lucius senator clamat: „Quid dixisti? Familiamne tuam fefellisti? Quae filia proba familiam suam fallit?“ Et Caesia parva voce narrat nec latrones[2] nec inimicos patris se rapuisse, sed se cum amico suo ex urbe fugisse. Tum pater, qui verbis Caesiae credere non potest: „Dic mihi: Cur familiam tuam deseruisti? Quo ire voluisti? Quisnam est amicus tuus?“ Et Caesia: „Animadvertistine me iam diu Publium, filium Publii Fundanii Secundi, amare? Qui me quoque amat, sed vos patres inimici estis. Sed ... audio tumultum[3]. Quid accidit?“

[2]latrō, ōnis *Räuber*

[3]tumultus *Lärm*

Marmorbüste des Pompejus, 1. Jh. v. Chr. (Kopenhagen, Ny Carlsberg Glyptothek).

Der Lärm kommt vom Oberdeck. Das Schiff ächzt, denn der Steuermann versucht, es mit einem riskanten Wendemanöver herumzureißen, nachdem ein Geschwader römischer Kampfschiffe am Horizont gesichtet wurde. Doch es ist bereits zu spät ....

Dum classis Romana piratas cingit, navis Pompei, qui classem regit, navem piratarum petit. Tandem milites imperatoris potentis in navem ruunt; magna cum virtute pugnant: Nonnullos piratas in undas eiciunt, ceteros vel comprehendunt vel gladio necant; pugna brevis est. Postquam milites fortes omnes piratas superaverunt, Pompeius imperator cum adulescente nobili in alveum[4] it; nam ibi captivos atque praedam sceleratorum latere coniciunt. Intus captivos sedere vident. Protinus Caesia per alveum ad adulescentem currit et clamat: „Publi, quis deus tibi adfuit? Ego te in undis perisse putavi, postquam piratas fugisti. Nunc te incolumem video.“ Tum Publius: „Nonne fortuna fortibus adest?“ Et de sorte sua narrat ...

[4]alveus *(Schiffs-)Bauch*

Da der Piratenüberfall in Sichtweite der Küste stattgefunden habe, sei er ans Land geschwommen. Bewohner eines nahe gelegenen Küstendorfes hätten ihn aufgenommen und versorgt. Anschließend habe man gemeinsam Pompejus aufgesucht, dessen Flotte in Brundisium vor Anker lag. Dieser habe dann tags darauf mit mehreren Schiffen die Verfolgung der Piraten aufgenommen.

Pompeius adicit: „Iam diu sceleratos in maribus omnibus quaerebamus, sed numquam repperimus. Denique is adulescens nobilis nobis adfuit: Publius Fundanius Secundus.“ Statim pater Caesiae Publium adit: „Quam stultus fui; te enim hominem nefarium putavi! Numquam vero adulescentem tam fortem atque probum cognovi. Itaque nunc mihi gratus es – et gaudeo te filiam meam amare.“

1 Lest den Einleitungstext (S. 90) sowie den Anfang von Cäsias Erzählung (**T**, Z. 1f.). Greift dann eure Vermutungen über den Fortgang der Geschichte (S. 79, Aufgabe 4) auf und konkretisiert bzw. modifiziert sie entsprechend eurem aktuellen Informationsstand.

2 **T** gliedert sich in drei Abschnitte. Analysiert arbeitsteilig die Abschnitte im Hinblick auf ihre formalen Aspekte (Sprecherwechsel, Satzzeichen, Satzlänge, Satzart, Konnektoren, Textsorte, Tempusgebrauch) und setzt eure Ergebnisse zum Inhalt in Bezug.

Ü

3 Stelle aus den Lektionstexten 14-17 alle Fakten so zusammen, dass sich eine schlüssige Abfolge der Geschichte ergibt.

4 Schreibt einen kleinen Dialog, eine Erzählung oder einen Bericht zu den Erlebnissen des Publius, die er seiner Freundin Cäsia erzählt.

a Welche Adjektivform(en) passt (passen)?
viri (nobiles / nobili / nobilis / nobile)
militem (fortium / fortem / fortes)
equis (celeris / celeri / celeribus)
vestes (miseras / miseris / miserae)
poetae (nobili / nobiles / nobilis)

b Welche Form passt nicht in die Reihe?
omnis – manifestae – celeris – ceteris – fortis – contenti
multorum – nobilium – bonorum – forum – omnium
plerasque – nonnullas – potentes – celeritas – fortes
pulchrum – vestrum – totum – superbum – fortium

c Kaum zu Hause angekommen, werden Cäsia und Publius von ihren Familien mit Fragen überhäuft. Schreibe die Fragen auf, mit denen die Familien und Freunde die in den Antworten kursiv gedruckten Wörter erfragen:
Beispiel: Quem amas? – Publium, filium Marci Fundani Secundi, amo.

1. *Publium, filium Marci Fundani Secundi,* amo.
2. Romam reliquimus, *quod patres nostros timebamus.*
3. *Pompeius* imperator classis Romanae est.
4. Milites fortes *imperatoris Pompei* nos liberaverunt.
5. Fortuna *Publio* adfuit, quia fortis erat.

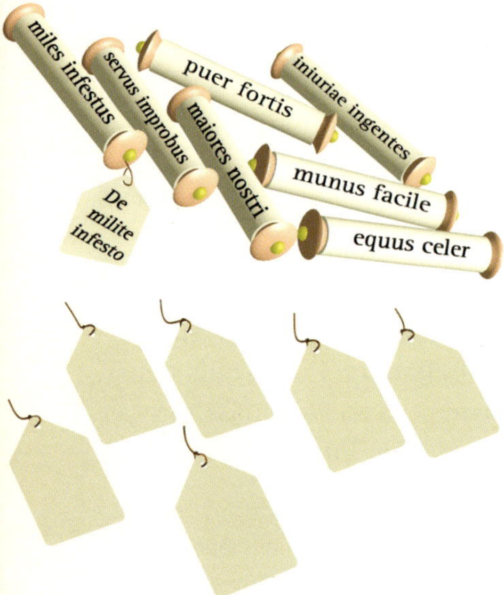

d In der Buchhandlung des Athenodorus ist eine neue Lieferung eingetroffen. Nun beschriftet der Buchhändler die Rollen, indem er gemäß dem Beispiel Etiketten anbringt. Kannst du ihm helfen?

e Wer ist mit welchem Pronomen gemeint?
1. Piratae virtute sua se servare volunt. 2. Nam piratae se viros fortes esse existimant. 3. Etiam Romani eos fortes esse existimant. 4. Tamen piratae se perire sentiunt.
Markiere in den Sätzen 2–4 jeweils den Wortblock, der den AcI bildet (vgl. S. 93).

f Kombiniere die folgenden Adjektive jeweils mit **vir, nuntius, nauta** und **mulier**; dekliniere dann laut im Singular und Plural.

fortis, nobilis, probus, sceleratus, potens

LATEIN LEBT

Erkläre die kursiv gedruckten Wörter im folgenden „*Quiz*":
1. Wer kennt Kapitän *Nemo* aus dem Roman „20 000 Meilen unter dem Meer" des französischen Schriftstellers Jules Verne? 2. Für wen ist ein *Omnibus*? 3. Was ist in der Mathematik ein *Quotient*? 4. Wer von euch hatte schon einmal in einem Schulfach ein *Defizit*? 5. Was versteht man unter einem *sensiblen* Menschen? 6. In welchem *Kapitel* des Buches „Winnetou" lässt der *Autor* Karl May den Helden sterben? 7. Was macht ein Detektiv, wenn er Leute *observiert*? 8. Warum steht auf manchem LKW ein Schild mit der Aufschrift *Transit*?

Der AcI

Das schwierigste Problem bei einem AcI ist es, ihn zu erkennen. Hierfür bieten dir die folgenden Schritte eine Orientierungshilfe.
Damit du einen AcI richtig übersetzen kannst, musst du ihn zunächst einmal erkennen. Es sind drei Merkmale nötig:

1. ein Prädikat, von dem ein AcI abhängt. Das sind im Wesentlichen Verben des Sagens, Redens oder Erzählens (dicere, narrare), der Wahrnehmung (videre), des Meinens oder Wissens (putare, scire) und des Fühlens (z. B. gaudere). Da diese Verben ein kopfgesteuertes Handeln ausdrücken, kann man sie auch als **Kopfverben** bezeichnen. Außerdem steht der AcI nach unpersönlichen Ausdrücken wie manifestum est.
2. ein Akkusativ (ohne Präposition!)
3. ein Infinitiv

Fehlt eines dieser Kennzeichen, liegt kein AcI vor.

Wenn du festgestellt hast, dass ein AcI vorliegt, musst du ihn abgrenzen; normalerweise umfasst er alles vom Akkusativ bis zum Infinitiv. Diesen gesamten Abschnitt gibst du dann im Deutschen mit einem dass-Satz wieder. In diesem dass-Satz wird der Akkusativ zum Subjekt und der Infinitiv zum Prädikat.

❶ *Suche aus* T *14 alle Verben heraus, von denen ein AcI abhängt, und ordne sie in eine Tabelle ein.*

Beispiel:
Nonnullos viros filiam senatoris rapuisse scimus.

I. Erkennen

Alle drei nötigen Merkmale sind vorhanden, und zwar

1. ein Kopfverb, nämlich scire,
2. ein Akkusativ, nämlich nonnullos viros,
3. ein Infinitiv, nämlich rapuisse.

Es liegt also ein AcI vor.

II. Abteilen

Der AcI beginnt mit nonnullos und endet mit rapuisse (A und I); also müssen diese und alle Wörter dazwischen in den deutschen dass-Satz gesetzt werden.

III. Übersetzen

Um im Deutschen nicht durcheinanderzukommen, solltest du die Übersetzung immer mit dem Prädikat (Kopfverb) beginnen und dann den AcI wiedergeben.

1. scimus = *wir wissen*
2. AcI = dass-Satz; also: *wir wissen, dass*
3. Akkusativ nonnullos viros wird zum Subjekt im dass-Satz; also: *wir wissen, dass einige Männer*
4. Infinitiv rapuisse wird zum Prädikat des dass-Satzes; also: *wir wissen, dass einige Männer geraubt haben*
5. Zwischenteil zwischen A und I: filiam senatoris; also: *wir wissen, dass einige Männer die Tochter des Senators geraubt haben*

TIPP: Wenn du in einem Satz zwei Akkusative findest, die nicht durch einen Konnektor miteinander verbunden sind, hast du fast immer einen AcI vor dir.

❷ *Untersuche mithilfe der drei Schritte die folgenden Sätze. Begründe deine Entscheidung.*

a) Marcus amicum visitare cupit.
b) Senator Balbum servum improbum putat.
c) Caesiam Balbum in aedes misisse video.
d) Consules senatores in curiam convocavisse scimus.
e) Senatores de bello et pace agere puto.

Das Reflexivpronomen se im AcI

Die Wiedergabe des Reflexivpronomens se (normalerweise im Deutschen *sich*) ist im AcI schwierig. Se am Beginn eines AcI muss nämlich im deutschen dass-Satz mit *er, sie, es* oder *sie* wiedergegeben werden.

Die folgende kurze Geschichte macht das klar: Marcus und Lucius spielen Ball. Dabei macht Marcus eine Amphore kaputt. Die Mutter sieht später den Schaden sieht und fragt, wer das war.

Marcus dicit eum amphoram fregisse *(kaputt gemacht hat).*

Wenn wir das mit
Marcus sagt, dass er die Amphore kaputt gemacht hat.
übersetzen, dann ist nicht klar, wer ***er*** ist, Marcus oder Lucius. Im Lateinischen ist es aber klar. Denn aus der Verwendung von eum geht hervor, dass die damit gemeinte Person nicht derselbe ist wie das Subjekt zu dicit. So bleibt nur Lucius als der Schuldige.

Lautet der Satz aber:
Marcus dicit se amphoram fregisse
dann gibt er zu, dass er es selbst war; denn se ist immer mit dem Subjekt des Satzes identisch.

Inhaltlich hast du einiges über **antikes Reisen** erfahren. Während bei uns das Reisen einen hohen Stellenwert besitzt, zur Freizeitgestaltung zählt und zum Lebensgefühl beiträgt, sah das in der Antike anders aus. Damals reisten nur Kaufleute und sehr reiche Leute. Mithilfe der Informationstexte und der Lesestücke kannst du dir nochmals vor Augen führen, wie die Reisebedingungen waren. Überlege auch, welche Rolle der Faktor „Zeit" im Vergleich zu heute spielte.

Findet weitere Vergleichspunkte beim Reisen damals und heute, denen nachzuspüren sich lohnt.

a Du hast im grammatischen Bereich mit dem **AcI** eine typische Satzkonstruktion des Lateinischen kennengelernt, die wir in der Regel im Deutschen nicht nachahmen können.

Verdeutliche dir anhand der folgenden Sätze noch einmal die Unterschiede zwischen der lateinischen Konstruktion und der deutschen Wiedergabe. Überlege auch, worauf du beim Übersetzen achten musst:

Pompeius milites Romanos naves piratarum capere et omnes piratas necare iubet.	Pompejus gibt den Befehl, dass die römischen Soldaten die Piratenschiffe kapern und alle Piraten töten sollen.
Tum Pompeius piratas etiam Lucium senatorem cepisse et in navem suam traxisse nesciebat.	Damals wusste Pompejus noch nicht, dass die Piraten auch den Senator Lucius gefangen genommen und auf ihr Schiff verschleppt hatten.

b Mit dem Perfekt und dem Imperfekt hast du **zwei Vergangenheitstempora** gelernt. Obwohl es im Deutschen diese Tempora ebenfalls gibt, stellt man doch Unterschiede bei der Verwendung fest.

Erläutere an folgenden Sätzen den Tempusgebrauch im Lateinischen im Vergleich zum Deutschen:

Nox erat.

Omnes quiescebant.

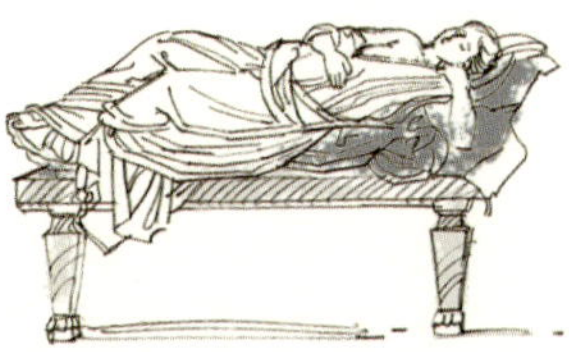

Subito vocem audivi ...

Versuche, die Sätze auch im Englischen wiederzugeben.

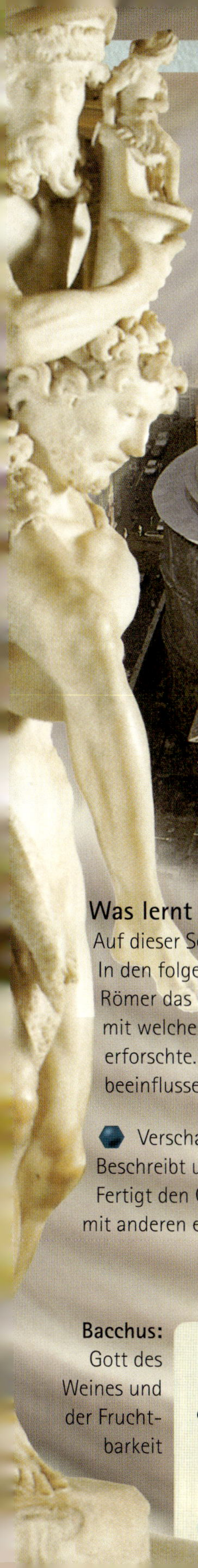

Dem Wirken der Götter ausgeliefert?

Die Götter der Römer:

Jupiter: oberster aller Götter und Herrscher auf dem Olymp

Juno: oberste Göttin und Jupiters Gemahlin, Göttin der Frauen und der Geburt

Minerva: Göttin der Weisheit und des Handwerks

Mars: Gott des Krieges

Neptun: Gott des Meeres und des Wassers

Apollo: Gott des Lichts und der Künste

Merkur: Götterbote, Gott des Handels und der Reise

Diana: Zwillingsschwester des Apollo; Göttin des Mondes und der Jagd

Venus: Göttin der Liebe und der Schönheit

Bacchus: Gott des Weines und der Fruchtbarkeit

Was lernt ihr kennen?

Auf dieser Seite begegnet ihr den wichtigsten Göttern der Römer. In den folgenden Lektionen erfahrt ihr, wie nach Auffassung der Römer das Leben vom Wirken der Götter geprägt war, wie und mit welchen religiösen Handlungen man dieses Wirken der Götter erforschte. Ja, man hoffte, den Willen der Götter und das Schicksal beeinflussen zu können.

Verschafft euch Bilder von antiken Tempeln. Beschreibt und zeichnet einen römischen Tempel. Fertigt den Grundriss dazu an. Bastelt allein oder mit anderen ein Modell.

18 Äneas, Vater der Römer

Der Sieg Oktavians, des Großneffen Cäsars, bei Aktium (31 v. Chr.) über M. Antonius beendete das Jahrhundert der römischen Bürgerkriege. Die unangefochtene Rolle des Siegers als eines Alleinherrschers besiegelte der Senat durch die Verleihung des Ehrentitels **Augustus** (der „Erhabene") im Jahre 27 v. Chr. Dieses Datum markiert den Beginn der römischen Kaiserzeit.
Während er vorgab, die alte Staatsform der Republik wiederherstellen zu wollen, verfolgte Augustus jedoch konsequent eine Politik der Umwandlung der Republik in ein Prinzipat.
Als **princeps senatus** sicherte und erweiterte er die Reichsgrenzen, ordnete die Verwaltung des Staates neu und versuchte, die alten römischen Tugenden des Fleißes, der Frömmigkeit und der ehelichen Treue wieder zu beleben. Er förderte die Künste und Wissenschaften, ließ verfallene Tempel renovieren, reaktivierte ehrwürdige Priesterkollegien und schmückte die Stadt mit Bauwerken von beispielloser Pracht. Die Regierung des **Caesar Augustus** leitete eine lang anhaltende Epoche des inneren Friedens, die **pax Augusta**, ein.
Einer der Dichter, die sich dem **princeps** besonders verbunden fühlten, war Publius Vergilius Maro.

Die Statue, geschaffen von G. L. Bernini (1618–20), zeigt Äneas, der aus dem brennenden Troja flüchtet. Auf den Schultern trägt er seinen Vater Anchises; an ihn klammert sich sein Sohn Askanius, der das heilige Herdfeuer in einer kleinen Schale bewahrt. Die Penaten, die Schutzgötter des Hauses und der Stadt, hält Anchises.

Zur Verherrlichung des römischen Volkes sowie seines Herrschers, den er als Friedensfürsten feierte, verfasste er die *Äneis*, ein Epos, benannt nach dem trojanischen Helden Äneas. Dem brennenden Troja entkommen, wurde dieser nach langen Jahren der Irrfahrt in seiner neuen Heimat Italien zum Ahnherrn der Römer und des julischen Geschlechtes, dem auch Cäsar und Augustus angehörten. Da Äneas als Sohn der Göttin Venus betrachtet wurde, konnte eine göttliche Abstammung des Kaisers propagiert werden.
Vergil berichtet von den zahlreichen Gefahren, die Äneas zu bestehen hatte, von seiner Beziehung zur karthagischen Königin Dido und seinem Besuch in der Unterwelt, wo ihm der verstorbene Vater Anchises sein Schicksal und die künftige Größe Roms prophezeite. Nach langen Kämpfen mit den am Tiberufer ansässigen Rutulern und Latinern wurde er der Stammvater der Römer.
Als Nationalepos beeinflusste die *Äneis* die europäische Literatur über Jahrhunderte hinweg.

G

Servus nonnullos viros filiam domini rapuisse viderat; in aedes celeriter cucurrit.
Marcus Fundanius Bassum senatorem improbe laeserat; itaque Bassus eum filiam suam cepisse putavit.
Navis piratarum, quae per undas maris volabat, senatorem amicumque vehementer terruit.

Analysiere die Sätze mithilfe von Übersetzungsmethodik V (S. 85) und bestimme die einzelnen Satzglieder; achte dabei besonders auf ihre Endungen. Versuche bei den Wortformen, die dir ganz oder teilweise unbekannt sind, eine Bestimmung der Satzgliedfunktion.

1. Charakterisiere anhand dieser Aussagen die Politik des Augustus.
2. Erkläre die lateinischen Termini **Augustus**, **princeps senatus** und **pax Augusta** mithilfe eines Lexikons oder eines Geschichtsbuches.
3. Informiere dich über den Trojanischen Krieg.

T

Äneas, Vater der Römer

Ein schwerer Sturm verschlägt Äneas nach Karthago, wo die aus Tyrus geflohene Königin Dido mit einigen Getreuen ein neues Reich gegründet hat. Um die Sicherheit ihres Sohnes zu gewährleisten, veranlasst Venus, dass Dido sich in Äneas veliebt.

Mercurius, qui ad arcem Didonis venerat, Aeneam vestem Punicam, quam Dido ei libenter donaverat, gerere vidit. Celeriter nuntius Iovis ad Aeneam accessit graviterque eum increpuit[1]: „Aures mihi praebe, Aeneas! Iuppiter me misit, te monet: Cur eo loco te tam impie geris? Hic bene et iucunde vivere tibi non licet. Protinus Italiam pete et posteris tuis illic patriam novam para!“

Verba Mercurii Aeneam vehementer terruerunt. Itaque vir pius, qui imperio Iovis semper paruerat, consilium cepit fugam petere; regiones Punicas relinquere non cessavit. Clam[2] paucos comites ad litus convocavit; quos classem et arma parare iussit.

Dido autem, quae dolum Aeneae perspexerat, animum eius iis verbis flectere temptavit: „Cur me tam turpiter crudeliterque fallis? Cur tam improbe fugere properas?“ Tum femina, quae propter virum acerbum diu fleverat, verba tristia addidit: „Tibi nimis credidi, nam te amavi!“

Aeneas, quem Mercurius de fato monuerat, respondit: „Numquam tibi conubium[3] promisi. Mercurius me in Italiam ire monuit. Non mea sponte, sed deorum consilio te relinquo. Desine me hic tenere! Italiam non mea sponte peto.“

Paulo post Troiani, qui ancoras solverant[4], oculos in Carthaginem verterunt – et terror[5] ingens viros omnes cepit: Magnas flammas in arce viderunt: Dido se necaverat.

[1]increpāre (*Perf.* increpui) *schimpfen, anfahren*

[2]clam *Adv.* *heimlich*

[3]cōnūbium *Ehe*

[4]ancoram solvere (*Perf.* solvī) *in See stechen*

[5]terror *der Schrecken*

Äneas tritt mit seinem Sohn Askanius (Julus) vor Dido. Fresko (1757) von Giovanni Battista Tiepolo (Vicenza, Villa Valmarana).

❶ In ihrem Gespräch mit Äneas verwendet Dido Adverbien (turpiter, crudeliter, improbe) und keine Adjektive. Welche Schlussfolgerungen kannst du daraus für Didos Bewertung der Situation ziehen?
Nach Äneas' Abfahrt begeht Dido Selbstmord. Trägt Äneas dafür Verantwortung? Begründet eure Meinung.

❷ Äneas muss das Schicksal, das die Götter ihm auferlegen, annehmen. Erkläre anhand von **T**, was es für einen Menschen bedeuten kann, den Willen der Götter zu erfüllen.

❸ Erstellt eine Charakterisierung des Äneas, indem ihr die Adjektivattribute sowie Adverbien mit den zugehörigen Prädikaten aus **T** herausschreibt.
Diskutiert und begründet: Wie sind die einzelnen Aussagen zu gewichten?

Ü

a Welches Zeitverhältnis tritt zwischen lateinischen Haupt- und Gliedsätzen auf, in denen Plusquamperfekt verwendet wird? Untersuche die Sätze von **T**.

b Adverbien können von Adjektiven abgeleitet werden: Erkläre den Unterschied zwischen Adjektiv und Adverb.
Schreibc allc nicht von Adjektiven abgeleiteten Adverbien aus **T** heraus und übersetze sie.

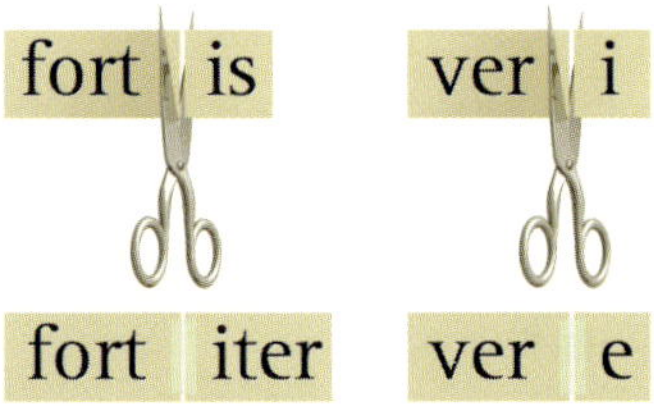

c „Adverbienwerkstatt"
Bilde zunächst zu folgenden Adjektiven den Genitiv. Schneide dann die Endung ab, damit du den Wortstamm erhältst, und klebe die richtige Adverbendung an.
Ein Tipp: Im Team geht die Arbeit leichter von der Hand.

verus	gravis	vehemens
fortis	celer	improbus
crudelis	clarus	pulcher
turpis	contentus	iucundus

d Ganz genau!
Die Aussagen von Satz 1–4 werden von Satz zu Satz genauer.
Durch welche sprachlichen Mittel wird dies erreicht?

1. Bassus: „Publio gratias ago, quod filiam servavit."
2. Bassus: „Publio adulescenti gratias ago, quod filiam meque servavit."
3. Bassus: „Publio, adulescenti nobili, gratias ago, quod filiam meque fortiter servavit."
4. Bassus: „Publio, adulescenti nobili, gratias ago, quod vitam meam, filiae amicique fortiter servavit."

e Setze in die folgenden Sätze die richtige Form (Adjektiv oder Adverb) ein und übersetze dann:

1. Romani urbem ? (fortis) defendebant.
2. Romani se dominos ? (potens) esse putabant.
3. Amicus meus, cui nomen Felix (felix, felicis *glücklich*) est, semper ? (felix) est et ? (felix) vivit.

f Übersetze. Achte dabei auf das Zeitverhältnis.

1. Legiones, quas Pompeius in provinciam duxerat, multa bella gerebant.
2. Liber, quem mihi dederas, mihi non placuit.
3. Amicae, quae Romam iam viderant, Claudiae forum ostenderunt.

Trojanisches Pferd. Nachbildung. In Troja steht heute dieses neue hölzerne Pferd. Kinder können über eine Leiter in das Innere des großen Holzpferdes klettern und griechische Eroberer spielen.

WORTSCHATZ

Zerlege das Verb **animadvertere** in seine Bestandteile und versuche zu erklären, wie daraus seine Bedeutungen *bemerken, wahrnehmen* entstanden sind.

Mythologie und Religion

Zahlreich sind die Legenden über die Herkunft und das Leben des **Dionysos**. Der Göttervater Zeus hatte ihn in Menschengestalt mit der sterblichen Prinzessin Semele gezeugt. Von seiner olympischen Gattin Hera beeinflusst, wünschte sich Semele, Zeus einmal in seiner göttlichen Gestalt zu sehen. Die Erfüllung dieses Wunsches bezahlte sie mit ihrem Leben. Beim Anblick des Gottes des Blitzes verbrannte sie. Um seinen ungeborenen Sohn zu retten, nähte Zeus ihn in seinen Oberschenkel ein. Nach der Geburt ließ er den Jungen von Ino, Semeles Schwester, und deren Gatten Athamas erziehen. Heras Rache war jedoch noch nicht befriedigt: Obwohl Dionysos stets als Mädchen verkleidet war, spürte sie ihn auf und trieb seine Pflegeeltern derart in den Wahnsinn, dass diese ihre leiblichen Kinder töteten.

Wir lesen von Reisen, die Dionysos in Begleitung von Mänaden, Satyrn und Silenen bis nach Indien unternahm, um die Kunst des Weinbaus zu lehren. Häufig reagierten die Menschen mit Ablehnung auf seinen orgiastischen Kult.
Auch in Rom sorgte der Mysterienkult des Dionysos, der auch **Bacchus** genannt wurde, für Empörung. Der Gott des Weinbaus, der Fruchtbarkeit und der Ekstase wurde mit dem altitalischen Landgott Liber gleichgesetzt und gemeinsam mit den Fruchtbarkeitsgöttinnen Ceres und Libera von der einfachen Bevölkerung und den Sklaven verehrt. Die Ausübung der Riten fand unter größter Geheimhaltung statt. Die kapitolinischen Götter Jupiter, Juno und Minerva standen gemeinsam mit Vesta im Mittelpunkt des religiösen Lebens der Patrizier. Da diese die Staatsreligion gefährdet sahen, untersagten sie per Senatsbeschluss im Jahre 186 v. Chr. die Ausübung dieses Geheimkultes.

Als Bacchus/Dionysos sich während einer seiner Reisen in Phrygien aufhielt, ereignete sich der **Sage** nach Folgendes:
Silen war der Lehrer und Erzieher des Dionysos. Nach einem nächtlichen Gelage schlief er am Ufer eines Flusses seinen Weinrausch aus. Bauern fanden ihn und brachten ihn zu König **Midas**. Dieser erkannte Silen und geleitete ihn zum Gefolge des Dionysos zurück.

Zum Dank gewährte der Gott dem König die Erfüllung eines Wunsches. Midas wünschte sich, dass alles, was er berühre, zu Gold werde. Dionysos entfernte sich mit einem geheimnisvollen Lächeln. Midas ging glücklich davon. Während er auf dem Heimweg einen Zweig streifte, einen Stein berührte und Ähren pflückte, wurden Zweig, Stein und Ähren zu reinem Gold. Das Gleiche geschah mit dem Brot, als er sich zu Tisch setzte. Auch Wein und Wasser verwandelten sich zu Gold.
Als er vor Hunger und Durst zu sterben drohte, bat er den Gott um die Befreiung von dieser Gabe. Ein Bad in einer Quelle, die seither Goldsand führt, erlöste ihn.

❶ *Vergleicht die Geburtslegende des Dionysos mit den Geschichten, die uns über die Geburt anderer bedeutender Persönlichkeiten überliefert werden. (z.B. Romulus und Remus, Mose, Jesus). Was wollen die Autoren mit diesen Legenden ausdrücken?*
❷ *Welche orgiastischen Feste sind dir aus der Neuzeit bekannt? Welche Drogen werden konsumiert? Welche Beispiele für staatliche Eingriffe kennst du?*
❸ *Überlege, welche allgemein menschliche Erfahrung der Midas-Mythos thematisiert.*
❹ *Gestaltet zu den Aufgaben ❶ bis ❸ eine Ausstellung. Überlegt euch eine sinnvolle Gliederung in Teilbereiche.*

Auf griechischen Weinmischkrügen finden wir häufig Darstellungen mythologischer Szenen. Welcher Gott ist hier abgebildet? Welche Attribute kennzeichnen ihn?

19 Ein Götterspruch aus Delphi

Die Römer lebten in der Überzeugung, dass sowohl das Wohlergehen des Staates als auch ihr persönliches Glück auf einer guten Beziehung zu den Göttern beruhe. Durch Opfer oder durch das Befolgen göttlicher Weisungen suchten sie den Beistand der Unsterblichen zu gewinnen. Unglück oder Misserfolg führten sie auf Vernachlässigung religiöser Pflichten oder Missachtung des göttlichen Willens zurück. Dieser konnte ihnen durch Erscheinungen, Träume, unterschiedliche Zeichen wie Blitz, Donner, Hagel, Mondfinsternis oder durch Orakel offenbart werden.

Zur Lösung wichtiger Probleme befragte man entweder die Sibyllen, weise Frauen, oder suchte eine der großen Orakelstätten auf.

Bronzemodell einer Schafsleber mit Bezeichnung der einzelnen Felder zur Deutung der Vorzeichen, 2. Jh. v. Chr.

Heiliger Bezirk von Delphi.

Opferzug mit Tieropfern, 1. Jh. n. Chr. (Paris, Louvre).

Verschiedene Priesterschaften waren darauf spezialisiert, diese Zeichen zu erkennen und zu interpretieren. Während die **augures** den Vogelflug deuteten, lasen die **haruspices** den Willen der Götter aus den Eingeweiden der Opfertiere. Auch das Fressverhalten der heiligen Hühner, die in vielen Tempelanlagen gehegt wurden, verdeutlichte die Zustimmung oder die Ablehnung der Gottheiten.

Das berühmteste Orakel befand sich in Delphi. Man glaubte, hier spreche der Gott Apoll durch eine Priesterin namens Pythia zu den Menschen. Die Bittsteller trugen ihre Fragen den Priestern vor, welche sie an Pythia weiterleiteten. In Ekstase und vielleicht unter Einfluss von Drogen gab die Priesterin unverständliche Laute von sich. Diese formulierten die Priester dann häufig als zweideutige Antworten. Großzügige Geschenke bezeugen den Dank der Ratsuchenden.

❶ Welche aktuellen Formen der „Weissagung" sind dir bekannt?

❷ Findet heraus, welche weiteren berühmten Orakelstätten es in der Antike gab und wo sie lagen. Informiert euch über Reisemöglichkeiten zu diesen Orakelstätten, plant eine Reise und gestaltet Infotafeln. Materialien findet ihr z.B. in Reisebüros, im Internet, in Reiseführern.

G „Quid facis, Claudia?" „Forum peto, Cornelia. Sed postea amicam conveniam et cum ea domum ibo." „Quis te conveniet, Claudia?" „Iulia aderit et me vestibus novis ornabit." „Etiam ego vestes probare volo. Tum nos omnes thermas adibimus." „Ibi iam alii amici amicaeque erunt. Qui ad me accedent et vestes meas laudabunt." „Certe, si vestes ostendes. Itaque forum petere propera!"

Futur

T

Ein Götterspruch aus Delphi

Ihre verheerenden Niederlagen gegen Hannibal im Jahre 216 v. Chr. konnten sich die Römer nur durch die Abwendung der Götter von Rom erklären. Im Rückblick wurden verschiedene Ereignisse des vergangenen Jahres als böse Vorzeichen gedeutet. In seiner Ratlosigkeit schickte der Senat eine Gesandtschaft zum Orakel des Apollo nach Delphi.

Apud T. Livium legimus senatores Quintum Fabium Pictorem cum legatione Delphos misisse. Qui ubi templum intravit, unum e sacerdotibus rogavit: „E Pythia id quaere: Quando dei tandem calamitatum finem facient? Quid dei a nobis postulant? Quomodo[1] deos placabimus[2]?“ Paulo post Pythia sortem dedit. Sed legati Romanorum voces Pythiae non intellexerunt.

[1] quōmodo *wie, auf welche Art und Weise*

[2] plācāre *versöhnen*

[3] corōna *Kranz*

Die Priesterin Pythia gibt in Delphi ein Orakel. Griechisches Vasenbild, um 440 v. Chr. (Berlin, Staatliche Antikensammlung).

Deshalb deuteten die Priester die Prophezeiung der Pythia: Sie nannten den Abgesandten verschiedene Götter und Göttinnen, denen die Römer einen Bußgottesdienst halten und Geschenke darbringen sollten. Der Tempelvorsteher befahl Fabius, mit einem Lorbeerkranz geschmückt nach Rom zurückzukehren und diesen auf dem Altar des Apollotempels in Rom niederzulegen. Quintus Fabius gelobte dies und opferte noch in Delphi den genannten Göttern, um diese gnädig zu stimmen.

Postquam Quintus Romam rediit, eam orationem in curia habuit: „Vobis, Romani, nuntiabo omnia, quae comperi, vobis dicam ea, quae sacerdos voluntatis deorum conscia respondit. Deos suppliciis ac sacris placate! Si enim dei nobis aderunt, tuti erimus, immo vero civitas Romana multum valebit et Poenos superabit. Victores erimus. Bonam fortunam habebimus. Hostes vincemus. Ita vos, senatores, civitatem e periculo liberabitis. Tum vobis licebit Apollini donum e praeda mittere. Superbiam autem fugite! Aliter dei vos deserent neque dubitabunt finem imperii Romani facere. Quae sunt verba Pythiae, ut sacerdotes confirmaverunt. Ego autem ex oraculo exii et statim omnibus deis, quos sacerdotes nominaverant, sacrum feci. Antea unus e sacerdotibus caput meum corona[3] ornaverat. Nunc in templum Apollinis ibo eiusque in ara coronam deponam.“ Senatores statuerunt: „Tecum ibimus et omnia sacra magna cum cura faciemus. Semper imperiis deorum parebimus, numquam a deis deficiemus.“

❶ Lies den Einleitungstext und versuche, daraus abzuleiten, welche Fragen der römische Gesandte an das Orakel haben könnte.

❷ Im Zwischentext erfährst du, wie die Priester die Prophezeiung deuten. Nach seiner Rückkehr nach Rom erläutert Quintus die Weisungen des Apollo im Senat: Formuliere eine Rede, die du an Quintus' Stelle im Senat gehalten hättest. Überprüfe anschließend, welche Aspekte davon du in T (Z. 9–22) wiederfindest.

❸ Nimm kritisch Stellung zu der Formulierung Do ut des – *Ich gebe, damit du gibst.* Erläutere die Einstellung, die nach diesem Text die Römer zu ihren Göttern hatten.

4 Vergleicht **T** (ab Z. 8) mit dem Originaltext des römischen Historikers Livius, der hier in Übersetzung abgedruckt ist.
Der Gesandte Quintus Fabius Pictor kehrte aus Delphi nach Rom zurück und las die Antwort vor, wie sie aufgeschrieben war. Darin wurden auch die Götter und Göttinnen genannt, denen man einen Bußgottesdienst halten solle und wie dies zu geschehen habe. Dann hieß es weiter: „Wenn ihr danach handelt, Römer, werden eure Probleme besser und leichter werden. Die Lage eures Staates wird sich mehr nach eurem Sinne gestalten und der Sieg in diesem Krieg wird den Römern beschieden sein. Wenn ihr dann den Staat wohl geführt und gerettet habt, sollt ihr dem pythischen Apollo von eurem erworbenen Gewinn ein Geschenk schicken und von der Beute, ihrem Ertrag und den eroberten Rüstungen ihm ein Ehrengeschenk darbringen. Werdet aber nicht überheblich!" Als er dies aus dem griechischen Orakeltext übersetzt vorgelesen hatte, sagte er, er habe die Orakelstätte verlassen und dann sofort allen diesen Göttern ein Opfer mit Weihrauch und Wein dargebracht. Auch sei ihm vom Tempelvorsteher befohlen worden: Wie er mit einem Lorbeerkranz geschmückt das Orakel betreten und das Opfer dargebracht habe, so bekränzt solle er auch sein Schiff besteigen und den Kranz nicht eher ablegen, als bis er nach Rom gelangt sei. Alle Anordnungen habe er gewissenhaft und sorgfältig befolgt und den Kranz in Rom auf den Altar des Apollo gelegt.
Der Senat beschloss, diese Opfer und Bußgottesdienste möglichst bald mit Sorgfalt durchzuführen.

Am Ende des Livius-Textes ist zweimal von „Sorgfalt" die Rede: Wo findet sich in unserem lateinischen Text die Entsprechung?

Apollo.

LATEIN LEBT

Vergleiche die Verwendung des Futurs im Englischen, Französischen und Deutschen mit dem Lateinischen. Beschreibe Gemeinsamkeiten und Unterschiede.

Ü

a Setze die folgenden Präsensformen ins Imperfekt und Futur:
sumus – habes – ducitis – animadvertitis – vinco – ades – eunt – sentit – adiciunt – sedemus – it – perimus – cingis – postulant

b Ordne die folgenden Formen in deinem Heft nach den Tempora (Präs., Impf., Fut., Perf.):
veniunt – terruisti – transibat – estis – probabimus – capient – respondent – surgebatis – rapit – commiserunt – intelleget – dolebo – constiti – imperat – deposuistis – attingemus – erat
Ergänze zu jeder Form die anderen drei Tempora.

c Welche Form passt jeweils nicht in die Reihe?
1. interrogabit – intelleget – ibit – ignorabit – interest
2. defendebamus – decernebamus – aderamus – probamus
3. audiemus – aperiemus – tenemus – sentiemus – capiemus
4. duces – vives – aderis – bibis – reges – reperies
5. quaerit – vidit – respondit – venit – reliquit – rediit

WORTSCHATZ

Erkläre die Bedeutung der Komposita aus der Bedeutung des Präfixes und des Verbum simplex:

ad- (hinzu-, dabei-)	ac-cedere, ad-ire, ad-iungere, ad-mittere
dis- (auseinander-)	di-mittere, dis-cedere
ex- (heraus-)	ex-cedere, ex-pellere, ex-spectare, e-icere, e-ripere
con- (zusammen-)	con-venire, con-vocare, con-icere, com-ponere
re- (zurück-, wieder-)	re-vocare, red-ire, re-stare
per- (hindurch-)	per-spicere, per-venire

Archäologische Quellen

Unsere Kenntnisse über vergangene Zeiten und Kulturen, vor allem über das Leben der damaligen Menschen verdanken wir nicht nur der schriftlichen Überlieferung von Ereignissen (beispielsweise den Berichten der Geschichtsschreiber), sondern in einem bedeutenden Umfang den Ruinen von verschiedenen Bauwerken und Häusern, Statuen und Statuetten, Grabsteinen, Mosaiken, Vasenmalereien, Münzen und anderem mehr. Diese sichtbaren Überreste alter Kulturen werden von Wissenschaftlern, den sog. Archäologen, durch Ausgrabungen entdeckt und anschließend ausgewertet.

Wie arbeiten Archäologen?

Das Grabungsgelände wird vermessen (1), gekennzeichnet und in Abschnitte eingeteilt. Die oberen Erdschichten werden zentimeterweise abgetragen (2), bis erste Funde auftauchen. Die gelockerte Erde wird zudem gesiebt (3), um auch besonders kleine Gegenstände aufzufinden. Die unterschiedlichen Erdschichten, die beim Graben sichtbar werden, müssen ebenfalls genau untersucht werden (4). Alle Funde werden mit feinen Werkzeugen vorsichtig freigelegt, fotografiert, in ein Grabungstagebuch und eine Grabungskarte eingetragen. Letztlich müssen Archäologen so arbeiten, dass sie die gesamte Ausgrabung wieder rückgängig machen könnten.
Die ausgegrabenen Funde werden zur Auswertung ins Labor gebracht, wo sie mit Hilfe verschiedener Methoden vermessen und datiert werden. Zerstörte Fundstücke (z. B. Vasen, Tonkrüge) versucht man aus den gefundenen Einzelteilen zu rekonstruieren. So entsteht in mühevoller Kleinarbeit aus den Puzzlestücken der verschiedenen Fundstücke und Gebäude allmählich eine Momentaufnahme der Vergangenheit.

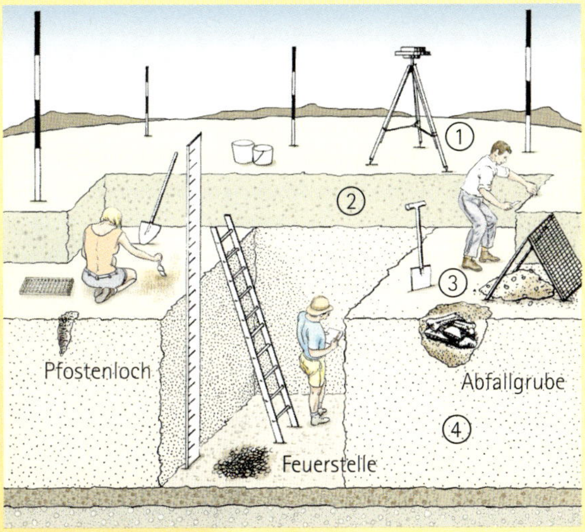

Wie können wir die Erkenntnisse der Archäologie nutzen?

Kunst- und Bauwerke berichten uns von den Vorstellungen und dem Leben der Menschen, aus deren Zeit sie stammen. Neben ihrer Gestaltung und Funktion ist für uns auch die Aussageabsicht des Künstlers von Bedeutung. Bevor man sich aber mit der Aussage eines Gegenstandes befasst, ist es wichtig, ihn zunächst ganz genau zu beschreiben.

Erarbeitet Leitaspekte, um Bauwerke, Gemälde, Reliefs und Statuen genauer beschreiben zu können (etwa: Maße? Material? Datierung? Inhalt?). Wendet diese Fragen auf die Abbildungen in **L** *19 an.*

Karten sind für die Veranschaulichung von historischen und geografischen Zusammenhängen sehr hilfreich. Um sie richtig zu deuten, sollte man folgende Fragen stellen:
- Worüber informiert die Karte? Was zeigt sie nicht?
- Auf welche Zeit(en) und Region(en) bezieht sie sich?
- Zeigt sie einen Zustand oder eine Entwicklung an?
- Welche Bedeutung haben ggf. die Zeichen, die der Karte beigefügt sind?

20 Keine Angst vor Gespenstern

- *Der Trainer einer siegreichen Mannschaft wechselt wochenlang seinen Pullover nicht.*
- *Der Fußballspieler kann nur mit diesen Schuhen ein Tor schießen.*
- *Am Freitag, dem 13. gehe ich keinen Schritt aus dem Haus.*
- *Die Fans des Superstars waschen tagelang nicht die Hand, die er geschüttelt hat.*
- *Zu einer Klassenarbeit bringe ich immer mein Maskottchen mit.*

Wir sind nicht abergläubisch? Schwarze Katze von links; einen Knopf reiben, wenn man einem Schornsteinfeger begegnet; auf Holz klopfen; auf keinen Fall unter einer Leiter durchgehen; ein vierblättriges Kleeblatt gut aufbewahren; Reis streuen bei der Hochzeit; Geld in der Börse, wenn der Kuckuck ruft.

Kannst du diese Vorstellungen ergänzen? Welche davon sind für dich wichtig?

Was ist Aberglaube?

● Finde Erklärungen, auch unter Einbeziehung des folgenden Beispiels:

Die Medusa war eine schreckliche Sagengestalt: Ein Blick in die Augen ihres von Schlangen umrahmten Gesichtes ließ den Betrachter zu Stein erstarren. Warum trugen Soldaten das Bild der Medusa auf ihrem Brustpanzer oder ihrem Schild? Warum war das Medusenhaupt auf Haustüren angebracht?

Magische Gemme aus dunkelgrünem Jaspis. Oben Vorderseite: Dämon. Unten Rückseite: Ein Zauberwort, das sowohl vorwärts wie rückwärts zu lesen ist.

Warum hat sie der Besitzer wohl ständig bei sich getragen?

G

Amicae Iuliam donis delectant. (A)
Iulia ab amicis donis delectatur. (B)

Vergleiche die Sätze A und B und beschreibe, was sich von A zu B verändert hat. Formuliere deine Beobachtungen als Regel und überprüfe sie in den nachfolgenden Sätzen.

Amicae: „Te muneribus delectamus. Tu a nobis delectaris."
Iulia: „Ego a vobis donor. A vobis donari pulchrum est.
Quotiens a vobis iam donabar!
Etiam parentes donis vestris delectantur.
Iterum atque iterum parentes et ego donis vestris delectabamur.
Sed nunc vos a me donabimini."

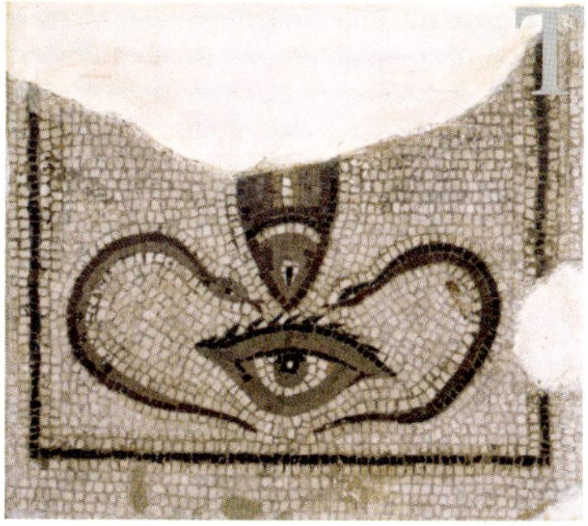

Türschwelle mit Apotropaion. Ein Apotropaion wurde als Schutzmaßnahme z. B. an Gebäuden angebracht, um böse Kräfte abzuwehren. Hier wird ein „böses Auge" von Schlangen und einem Fisch angegriffen. Römisches Mosaik aus Moknine/Tunesien, um 350 n. Chr.

Keine Angst vor Gespenstern

In Zeiten, in denen etablierte Religionen an Bedeutung verlieren, sind dem Aberglauben Tür und Tor geöffnet. Ein Zeugnis aus der römischen Kaiserzeit liefert uns ein Brief des Schriftstellers Gaius Plinius an seinen Freund Sura (Anfang 2. Jh. n. Chr.):

C. Plinius Surae suo salutem dicit.

Te interrogo: Tune monstra esse putas? Equidem iterum iterumque fabulis miris commoveor et terrore[1] afficior. Etiamne tu talibus fabulis permoveris et timore caperis? Incredibile est, quod nunc narrabo:

Antiquis temporibus erant Athenis aedes amplae, sed infames[2]. Nam tempore nocturno ibi sonus[3] ferri et vinculorum audiebatur. Mox etiam senex ignotus videbatur, qui vinculis tenebatur. Omnes, qui iis in aedibus vivebant, noctes terribiles esse contendebant. Nam a monstro e somno excitabantur et terrebantur. Qua de causa aedificium relinquebatur.

Quondam venit Athenas Athenodorus philosophus. Cui omnia narrantur, sed: „Neque perturbor neque perterreor", inquit, „immo vero monstrum investigabitur[4] et vos liberabimini." Atque aedes conducit.

Iubet nocte se solum in aedibus relinqui. Etiam servi dimittuntur. Primo est silentium, deinde ferrum et vincula moveri audit. Tum monstrum videtur. Quod e tenebris procedit et signa dat. Athenodorus a sene ignoto in peristylium[5] ducitur, ubi monstrum subito abest. Postridie[6] philosophus eum locum effodi iussit, ubi senex abierat. Ibi ossa[7] et vincula inveniebantur. Postquam ossa rite sepeliri[8] iussit, aedes a monstro liberae erant.

Equidem credo iis, a quibus tales fabulae confirmantur.

Vale!

[1] terror *Schrecken*
[2] īnfāmis *berüchtigt*
[3] sonus *Geräusch*
[4] investigāre *aufspüren, untersuchen*
[5] peristȳlium *Innenhof*
[6] postrīdiē *am nächsten Tag*
[7] os, ossis *n Knochen*
[8] rīte sepelīre *ordnungsgemäß bestatten*

❶ Die Überschrift hat kein Satzzeichen. Überlege, welches man setzen könnte, und begründe deine Entscheidung.
Erstelle eine Grobgliederung des Textes, indem du die Konnektoren sowie die Textgestaltung (Absätze) zu Hilfe nimmst.
Lies den Text dann abschnittweise durch und versuche, dabei möglichst viele inhaltliche Informationen in Stichworten festzuhalten. Unbekannte Vokabeln kannst du mithilfe von Fremd- und Lehnwörtern (z. B. **monstrum, fabula, antiquus**), englischen oder französischen Vokabeln (z. B. **mirus, movere, aedificium, silentium**) sowie mit deinen Kenntnissen über die Bildung von Komposita erschließen.

❷ Stelle alle Merkmale zusammen, an denen man erkennt, dass **T** ein Brief ist. Worin unterscheidet sich ein römischer Brief von einem Brief, wie wir ihn abfassen würden, oder von einer E-Mail?

❸ Untersuche die Verwendung der Tempora in Z. 6–25.
Überlege, weshalb ab Z. 12 wiederholt Präsensformen auftreten (vgl. Texterschließung IV, S. 89).

④ Welche Gewährsleute nennt Plinius für seine Geschichte? Sammle die Stellen, an denen Plinius sich auf Gewährsleute direkt oder indirekt berufen kann. Was könnte Plinius, einen gebildeten Vertreter der Oberschicht, zu seinem abschließenden Urteil bewogen haben?

Vergleiche die Bildung des lateinischen Passivs mit der Passivbildung im Englischen und Französischen. LATEIN LEBT

Ü

ⓐ Schreibe aus **T** alle Verbformen (ausgenommen Formen von **esse** und der Komposita von **esse**) heraus und setze sie in das andere Genus verbi (Aktiv bzw. Passiv). Zu welchen Verben gibt es kein Passiv?

ⓑ Ordne im Heft: Welche Formen sind Aktiv, welche Passiv?
superabimur – excitatur – occupaberis – claudimus – turbari – ignoras – ornor – dabatur – muniuntur – appellabaris – vincentur – discedit – cognoscimur – pugnatis – trahitur – responde – ostendi – reperire
Bestimme anschließend die Formen und übersetze sie.

ⓒ Bilde eine Formenreihe in der angegebenen Person im Aktiv und Passiv für Präsens, Imperfekt und Futur:
Beispiel: **vocare** (3. Pers. Sg.)
Aktiv: **vocat – vocabat – vocabit**
Passiv: **vocatur – vocabatur – vocabitur**
capere (1. Pers. Sg.), **liberare** (3. Pers. Pl.), **monere** (2. Pers. Pl.), **decernere** (3. Pers. Sg.), **audire** (1. Pers. Pl.)

ⓓ Ordne die deutschen Übersetzungen zu.
du lobst – du lobtest – du wurdest gelobt – du wirst gelobt werden – du wirst loben – du wirst gelobt
laudas – laudabas – laudabis – laudaris – laudabaris – laudaberis

ⓔ Wo wird in den folgenden Sätzen ein Täter genannt, wo eine Ursache und wo keines von beiden?
1. **Fabula mira narratur.** 2. **Multi fabulis miris terrentur.** 3. **Ego non terreor.** 4. **Neque ea fabula, quae narratur, terreor.** 5. **Quae fabula ab amico meo narratur.** 6. **Amicus a monstro non terretur.** 7. **Itaque ea fabula ab amico hospitibus narratur.** 8. **Ita hospites delectantur.**

ⓕ Ermittle die Passivformen und übersetze sie ins Lateinische; die dazu benötigten lateinischen Verben stehen alle im Wortschatz 19 und 20:
er wird bewegt – sie werden vorrücken – ich werde mieten – wir werden gefunden werden – sie wurden genannt – es wird beschlossen – ihr werdet bemerken – ihr werdet bemerkt – er wird einschließen – er wird eingeschlossen – ich werde geführt – sie werden erschreckt – du wirst weggehen – er wurde in Verwirrung gebracht

ⓖ Äneas – statt Aktiv im Passiv:
Mercurius ad Aeneam mittitur. Aeneas a Mercurio monetur. Aeneas verbis Mercuri terretur. Postea comites ad litus vocantur. Aeneas: „Regiones Punicae a nobis relinquentur. Patria nova a nobis quaeretur.“

Zusammenfassung

Der erste Zugang zu einem unbekannten Text fällt oft schwer. Die Menge der unbekannten Vokabeln und Formen verwirrt. – Lass dich davon nicht ablenken. Du kennst bereits eine Reihe von Methoden, welche dir die Texterschließung erleichtern.

- Lies den Text zunächst einmal aufmerksam durch.
- Bei einer zweiten Lektüre des Textes konzentrierst du dich auf die **Handlungsträger der einzelnen Abschnitte.**
- Die **Schlüsselwörter** und **Sachfelder** verraten dir die Themen der einzelnen Passagen.
- Den Handlungsverlauf kannst du anhand der **Konnektoren** erschließen.
- Beachte auch die **Textsorte**, das **Tempusrelief**, **Pro-Formen** und die Hinweise zum **Transphrastischen Vorerschließen**.

Der Fuchs und der Rabe

Olim corvus summa in arbore sedebat et caseum, quem rapuerat, edere volebat. Vulpes eum vidit et accessit. Deinde sic dicere instituit: „Oh, corve, mirus es! Vestis tua pulchra, pulchrum corpus tuum! Si etiam vocem pulchram haberes, primus omnium esses! Sed corvus, quia vocem ostendere volebat, amisit caseum, quem vulpes rapuit. Denique corvus se stultum fuisse intellexit.“

olim *einst, einmal*
corvus *Rabe*
arbor *Baum*
caseus *Käse*
edere *essen*
vulpes, vulpis *f* *Fuchs*
si ... haberes *wenn du ... hättest*
esses *du wärest*

❶ *Lies den Text einmal durch und formuliere deine Vermutungen bezüglich des Inhalts.*

❷ *Lies den Text ein zweites Mal. Welche Hauptakteure werden genannt, wie werden sie charakterisiert? Worum geht es in dem Text noch? Mache dir Notizen.*

❸ *Unterstreiche im Text die Konnektoren, die den Beginn eines neuen Handlungsabschnittes kennzeichnen, und trage sie dann in folgendes Schema ein. Füge die Akteure dazu.*

Konnektoren: ________ ________ ________ ________

Akteure: ________ ________ ________ ________

❹ *Überlege, wie unser Text aufgebaut ist.*

Eine Fabel ist üblicherweise folgendermaßen strukturiert:

EXPOSITIO	ACTIO	REACTIO	CONCLUSIO
(Ausgangssituation)	(Handlung)	(Reaktion)	(Schluss)

❺ *Umrahme in den folgenden Zeilen die Wörter, die wiederholt genannt werden, und verbinde die Zeilen, die einander aufgrund der Wiederholungen entsprechen:*

Olim corvus caseum edere volebat.
Si etiam vocem pulchram haberes ...
... quia vocem ostendere volebat
... amisit caseum.

So, nun kennst du den Inhalt der Fabel vom Raben und vom Fuchs bestimmt. In einem weiteren Arbeitsgang kannst du die Detailfragen klären. Dann ist die Gefahr, dass du etwas missverstehst, gering.

21 Ein Opfer für Mars

In unserem Sprachgebrauch hat sich der Begriff des „Opferns" erhalten, auch wenn er nicht mehr mit seiner ursprünglichen Bedeutung zusammenhängt. Wie ist der Begriff in den folgenden Sätzen zu verstehen?

„Im Krieg mussten viele Opfer beklagt werden."
„Beim Schachspiel hat er ein Bauernopfer gebracht."

„Die Zahl der Drogenopfer hat abgenommen."
„Sie hat sich bei der Pflege ihres kranken Mannes aufgeopfert."

Die Termine der offiziellen Opfer für die römischen Staatsgötter ergaben sich aus dem Kultkalender. Als Kriegsgott wurde der altitalische Gott Mars, nach dem der Monat März benannt ist, besonders verehrt. Sein Altar auf dem **Campus Martius** bildete den sakralen Mittelpunkt der alle fünf Jahre stattfindenden Weihe der in neue Steuerklassen geordneten Bürgerschaft.
Die Zensoren waren die obersten römischen Steuerbeamten. Sie kontrollierten die Staatskasse sowie die Vermögensverhältnisse und die Lebensführung (!) der Bürger. Alle fünf Jahre teilten sie die Bevölkerung in Vermögensklassen ein und setzten danach die Steuern fest. Die Zuordnung zu den verschiedenen Steuerklassen hatte große Auswirkungen auf das Ansehen und den Einfluss einer Familie. Mit diesem Akt verbunden war die feierliche Opferzeremonie der **suovetaurilia (sus, ovis, taurus)**: Die dem Gott besonders willkommenen Tiere Schwein, Schaf und Stier wurden dreimal um die versammelte Gemeinde geführt. Anschließend wurden sie zum Dank für den in den vergangenen fünf Jahren gewährten Schutz und zur Entsühnung der Bürger geopfert. Das Versprechen, anlässlich der nächsten **lustratio** das Opfer zu wiederholen, sollte den Schutz des Gottes für weitere fünf Jahre sichern.

G

Senatores Quintum Fabium ad oraculum miserunt.
Quintus Fabius a senatoribus ad oraculum missus est.
Quintus Fabius, postquam a senatoribus Delphos missus est, templum Apollinis intravit.
Quintus Fabius a senatoribus Delphos missus templum Apollinis intravit.
Postea Quintus corona *(Kranz)* ornatus Romam rediit.
Antea ea, quae Pythia dixerat, a sacerdotibus nuntiata erant.

T

Ein Opfer für Mars

Wir befinden uns im Jahre 184 v. Chr. auf dem Marsfeld. Das Zensorenamt haben Marcus Porcius Cato, ein wegen seiner Sittenstrenge berühmter Mann, und Lucius Valerius Flaccus inne.

Paulatim Campus Martius complebatur hominibus, qui a Marco Porcio et Lucio Valerio convocati erant. Cives in campum convocati agmine longo a censoribus instructi et censi sunt. Tum cives censi lustrationem[1] exspectabant. Denique Marcus Porcius, a quo Romani censi erant, agmen ante aram instructum lustravit[2]: Processit censor a lictoribus ductus. Hostiae[3] diligenter propter formam lectae ter[4] circum cives actae sunt. Hinc animalia salva, quae lauta et ornata erant, ad aram ducta sunt a compluribus viris, qui delecti erant propter nomina: Felix, Fortunatus, Prosper[5].

Deinde censores ad aram Martis in Campo Martio positam adierunt. Ibi sanguis hostiarum interfectarum exceptus et in aram sparsus est. Exta[6] a sacerdotibus probata sunt. Tum Marcus Porcius Cato magna voce oravit, dum cuncti tacent:

„Mars, supplices te adimus! Semper a populo Romano cultus es, itaque respice preces a nobis datas! Nemo nescit te omnia posse. Salus publica tibi mandata est. Quia es commotus sacro nostro, confirma et auge gloriam populi Romani. Per multos annos officia tibi debita a nobis semper summa cum religione servata sunt. Tibi grati sumus et erimus. Iterum tibi lustratio erit.“

[1]lūstrātiō, ōnis *f* *Opferzeremonie*

[2]lūstrāre *mustern, reinigen (im religiösen Sinn)*

[3]hostia *Opfertier*

[4]ter *dreimal*

[5]Fēlīx, Fortūnātus, Prosper: *alle drei Namen bedeuten „glücklich, beglückt, gesegnet“*

[6]exta, ōrum *Eingeweide*

Zensus und Registrierung. Reliefdetail vom Sarkophag des Domitius Ahenobarbus, um 100 v. Chr. (München, Glyptothek).

❶ Lies Texterschließung V (S. 107) durch und bearbeite **T** entsprechend. Formuliere anschließend einen Sinnvorentwurf.

❷ Stellt euch vor, ihr wärt offizieller Veranstalter einer **lustratio**: Fertigt in Anlehnung an die Sachinformationen und **T** ein Veranstaltungsprogramm für eine **lustratio** an.

❸ Opfern bedeutete in der Antike: die Götter durch ein Geschenk wohlgesonnen machen, damit sie einen bestimmten Wunsch erfüllen. Weise dies anhand von **T** nach. Woran wird deutlich, dass Götter und Menschen in einem gegenseitigen Abhängigkeitsverhältnis stehen?

❹ Zahlen und Symbole (z. B. der Kreis) können magische und beschwörende und somit heilige Bedeutung haben. Finde Beispiele hierfür im Text. Welche Beispiele aus heutiger Zeit sind dir bekannt, wo solche Zahlen, Symbole oder Riten Bedeutung haben?

❺ **Nomen est omen.** – *Der Name ist ein Vorzeichen.* Erkläre mit diesem lateinischen Sprichwort Z. 10 f.

Ü

ⓐ Schreibe aus **T** alle PPP-Formen mit den dazugehörenden Substantiven heraus. Überlege, ob du diese Einheiten besser wörtlich, mit Relativsatz oder Adverbialsatz ins Deutsche überträgst.

Relief mit Opfertieren auf dem Weg zu einem Altar (Paris, Louvre).

ⓑ Bilde das PPP zu folgenden Verben:
accusare – legere – mittere – interficere – augere – censere – agere – excipere – turbare – respicere – lavare – debere – instruere – habere – audire – ducere

ⓒ Verwandle ins Passiv. Die Beispiele der ersten Sätze helfen dir:

1. Claudius amicos exspectavit.

   Amici a Claudio exspectati sunt.
2. Amicos delectavimus.

   Amici a nobis delectati sunt.
3. Consul senatorem accusaverat. – Senator ... 4. Mulierem spectavisti. 5. Hostes milites superaverant. 6. Ii omnes interfecerunt. 7. Puellas donaveratis. 8. Amicus me excitavit.

ÜBERSETZUNG

Von der Analyse zur Übersetzung

1. Unterstreiche zunächst das Partizip.
2. Markiere das Nomen, auf das sich das Partizip bezieht.
3. Isoliere dann den Wortblock, der aus dem Partizip und den davon abhängigen Ergänzungen besteht (durch Einklammern).
4. Übersetze den Satz zunächst ohne diesen Wortblock.
5. Übersetze diesen Wortblock wörtlich und mit Relativsatz.
6. Überprüfe, ob du den Wortblock sinnvoller mit einem Adverbialsatz (weil ..., nachdem ...) wiedergeben kannst. – Beachte das Zeitverhältnis.
7. Übersetze den ganzen Satz.

1. Cives a censoribus convocati in Campum Martium conveniunt. 2. Omnes longo agmine instructi lustrationem *(Opferzeremonie)* exspectant. 3. Nam censores cives in Campum Martium convocatos Marti deo mandabunt. 4. Mars deus sacris commotus civitatem Romanam servabit. 5. Hostes urbem a Marte servatam non superabunt. 6. Immo vero Romani hostes proelio perturbatos superabunt.

ⓓ Füge zu den kursivgedruckten Substantiven die passenden Partizipialausdrücke hinzu:

a) ab imperatore convocati	d) ab hostibus paratas
b) ab imperatore datum	e) oratione excitatis
c) convocatos	f) paratis

1. *Milites* statim conveniunt.
2. *Imperator milites* oratione excitat.
3. Imperator se *insidias* non timere nuntiat.
4. Milites quoque se *insidiis* non terreri confirmant.
5. Et omnes *signum* audiunt.
6. Paulo post imperator cum *militibus* hostes petit.

Mythen und ihre Rezeption

Die griechische Mythologie mit ihren reizvollen, oft auch dramatischen Geschichten über die Entstehung der Welt und die Erschaffung von Göttern und Menschen, vor allem aber über die Taten großer Helden wie Achill oder Odysseus wurde mit der Übernahme der griechischen Kultur auch in Rom bekannt und beliebt.
Die römischen Schriftsteller und Dichter haben sich immer wieder mit der griechischen Mythologie beschäftigt und dabei den Geschichten oft auch eine andere Prägung gegeben. Das war deshalb möglich, weil in einem Mythos nur die Abfolge der Ereignisse feststeht, nicht aber die Gründe, warum dieses oder jenes geschieht. So konnte die Eroberung Trojas durch Odysseus' List mit dem hölzernen Pferd entweder als genialer Schachzug oder abscheuliche Gemeinheit gedeutet werden.
Ebenso können Hintergrundinformationen, die für die Handlung von geringer Bedeutung sind, durchaus verschieden überliefert werden.
Besonders intensiv hat sich der um die Zeitenwende lebende Dichter **Ovid** dem griechischen Mythos zugewandt; sein Epos *Metamorphosen* („Verwandlungen") ist für die Rezeption der antiken Mythen zentral. In ca. 12000 Versen stellt er die Geschichte der Welt von ihrer Entstehung bis hin in seine Gegenwart dar. Für Ovid besteht die Weltgeschichte aus Verwandlungen, die von den Grundgefühlen *Liebe* und *Hass* ausgelöst werden.
Dichter und bildende Künstler der Spätantike, des Mittelalters und der Neuzeit haben dieses Gedicht bis heute immer wieder neu gelesen und sich von ihm inspirieren lassen. Als *Beispiel* dient ein kurzer Ausschnitt aus dem Gedicht *Die Götter Griechenlandes* von Friedrich Schiller (Verse 27-30):

Jener Lorbeer wand sich einst um Hilfe,	(die von Apollo verfolgte Daphne verwandelt sich in Lorbeer)
Tantals Tochter schweigt in diesem Stein,	(nach dem Tod ihrer Kinder wird Niobe zu einem Stein)
Syrinx' Klage tönt' aus jenem Schilfe,	(die von Pan verfolgte Syrinx verwandelt sich in Schilfrohr)
Philomelens Schmerz in diesem Hain.	(die misshandelte Philomela wird zur klagenden Nachtigall)

1. *Informiert euch über die hier angeführten Mythen und stellt sie euren Mitschülern in ihrem Ablauf vor.*

2. *Sucht im Internet nach Bildmaterial zur Sage von Echo und Narziss. Beschreibt die Bilder unter der Fragestellung, wie das jeweilige Liebesverlangen (Echo zu Narziss, Narziss zu sich selbst) ausgedrückt wird. Zieht dazu auch die Bilder der Lektion 23 heran.*

3. *Sucht heraus, auf welchen griechischen Mythos die Abbildung anspielt. Lest die Fassung dieses Mythos bei Ovid in einer deutschen Übersetzung. Sucht andere Fassungen dieses Mythos auch aus heutiger Zeit.*

4. *Untersucht in den Fächern Deutsch, Kunst und Musik, inwieweit antike Stoffe rezipiert wurden. Vergleicht dabei, ob und wie Einzelheiten der Mythen verändert wurden.*

5. *Durch den Film „Romeo und Julia" wurde das gleichnamige Stück des englischen Dichters William Shakespeare auch einem jüngeren Publikum bekannt. Informiere dich über die Inhalte und den antiken Mythos, der zugrunde liegt.*

Orpheus. Römisches Mosaik. 3. Jh. n. Chr. (Palermo, Museo Nazionale Archeologico).

22 Der Triumph des Paullus

Im Senat herrscht große Aufregung: Endlich ist es dem Konsul L. Aemilius Paullus gelungen, den immer bedrohlicher werdenden Gegner König Perseus von Makedonien in der Nähe von Pydna zu besiegen. Zwei Kriege hatte man bereits geführt, ohne ihn entscheidend schlagen zu können. Doch nun gelangen unerfreuliche Nachrichten nach Rom. Um den Forderungen seiner Soldaten, die mit ihrem Anteil der Beute unzufrieden waren, zu entsprechen, hat Paullus ihnen auf dem Rückmarsch erlaubt, in der bereits unterworfenen Landschaft Epirus 70 Städte zu plündern und 150 000 Menschen zu versklaven. Nun streitet man in Rom darüber, ob dem Feldherrn angesichts eines solchen Verhaltens ein Triumphzug gewährt werden dürfe. Als jedoch bekannt wird, dass die Beute so umfangreich sei, dass römische Bürger fortan keine Steuern mehr zu zahlen brauchen, gilt der Triumph als beschlossen. Livius und andere antike Historiker berichten, dass in Rom an drei aufeinander folgenden Tagen 250 Wagen mit erbeuteten Statuen und Gemälden im Triumphzug mitgeführt wurden. 3 000 Männer sollen 750 Gefäße mit Silbergeld, außerdem Schalen, Krüge und Becher getragen haben. Natürlich fand auch eine Parade der siegreichen Truppen mit ihrem Feldherrn und den Gefangenen statt.

G

Et Caesar et Maiestix erant duces *(Anführer)* potentes. Hic paucis solum Gallis *(Gallier)* imperabat, ille imperium Romanum regebat. Hunc multi propter virtutem laudant, illius virtus a multis auctoribus antiquis laudatur.

Demonstrativpronomina **hic, ille, iste**

T

Der Triumph des Paullus

Cives Romani illuc conveniunt, ubi illud grande ac praeclarum spectaculum videri potest. Magna turba illorum hominum, qui et victorem ducem et istum regem victum videre volunt, in foro est. Nimio gaudio permotus unus ex hac turba: „Mox illi viri venient, qui ad Capitolium ibunt.“ Ad haec alius dicit: „Quin in foro triumphi finem facient?“ Huic ille respondet: „Non solum mortalibus, sed etiam deis triumphus debetur. Nam illos bella gerere, hos autem victoriam dare credimus. Haec etiam maiores nostri intellexerunt. Itaque Paullus, postquam hostes subiecit et illud bellum confecit, in Capitolio deis gratias aget.“ Tum triumphus ingens incedit: Primi sunt musici[1] senatoresque, qui victori hunc triumphum decreverunt. Praeda armaque hostium victorum ostenduntur et imagines oppidorum captorum. Qua de causa homines clamant: „Ecce haec signa, ecce illa arma aere facta! Ecce hae tabulae pictae[2], illae vestes regiae! Tantum argentum!“ Tum sacerdotes cum hostiis[3] ornatis, quas ad templum Capitolinum ducunt, accedunt. Deinde rex captus ante victorem ducitur. Hic auro ornatus est, ille in vinculis it. Huius dignitas a duobus filiis augetur, qui post patrem eunt, illius miseriam augent filii simul cum patre capti. Servus, qui laurum[4] supra caput Paulli victoris tenet, hanc sententiam recitat: „Memento[5] te hominem esse!“ Paulum dubitat, tum cogitat: „Nonne etiam isti barbari homines sunt?“ Denique equites et legiones praetereunt, dum turba magno cum gaudio clamat: „Io triumphe![6]“

Kaiser Tiberius auf dem Triumphwagen. Becher von Boscoreale. 1. Hälfte des 1. Jh.s n. Chr. (Paris, Louvre).

[1] musicus *Musikant*
[2] pictus *bemalt*
[3] hostia *Opfertier*
[4] laurum *Lorbeerkranz*
[5] memento *denke daran*
[6] Iō triumphe! *Hurra, Triumph!*

❶ Fertigt anhand von **T** ein Plakat an, auf dem die Aufstellung des Triumphzuges sowie sein Weg durch Rom dargestellt sind.
❷ Wo endete der Triumphzug? Wie wird dies in **T** begründet? Erkläre demnach, weshalb dieses Thema „Triumphzug“ zur Sequenz „Römische Religion“ gehört.
❸ Beschreibe, welche Einzelheiten du auf dem Becher erkennen kannst. Welcher Teil des Triumphzuges ist hier zu sehen? Stelle dann Bezüge zu **T** her.
❹ Auch heute werden zu verschiedenen Anlässen öffentliche Feiern veranstaltet, die einem antiken Triumphzug ähnlich sind. Welche Feiern kennst du und zu welchen Anlässen werden sie begangen? Vergleiche sie mit einem antiken Triumphzug, indem du Gemeinsamkeiten und Unterschiede benennst.

Ü

ⓐ Unterstreiche in **T** alle Formen von **hic, haec, hoc; ille, illa, illud** und **iste, ista, istud** und erstelle anhand dieser Formen die Deklinationstabellen.

ⓑ Bestimme das geheimnisvolle x:

nos	:	illi	=	nobis	:	x
eius	:	huius	=	eos	:	x
hanc	:	illam	=	hae	:	x
eos	:	hos	=	eorum	:	x
quas	:	illas	=	quibus	:	x
me	:	hunc	=	mecum	:	x

ⓒ Füge an Stelle der Ziffern die entsprechende Form von **hic** bzw. **ille** ein. Übersetze dann den kurzen Text:

hae – haec – haec – haec – hanc – illa – ille – illum

Multi homines in (1) vicum *(Dorf)* praeclarum Gallorum *(Gallier)* conveniunt. Nam Maiestix, (2) dux virorum fortium, mulieres placare *(beruhigen)* debet. (3) est Epona, uxor ducis. Et (4) est Barbula, quae (5) verbis laedit. Nam Barbula huic infesta est, quia coniunx *(Gatte)* Eponae in scuto *(auf einem Schild)* portatur, cum domo *(aus dem Haus)* exire vult. Dum (6) verbis illius dolet, Obelix adit et (7) dicit: „(8) mulieres delirant *(spinnen)*!"

LATEIN LEBT

Welche Wörter kannst du aus dem Lateinischen erklären?
Auf dem Schulhof wurde die Misere publikgemacht.
Aber das war keine exzeptionelle Neuigkeit mehr, denn die Schüler dachten nicht daran, die Instruktionen des Rektors zu respektieren.
Als erstes wehrten sie sich gegen die Zensur der Schülerzeitung.

ⓓ Markiere den Wortblock, der aus dem Partizip und der zugehörigen Ergänzung besteht.
Übersetze dann das Participium coniunctum mit allen bisher gelernten Möglichkeiten:

Servi a domino vocati domum cucurrerunt.

O TEMPORA, O MORES!

SERVA ME,
SERVABO TE.

ⓔ Übersetze die beiden nebenstehenden Sentenzen und versuche nach dem folgenden Beispiel eine freiere Wiedergabe im Deutschen:

Sine Cerere et Baccho *friget* Venus.
Ohne Ceres und Bacchus *friert* Venus.
Ohne Wein und Brot ist die Liebe tot.

Suche für alle drei Sentenzen Beispiele aus deinem Erfahrungsbereich.

Konjugieren und Deklinieren

❶ *Ergänze zu den französischen, italienischen und spanischen* ***Konjugationen*** *die entsprechenden lateinischen Formen und vergleiche sie damit:*

franz. Verben auf -er: *porter*	italien. Verben auf -are: *portare*	lat.: portare	franz. Verben auf -ir: *sentir*	span. Verben auf -ir: *sentir*	lat.: sentire	franz. Verben auf -re: *mettre*	lat.: mittere
je porte	*porto*	porto	*je sens*	*siento*		*je mets*	
tu portes	*porti*		*tu sens*	*sientes*		*tu mets*	
il porte	*porta*		*il sent*	*siente*		*il met*	
nous portons	*portiamo*		*nous sentons*	*sentimos*		*nous mettons*	
vous portez	*portate*		*vous sentez*	*sentis*		*vous mettez*	
ils portent	*portano*		*ils sentent*	*sienten*		*ils mettent*	

Französische Verben auf *-er* gehen *meist* auf die lateinische a-Konjugation zurück, französische Verben auf *-ir* und *-re* meist auf die i- *oder* konsonantische Konjugation. Im Italienischen ist die konsonantische in der e-Konjugation aufgegangen. Es kennt damit genau wie das Spanische eine *a*-, eine *e*- und eine *i*-Konjugation.

Deklinieren in den romanischen Sprachen

Die Genera der Substantive haben sich in den romanischen Sprachen auf Maskulinum und Femininum reduziert. Die Neutra wurden in der Regel zu Maskulina. Auch die Deklinationen sind vereinfacht: So gingen z. B. die Wörter der o-Deklination Neutrum in die o-Deklination Maskulinum (lat.: templum → ital.: *tempio*) über.
Die Kasusendungen verschwanden und die Kasusfunktionen wurden durch die Verbindung der Substantive mit Präpositionen ersetzt.
Aus dem Demonstrativpronomen ille entwickelte sich der bestimmte Artikel, aus dem Zahlwort unus der unbestimmte.

❷ *Vergleiche zu den französischen, italienischen und spanischen Substantiven die entsprechenden lateinischen Formen.*

	Lateinisch	Französisch	Italienisch	Spanisch	Deutsch
Singular	(ille) populus (illa) vox, vocis	*le peuple* *la voix*	*il popolo* *la voce*	*el pueblo* *la voz*	*das Volk* *die Stimme*
Plural	(illi) populi (illae) voces	*les peuples* *les voix*	*i popoli* *le voci*	*los pueblos* *las voces*	*die Völker* *die Stimmen*

❸ *Versuche, die folgenden Sätze zu verstehen. Wie lauten sie auf Lateinisch?*
La fille du senateur vient et dit: „Père!" Il senateur répond: „Ma fille?" (Französisch)
La figlia del senatore viene e dice: „Padre!" Il senatore risponde: „Mia figlia?" (Italienisch)
La hija del senador viene y dice: „Padre!" Il senador responde: „Mi hija?" (Spanisch)

Der thematische Schwerpunkt der Sequenz lag auf dem Bereich der römischen Religion. Wenn wir heute durch Museen oder Schlossparks gehen, Decken- oder Wandmalereien oder alte Bilder in Kunstgalerien betrachten, finden wir häufig Darstellungen der römischen Götter, ja sogar in der modernen Werbung spielen sie mitunter eine Rolle. Deshalb teste dich selbst: Welche der abgebildeten Götter kennst du?

In dieser Sequenz gab es folgende Grammatik-Schwerpunkte:
Passiv, **PPP** und **Futur**

a Das **Passiv** ist dir bereits aus dem Deutsch- und Englischunterricht geläufig. Führe dir nochmals den Perspektivenwechsel vor Augen, indem du mithilfe der Grammatik erklärst, was sich jeweils geändert hat:
Senatores legatum Delphos miserunt.
Legatus Delphos missus est.
Legatus a senatoribus Delphos missus est.
Übersetze die lateinischen Sätze auch ins Deutsche und Englische.
Was kannst du beobachten?

b Das **Participium coniunctum** ist eine Besonderheit des Lateinischen. Zeige am folgenden Beispiel, dass man es im Deutschen nicht nachahmen, sondern andere Übersetzungsmöglichkeiten wählen sollte:
Perseus rex ab Aemilio Paullo proelio victus et postea captus nunc a civibus hac victoria commotis exspectatur.

c Mit dem **Futur** nimmt es der Lateiner offensichtlich genauer als wir im Deutschen. Und wie ist es im Englischen? Vergleiche:

Cras veniam.	*Morgen* komme ich.	I'll come *tomorrow*.
Tune quoque venies?	Kommst du auch?	Will you come, too?
Certe veniam.	Sicher komme ich.	Certainly I'll come.

d Bildet fünf Gruppen. Jede Gruppe sucht sich aus einer der Lektionen 18 – 22 fünf Vokabeln heraus, die besonders schwer zu merken sind. Zeichnet zu diesen Vokabeln Bilder auf Folie. Stellt eure Bilder anschließend vor und lasst die jeweiligen Vokabeln erraten.

Pioniere des Geistes

Wir wenden uns nun verschiedenen Provinzen des **imperium Romanum** zu. Zuerst befassen wir uns mit Griechenland, das für die kulturelle Entwicklung der Römer sehr wichtig war.
Im 2. Jahrhundert vor Christus wurde Griechenland durch den Sieg des Aemilius Paullus (vgl. Lektion 22) zur römischen Provinz Achaia, und viele Griechen kamen als Kriegsgefangene nach Rom. Dadurch lernte man in Italien auch die kulturellen Errungenschaften der Griechen kennen. An vielen Stellen des römischen Imperiums entstanden Bauwerke nach griechischem Vorbild, vor allem aber wirkten die griechische Sprache und Literatur auf die Römer.
Man erzählte griechische Sagen, verfasste Reden und philosophische Schriften nach griechischem Muster und übertrug griechische Theaterstücke ins Lateinische. Dadurch lernten die Römer neue und spannende Geschichten kennen, wurden aber auch mit wichtigen Fragen, die viele Lebensbereiche berührten, konfrontiert: Woher kommen Blitz und Donner? Wer oder was bestimmt mein Schicksal?
Was passiert mit mir, wenn ich mich verliebe? ...
Versucht einmal selbst, auf diese Fragen eine Antwort zu finden. Dabei können euch die Vorstellungen der Griechen und Römer, die ihr in den folgenden Lektionen kennenlernt, Denkanstöße vermitteln.

Griechischer Tempel in Pästum (Süditalien).

Relieftafel mit griechischer Schrift.

Odysseus blendet Polyphem (Vasenbild).

23 Der Mythos von Narziss und Echo

John William Waterhouse (1849–1917): Narziss und Echo (Liverpool, Walker Art Gallery).

Die Römer der Frühzeit stellten sich die Götter als in der Natur wirksame Mächte vor. Diese Vorstellung verändert sich durch den Einfluss der griechischen Mythologie. Die Götter erhalten menschliche Züge und Charaktereigenschaften. Ihnen werden bestimmte Aufgabenbereiche zugeordnet. Neben ihrem hohen Unterhaltungswert sollen die Mythen die Ursachen unterschiedlicher Naturphänomene erklären. Ein anschauliches Beispiel bietet der Blitz: Den Erkenntnissen der modernen Physik zufolge resultiert er aus einer elektrischen Entladung zwischen Wolken oder zwischen Wolken und der Erde. Die griechische Mythologie beschreibt ihn als den von Hephaistos (lateinisch: **Vulcanus**), dem Gott der Schmiede, angefertigten Feuerkeil, mittels dessen der Göttervater Zeus (lateinisch: **Iuppiter**) seiner Missbilligung des menschlichen Handelns Ausdruck verleiht.

Der römische Dichter Ovid (43 v. Chr. – 17 n. Chr.) hat viele dieser Mythen zu einem Gesamtwerk von ca. 250 Verwandlungsgeschichten, den „Metamorphosen", verbunden. Er versucht so, den beständigen Wandel von Werden und Vergehen, den er als Grundprinzip des Universums erkannte, literarisch sichtbar zu machen. Sein Werk und seine Geschichten haben bis heute nichts von ihrer Faszination und Aktualität eingebüßt.

G

In foro Anna aspicit amicos. Amici triumphum spectant et triumphum spectantes gaudent. Puella nomina amicorum vocat et nomina amicorum vocans per turbam properat. Subito amicos non iam videt. Sed pueri amicam magna voce clamantem audiunt et vocant: „Hic sumus, Anna!" Anna gaudet, quod voces amicorum clamantium audit; ad eos currit. Tum pueri puellae multa de triumpho interroganti omnia ostendunt.

Partizip Präsens Aktiv (PPA) – Partizip als Adverbiale

T

Der Mythos von Narziss und Echo

Die Baumnymphe Echo war von Juno für ihre Geschwätzigkeit damit bestraft worden, dass sie immer nur die letzten Worte von dem wiederholen durfte, was vorher jemand gesagt hatte. Aus diesem Grund vermied Echo es seitdem, anderen persönlich gegenüberzutreten. In Echos Umgebung lebte Narziss, ein junger Mann, wunderschön, aber auch so stolz und unnahbar, dass er sich keinem anderen Menschen zuwenden wollte.

Narcissus in silva bestias capiebat. Quondam Echo, quae in ea silva habitabat, vidit Narcissum bestias capientem. Ubi inter arbores aspexit hunc iuvenem pulchrum, amore accensa est. Cuius vestigia per silvam et agros petens magis magisque ab eo amari cupiebat. Sed cum eum appellare vult, natura hoc vetat.

Tum demum Narcissus eam adeuntem audit – sed neminem videt. Itaque interrogat: „Quis adest?“ – „Adest!“ respondet Echo. Narcissus verbum auribus accipit et puellam verbum repetentem quaerit. Nihil autem videns: „Cur“, inquit, „me fugis?“ – „Me fugis!“ repetit illa.

Hic autem verbis puellae territus magna voce clamat: „Huc veni!“ Et illa amore ardens: „Veni!“ Tum Narcissus: „Te videre volo!“ – Rursus Echo vocat vocantem: „Volo!“ Tandem puella iuveni vocem quaerenti occurrit.

Sed ille puellam occurrentem repellit, se avertit simulque fugit; fugiens iuvenis superbus clamat: „Noli tangere corpus meum!“

Denique Echo a Narcisso fugiente repulsa est et in silvam se recepit; ibi ex illo tempore vivebat sola: A cunctis animalibus se temperabat. Amor puellae infelicis tamen manebat – dolor autem magis magisque crescebat. Tandem membra amantis solvuntur; manet vox.

(nach Ovid, Metamorphosen)

Hirschjagd. Ausschnitt aus dem Mosaik von Westerhofen, Lkr. Eichstätt (Bayern). Beginn des 3. Jh.s n. Chr.

❶ Informiert euch in der Einleitung über die Ausgangssituation des Textes und lest ihn dann mit verteilten Rollen laut vor. Beschreibt dann, wie das Zusammentreffen der beiden abgelaufen ist. Haltet fest, welches Ende der Geschichte ihr erwartet. Vergleicht nach der Übersetzung das tatsächliche Ende der Geschichte mit euren Erwartungen.

❷ Schreibe alle Partizipgruppen aus **T** heraus und übersetze sie. Orientiere dich an den fünf Schritten zum Erkennen und Übersetzen adverbial gebrauchter Partizipien (vgl. S. 121).

❸ Bildet Gruppen und erstellt eine Abfolge von Fotos zu der Geschichte (Standbilder). Überlegt, welche Aspekte der Geschichte besonders wichtig sind und wie ihr sie veranschaulichen könnt. Hängt die fertigen Werke aus und vergleicht sie; begründet, welche Bilder den Inhalt besonders gut wiedergeben.

Auch der Dichter Ovid lebt weiter: Das Hotel „Ovidius“ in Venedig.

Ü

a Das Kennzeichen für ein PPA (-nt-) findet sich auch in anderen Formen. Suche aus der folgenden Liste die Formen heraus, bei denen es sich um ein PPA handelt (Tipp: Bestimme zuerst die Lernform). Die Anfangsbuchstaben dieser Formen ergeben einen wichtigen Begriff aus der Geometrie (übrigens auch ein PPA).
argenti – terrente – ingentibus – ardentis – petunt – vehementia – nescientes – venti – contento – gerenti – excipientium – adulescentium – nuntiantibus – tacens – contendent – exeuntem

Franz von Stuck (1863 – 1928): Narziss betrachtet sein Spiegelbild.

b Dekliniere im Singular und Plural:
puella clamans – iuvenis fugiens – templum ardens – puer fugere volens – equus currens

c Achte bei der Übersetzung vor allem auf das Zeitverhältnis:
1. Iuno verba a marito dicta falsa esse putabat. 2. Itaque Iovem quaesivit, qui dixerat se in monte bestias capere velle. 3. Iuno autem aspexit Iovem cum virginibus pulchris, quae nymphae *(Nymphen)* appellantur, in monte se delectantem! 4. Protinus Echo nympha deae maritum quaerenti occurrit et multa verba faciens Iunonem diu tenebat. 5. Interea aliae nymphae iram Iunonis timentes celeritate incredibili fugerunt. 6. Denique Iuno ira accensa nympham garrulam *(geschwätzig)* punivit *(bestrafen)*.

d Amantes non vident. Videntes non amant.
Sucht bzw. überlegt euch ähnliche Sätze (auch im Deutschen), die sich umdrehen lassen.

ÜBERSETZUNG

Du weißt schon von der Übersetzung des PPP, dass das Partizip durch die KNG-Kongruenz an sein Bezugswort angebunden ist. So ist es auch beim PPA. Markiere in den folgenden Sätzen das Bezugswort des Partizips und isoliere den Partizipialblock (durch Einklammern). Übersetze dann jeden Satz ohne den Partizipialblock; baue zuletzt diesen Wortblock sinnvoll in den Satz ein.

Narcissus et amici bestias capientes per campos et silvas properant. Subito iuvenis amicos non iam videt et eos quaerens solus ad stagnum *(Teich)* venit. Ibi in undis puerum pulchrum aquam bibentem aspicit. Iuvenis nesciens se faciem *(Gesicht)* suam videre hunc puerum aquam bibentem tangere cupit. Narcissus autem aquam tangens simul faciem pueri turbat.

LATEIN LEBT

Im Italienischen findest du das lateinische PPA wieder: Wer ist wohl mit den folgenden Bezeichnungen gemeint?
l'amante, il credente, l'ignorante, il mittente, lo studente

WORTSCHATZ

Sammelt aus **T** sämtliche Verben, welche die Hin- und Herbewegungen zwischen Narziss und Echo wiedergeben. Bildet zwei Gruppen von Verben:
1. Bewegung auf etwas zu 2. Bewegung von etwas weg

Das adverbial gebrauchte Partizip

Handlung 1: Echo Narcissum videt.
Handlung 2: Narcissus bestias capit.
Handlung 1 und 2:
Echo Narcissum bestias capientem videt.

Die Worte bestias capientem – bezogen auf die Person des Narziss – sind hier aus Handlung 2 in die Handlung 1 eingefügt; man kann sie als Partizipgruppe bezeichnen. Damit zeigt sich die Besonderheit dieser lateinischen Konstruktion: Die im Partizip ausgedrückte Handlung wird mit einem Nomen im übergeordneten Satz verbunden (participium coniunctum = verbundenes Partizip).

In ein Bildbeispiel umgesetzt sieht diese Konstruktion folgendermaßen aus:

Echo sieht Narziss.

Narziss fängt Tiere.

Echo sieht Narziss, der Tiere fängt.

Wenn du die in Bild 3 dargestellten Geschehnisse betrachtest, wird dir auffallen, dass es mehrere Möglichkeiten gibt, die Verbindung der beiden Handlungen auszudrücken: Echo könnte Narziss sehen, *weil* er die Tiere fängt, *obwohl* er sie fängt oder *als* bzw. *während* er sie fängt.

Im Lateinischen wird nämlich bei Partizipgruppen keine festgelegte Sinnrichtung sprachlich ausgedrückt; das PC gibt einfach nur eine Nebenhandlung wieder, die in einem bestimmten Zeitverhältnis zum Prädikat steht (PPP vorzeitig; PPA gleichzeitig). Das wird bei einer wörtlichen Übersetzung deutlich:

Echo sieht den Tiere fangenden Narziss.

Da im Deutschen solche längeren Partizipgruppen ungebräuchlich sind, werden lateinische Partizipgruppen meist mit Gliedsätzen oder Präpositionalausdrücken übersetzt. Die häufigsten Übersetzungsmöglichkeiten sind temporale *(als, nachdem, während)* und kausale *(weil, da)* Gliedsätze.
Partizipgruppen im Nominativ lassen sich auch durch eine Beiordnung wiedergeben, also als Hauptsatz, der mit dem Zusatz eines *und* an die Haupthandlung angeschlossen wird. Steht eine Partizipgruppe im Nominativ nach dem Prädikat, bietet sich auch eine modale Übersetzung *(wobei, indem)* an.

Echo Narcissum videt amore ardens.
Echo sieht Narziss, wobei sie vor Liebe brennt.

Erkennen und Übersetzen eines adverbial gebrauchen Partizips

Schritt 1: Partizip erkennen und Zeitverhältnis klären.
Schritt 2: Bezugswort suchen (Partizipien im Nominativ haben manchmal als Bezugswort nur das im Prädikat ausgedrückte Subjekt. Wenn ein PPA kein Bezugswort hat, kann es auch substantiviert sein.)
Schritt 3: Ergänzungen zum PC suchen (beim PPP Adverbiale, beim PPA Adverbiale und Objekte); Partizipgruppe abtrennen
Schritt 4: Arbeitsübersetzung erstellen (Gliedsatz)
Schritt 5: Sinnrichtung der Subjunktion aus dem Zusammenhang heraus festlegen

● *Führe bei den folgenden beiden Sätzen die Schritte 1–4 durch:*

1. Vidit hominem celeriter de Capitolio ad forum euntem.
2. Echo dolore commota in silvam redit.

24 Penelope vermisst Odysseus

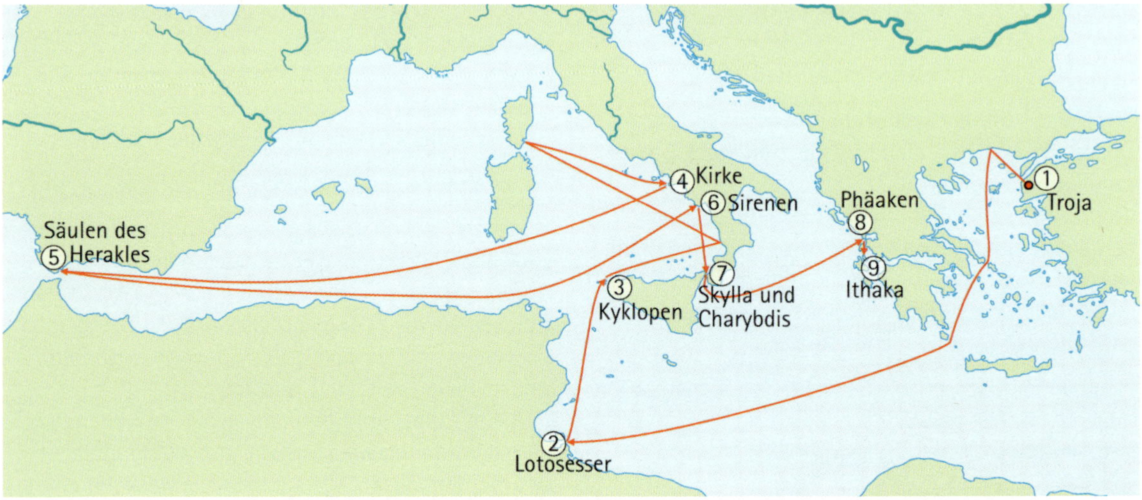

Auf der Karte ist eingezeichnet, wie die Irrfahrt des Odysseus vielleicht verlaufen ist.

Die vorangegangene Lektion gab einen Einblick in die Thematik von Verwandlungsgeschichten; diese haben ihren Ursprung in der griechischen Mythologie. In diesen Mythen wurden auch ausführlich die Taten bedeutender Helden in langen Versgedichten, sogenannten Epen, erzählt.
In der *Ilias* stellt Homer, der bedeutendste dieser Ependichter, den Krieg um die Stadt Troja dar; in der *Odyssee* begegnen wir dem griechischen Fürsten Odysseus (lateinisch **Ulixes**), der sich nicht nur durch Mut und Tapferkeit, sondern vor allem durch Intelligenz und Erfindungsreichtum auszeichnet.

Dieses Epos enthält die Abenteuer, die Odysseus während seiner Irrfahrten von Troja nach Ithaka und bei der Wiedergewinnung seines Reiches und seiner Familie durchlebt.
Dem Dichter ging es bei der Darstellung von Odysseus' Schicksal nicht nur um eine Schilderung der Ereignisse; er versuchte darüber hinaus, das Handeln der Personen aus ihrem Denken und Fühlen heraus abzuleiten. Daher darf er als Vater der Psychologie in der Literatur bezeichnet werden. Gerade dieses Element der *Odyssee* hat auch die Dichter späterer Zeiten bis heute immer wieder beschäftigt.

Daher war schließlich nicht nur die Person des Odysseus, sondern auch die seiner Gattin Penelope ein ergiebiges Thema.

1 Lest in einem Sagenbuch nach, was Odysseus und seine Gefährten an den einzelnen Stationen der Irrfahrten erlebt haben. Bildet Gruppen, die je ein Abenteuer vorstellen. Sucht nach Bilddarstellungen (Vasenbilder, Gemälde, Buchillustrationen etc.) der einzelnen Abenteuer und formuliert als Erläuterung lateinische Überschriften dazu.

2 Erkläre, was damit gemeint ist, wenn jemand sagt, er habe eine „Odyssee" hinter sich.

G

Narcissus puellam videre non potest. – Echo iuvenem tueri potest.
Narcissus vocem puellae fugit. – Echo vestigia iuvenis sequitur.
Narcissus verba loquitur. – Echo verba ipsa repetit.
Echo Narcissum amat. – Narcissus puellam veretur.
Puella a Narcisso repulsa moritur – vox ipsa manet et vivit.

T

Penelope vermisst Odysseus

Penelope befindet sich in einer ausweglosen Situation: Die griechischen Anführer, die den Krieg um Troja überlebt hatten, waren längst zu Hause – nicht jedoch Odysseus. Auf der Insel Ithaka wartet sie seit 20 Jahren auf seine Rückkehr. Im alten Griechenland konnte eine Frau nicht selbstständig handeln; sollte also Odysseus nicht zurückkehren, dürfte Penelope nicht regieren. Vielmehr hätte sie einen Gatten als Vormund zu nehmen, der dann auch König wäre: eine Aussicht, die etliche Männer an den Königshof gelockt hat; sie bedrängen Penelope, einen von ihnen zu heiraten.
So wartet sie voller Verzweiflung auf die Rückkehr des Odysseus und mag sich eines Nachts folgenden Brief ausgedacht haben:

Penelopa Ulixi suo salutem dicit.
Te, Ulixes, viginti fere annos frustra exspectavi – quid amore atque dolore vexata[1] facere possum? Nullum aliud solacium mihi restat: Tecum per hanc epistulam loquor! Sed te mihi respondere opus non est: Ipse veni, si potes et si vales! Ego ipsa non valeo, nam te magis magisque desidero. Sine te nihil mihi contingit, nihil me delectat. Semper in lecto iaceo deserta. Usque ad multam noctem non quiesco; tam diu longas perpetuasque vigilias patiebar. Iterum atque iterum animus meus timore agitatur: Esne mortuus, mi coniunx, an non? Postquam Troia perdita est, alii duces Graecorum, quos tot milites secuti sunt, in patriam redierunt, sed tu ipse non redisti. Opinor – immo scio – te uxorem familiamque tuam vehementer desiderare. Itaque interrogo: Quosnam labores per hos viginti annos patiebaris – quaenam pericula etiam nunc suscipis?
Sed me semper de vita tua verentem etiam aliae curae conficiunt: Nam a viris locum tuum cupientibus premor; quos tu, princeps Ithacae, opibus tuis alis. Isti viri neminem verentur: Neque mihi ipsi vires sunt vehementer consulere in illos inimicos neque Telemachus, qui est puer, regnum nostrum tueri potest: Quotiens filius tuus verbis acribus usus temptabat illos viros improbos expellere, quotiens ab eis ridebatur! Tanta est audacia istorum virorum bona tua consumentium. Quis iniurias eorum vindicabit? Quis uxorem filiumque tuebitur? Etsi iterum iterumque loquuntur de morte tua, tamen manifestum est: Tua sum et semper ero; numquam alii viro nubam, numquam patiar alium virum in patria nostra regere!
Ea verba Penelopa Ulixem suum exspectans multis cum lacrimis scripsit.

[1] vexāre *quälen*

Penelope am Webstuhl. Nachzeichnung eines griechischen Vasenbildes um 450 v. Chr. (Chiusi, Museo civico).

❶ Suche alle Verbalinformationen (Partizipien, finite Verben) aus **T** heraus und ordne sie den verschiedenen Personen (Penelope, Odysseus, Telemach, Freier) zu. Welcher erste Eindruck ergibt sich dadurch von den einzelnen Personen?
❷ Informiert euch darüber, wie es Penelope gelungen ist, die Hochzeit mit einem der Freier hinauszuzögern. Stellt eure Arbeitsergebnisse in einem Kurzreferat vor.
❸ Wie geht die Geschichte weiter? Was geschieht mit Penelope und Telemach?

Ü

Von den Deponentien bilden **loqui** (*sprechen*) und **gradi** (*gehen, schreiten*; bei Präfix **-gredi**) viele Komposita. Erschließe die wörtliche Bedeutung der folgenden Verben:
transgredi – alloqui – praegredi – digredi – eloqui – ingredi – antegredi – colloqui – progredi – regredi – proloqui – congredi – aggredi.

WORTSCHATZ

a Suche alle Deponentien aus **G** und **T** und ordne sie den verschiedenen Konjugationsklassen zu.
1. Vervollständige das Konjugationsschema der Deponentien, indem du die fehlenden Personen im Singular und Plural ergänzt.
2. Setze die Präsensformen ins Plusquamperfekt, die Imperfektformen ins Futur, die Perfektformen ins Imperfekt und die Futurformen ins Präsens.

b Vertracktes Ende:
Bei **-re** am Wortende muss man im Lateinischen gut hinsehen. Bestimme folgende Formen (zu deiner Hilfe sind Längen angegeben):
capere – monēre – labōre – litōre – verēre – clārē – loquere – mōre – movēre
Auch bei **-ris** gibt es mehrere Möglichkeiten:
geris – clārīs – laudāberis – vērīs – mōris – verēris

c Grenze in der Wortschlange die Formen ab, die von Deponentien stammen, und bestimme sie:

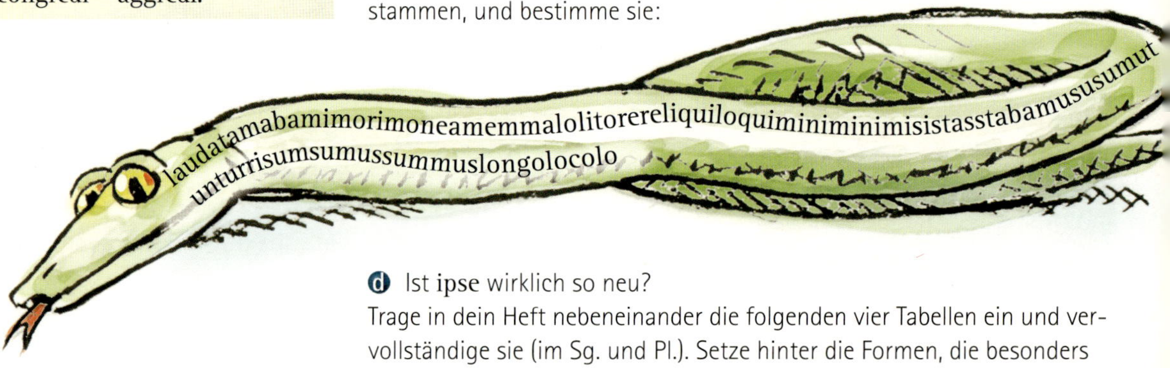

d Ist **ipse** wirklich so neu?
Trage in dein Heft nebeneinander die folgenden vier Tabellen ein und vervollständige sie (im Sg. und Pl.). Setze hinter die Formen, die besonders auffallen und daher genau gelernt werden müssen, ein Ausrufezeichen.

is	ea	id	hic	haec	hoc	ille	illa	illud	ipse	ipsa	ipsum
eius usw.			huius usw.			illius usw.			ipsius usw.		

Die folgenden Fremdwörter sind offensichtlich von Formen des PPA abgeleitet. Nenne jeweils das PPA (im Nom. Sg.) und den Infinitiv Präsens des betreffenden lateinischen Verbs.

Student, Ignorant, Laborant, Repetent, intelligent, solvent, Tangente, Konsument, Mandant, Regent, Dezernent

LATEIN LEBT

e Übersetze **ipse** zunächst mit der Grundbedeutung „selbst".
Wähle dann, falls erforderlich, eine der folgenden Bedeutungen: gerade, genau, persönlich, unmittelbar, allein.
1. Te ipsam semper laudas – virtutem aliorum hominum non vides. 2. Christus ipse dixit: „Dilige *(liebe)* proximum tuum sicut *(wie)* te ipsum." 3. Ego ipse haec omnia perfeci. 4. Anseres *(Gänse)* strepuerunt *(schnatterten)*. Hac re ipsa Manlius e somno excitatus est. 5. Cincinnatus post victoriam ipsam dictaturam *(Diktatorenamt)* deposuit. 6. Pauci Gaium virum honestum ducunt. Sed huic ipsi Claudia nubere cupit.

Stilmittel

Wenn ein Autor seine Hörer oder Leser dazu bringen will, die Aufnahme seiner Gedanken in eine bestimmte Richtung zu lenken, wird er versuchen, diese Gedanken möglichst wirkungsvoll zu formulieren; hierzu verwendet er sog. Stilmittel. Vor allem Werbetexte und politische Reden machen sich heute die Wirksamkeit dieser Stilmittel zunutze und wir selbst verwenden in unserem alltäglichen Sprachgebrauch – nicht selten unbewusst – einige davon.
In der Antike befasste man sich mit dieser sprachlichen Lenkung des Hörers oder Lesers besonders intensiv: Die Wissenschaft, die dies erforschte, war die Rhetorik. Sie beschrieb umfassend die Mittel, mit denen Aussagen eine besondere Betonung erhalten, und versuchte auch, ihre Wirkung darzulegen. Diese Erkenntnisse haben bis heute nichts von ihrer Gültigkeit verloren.
Im Folgenden sind einige der wichtigsten Stilmittel dargestellt und in ihrer Wirkung beschrieben:

Alliteration: gleicher Anfangsbuchstabe bei mindestens zwei Wörtern hintereinander; Funktion: verbindet Wörter, auch wenn sie inhaltlich nicht zusammen gehören, über den Klang, der beim Hörer auffällt.
L 23, Z. 14: Rursus Echo vocat vocantem: „Volo!"

Anapher: Wortwiederholung am Anfang aufeinanderfolgender Satzteile oder Sätze; Funktion: wirkt eindringlich, unterstreicht z. B. Freude, Empörung.
L 22, Z. 17 f.: Ecce haec signa, ecce illa arma aere facta!

Antithese: Verbindung zweier gegensätzlicher Begriffe oder Gedanken; Funktion: Eine Aussage wird dadurch „auf den Punkt" gebracht.
Dum tacent, clamant.

Asyndeton: Wörter oder Satzteile werden unverbunden aneinandergereiht; Funktion: Prägnanz, die Argumentation erscheint kraftvoll, ggf. Eindruck des „Gehetzt-Seins".
L 18, Z. 4 f.: Iuppiter me misit, te monuit.

Polysyndeton: Wörter/Wortgruppen einer mehrgliedrigen Aufzählung werden jeweils durch Konnektoren verbunden; Funktion: Beim Hörer/Leser entsteht das Gefühl einer fast unendlichen Argumentationsfülle und -dauer.
L 13, Z. 21 f.: Cleopatra Caesarem et corpore pulchro et amore acri et multis aliis illecebris *(Verlockungen)* sibi adiunxit.

Chiasmus: Überkreuzstellung von Wörtern oder Wortgruppen; Funktion: Eindruck einer besonderen Geschlossenheit, wobei sowohl die beiden Binnenglieder hervorgehoben werden als auch der Leser bewusst auf das letzte Wort hin gelenkt wird.
L 5, Z. 2 f.: Fortunate, propera ad forum et Ancum mercatorem voca!

Parallelismus: Gleicher Aufbau von aufeinanderfolgenden Sätzen oder Satzteilen; Funktion: Eindruck von Genauigkeit und logischer Abfolge, was nicht unbedingt gegeben sein muss.
L 20, Z. 14: neque perturbor neque perterreor

Hyperbaton: Trennung von kongruenten Wörtern durch einen Einschub; Funktion: Aufbau einer Erwartungshaltung, welches Wort nun folgt; Verlebendigung durch Überraschungseffekt.
Brevis a natura nobis vita data est.

Hyperbel: Übertriebene Ausdrucksweise; Funktion: verdeutlicht zum Beispiel die Ungeheuerlichkeit, Besonderheit eines Sachverhalts.
Maria montesque pollicetur.

Litotes: Bejahung eines Sachverhalts durch doppelte Verneinung (nein + nein = ja); Funktion: Ausdruck besonderer Gewissheit, manchmal auch ironisch verwendet.
L 10, Z. 14: Scelera regis non ignoratis.

Metapher: übertragene Ausdrucksweise; Umsetzung eines Begriffs aus einem bekannten Bezugsrahmen auf eine Textsituation; Funktion: die Möglichkeit bildlicher Vorstellung und dadurch stärkere Anschaulichkeit; Verdeutlichung schwer verständlicher Sachverhalte; Konkretisierung
L 23, Z. 3 f.: amore accensa est; L 23, Z. 9: verbum auribus accipit

Rhetorische Frage: Eine Aussage wird als (Schein-) Frage formuliert; Funktion: Einbeziehung des Hörers/Lesers, dem die (scheinbare) Möglichkeit eingeräumt wird, die Frage selbst zu beantworten.
L 22, Ü d 1.: Quis nescit Asterigem et Obelicem?

Untersuche T *24 auf Stilmittel. Welche Funktion haben sie im Textzusammenhang?*
TIPP: *Lest die Sätze, in denen ihr Stilmittel erkannt habt, laut vor und beschreibt ihre Wirkung.*

25 Was steckt hinter den Naturgewalten?

Walter Crane (1845–1915): Die Pferde des Neptun (München, Neue Pinakothek).

Der griechische Dichter Homer beschrieb den Gott Poseidon – so lautet der griechische Name für Neptun – zu Beginn des 13. Buches der *Ilias* auf folgende Weise: *„Und Poseidon, der Herr, der Erderschütterer, stieg von dem felsigen Berg herab und schritt weit aus mit seinen Füßen und es erzitterten die großen Berge und der Wald unter den Füßen, wie er dahinging. Dreimal griff er aus mit dem Schritt und mit dem vierten erreichte er sein Ziel. Dort angekommen schirrte er die beiden Pferde mit eisernen Füßen an seinen Wagen, schnell fliegende Pferde mit goldenen Mähnen. Und er kleidete sich selbst auch in Gold und fasste eine goldene gut gefertigte Geißel und stieg auf seinen Wagen. Und er trieb durch die Wogen und es hüpften die Meeresungeheuer unter ihm überall her aus den Tiefen und erkannten ihren Herrn. Und voller Freude trat das Meer auseinander und sie flogen ganz leicht dahin und die eiserne Achse des Wagens blieb dabei trocken."*

G

Vergleiche:
a) Homines deos timent. – Timor hominum magnus est.
b) Homines deos timent. – Timor deorum magnus est.

Zwei neue Deklinationen:

Civitas Romana res gravis est. Res publica enim erat res populi. Nam magistratus rei publicae Romanae a populo creabantur *(wurden gewählt)*. Officium magistratuum erat rem publicam administrare *(verwalten)*; sed magistratibus non licebat regere civitatem. Regebatur res publica a senatu. Officium senatus erat de bello et pace agere et rei publicae consulere.

● Welche Bedeutung hatte der Gott Neptun? Werte zur Beantwortung das Bild und den Text des griechischen Dichters Homer aus. Stelle das Wirken dieses Gottes in einem Bild dar.

T

Was steckt hinter den Naturgewalten?

Das gebirgige griechische Festland und die vielen griechischen Inseln liegen in einer Region, die häufig von See- und Erdbeben heimgesucht wurde. Im Jahre 372 v. Chr. wurde die griechische Stadt Helike an der Küste des korinthischen Golfes völlig zerstört und versank in den Fluten des Meeres:

Ad Helicem[1], oppidum Graeciae, erat templum Neptuni sacrum; quem deum homines dominum oceani[2] nominabant et – potentiam eius metuentes – colebant. Quondam complures homines ex Ionia[3] profecti sunt; nam hoc in templo Neptuno sacrificare[4] volebant. Sed senatus huius oppidi eos e templo pepulit – et post nonnullos dies oppidum totum periit.

Quid homines in oppido ipso morati ea de re narraverunt?

„Primo animadvertimus hoc die tremorem[5] terrae. Quare ii magistratus, qui antea homines Ionios e templo pepulerant, sceleris sui memores iram Neptuni verebantur. Metu dei commoti cives ex oppido egredi iusserunt. Tamen multi cives – consilium magistratuum neglegentes – res suas non relinquebant et intra domos et moenia oppidi manebant. At illa nocte atra tremor terrae magis crevit: Paene omnia illo tremore movebantur aut vertebantur. Ita e somno territi celeriter fugimus domos nostros gravi motu terrae collabentes[6]; pleni timoris per vias oppidi ruimus; manus suppliciter ad caelum tendimus; metu mortis capti et rebus miris territi paene omnem spem salutis demittimus. Audiuntur undique clamores hominum: Alii parentes, alii liberos, alii coniuges vocant. Audiuntur undique gemitus hominum; audiuntur undique carmina Neptuni sacra. Sed audiri poterant etiam voces eorum, qui superbiam senatus atque res adversas oppidi queruntur. Paulo post tremore terrae ingentes fluctus orti sunt exstinxeruntque totam Helicem. Proximo die parva tantum manus hominum reliqua erat. Plerique cives mortui erant.“

[1] Helicē *Stadt am korinthischen Golf in Griechenland*

[2] oceanus: *vgl. FW*

[3] Iōnia *Ionien*

[4] sacrificāre *opfern*

[5] tremor *Zittern*

[6] collābī *einstürzen*

❶ Stelle aus **T** lateinische Begriffe und Formulierungen zusammen, die das Verhältnis zwischen Menschen und Göttern beschreiben.

❷ Mit welchem Sachfeld kannst du aufgrund der Informationen in der Überschrift und der Einleitung zu **T** rechnen? Stelle die entsprechenden Wörter zunächst auf Deutsch zusammen; ergänze die lateinischen Vokabeln im Anschluss an die Übersetzung.

❸ Wie kommt die Bedrohung in **T** sprachlich zum Ausdruck? Berücksichtige vor allem Stilmittel, Wortwahl, Art der Schilderung und Tempusgebrauch.

❹ Informiert euch darüber, wie heute Erdbeben erklärt werden, und vergleicht dies mit der Beschreibung in **T**. Diskutiert, ob die heutige Erklärung für Menschen, die eine solche Naturkatastrophe erleben, eine Hilfe darstellt.

Karl Brüllow (1799 – 1852): *Untergang einer Stadt (St. Petersburg, Russisches Museum).*

Ü

ⓐ Suche alle Genitive aus **T** und überlege, ob sie dem Typ a) oder b) aus **G** entsprechen. Suche nach passenden deutschen Übersetzungen für die Genitive des Typs b).

ⓑ Übersetze die folgenden Ausdrücke treffend: amor patris (2x), metus mortis, spes salutis, timor Romanorum (2x), fiducia *(Vertrauen)* sui, spes amicorum, odium tui

ⓒ Übertrage die folgende Tabelle in dein Heft. Bestimme die in **T** vorkommenden Formen dieser Substantive, trage sie ein und vervollständige anschließend die Tabelle.

				Endungen
Nom. Sg.	senatus	magistratus	metus	-us
Gen. Sg.	?	?	?	-ūs
Dat. Sg.	?	?	?	
... usw.				

ⓓ Vergleiche und erläutere:
Hodie populus Romanus in forum properat. – Hoc die populus Romanus in forum properat.

LATEIN LEBT

Wo liegt der Orient? Was ist ein Querulant?
Was macht ein Tutor? Wovon handelt die Passionsgeschichte?
Welche besondere Fähigkeit hat ein eloquenter Mensch?
Was geschieht bei der Annullierung eines Vertrags?

WORTSCHATZ

Übersetze zunächst wörtlich und suche dann nach einem treffenden Ausdruck:
res adversae – res divinae – res novae – res familiares – res gestae (gerere!) – res publica – res futurae (!)

LATEIN LEBT

Ist doch „logisch"!
Das griechische Wort „logos" bedeutet *Vernunft* und *planvolles Denken.* So kommt es, dass die Bezeichnungen vieler moderner Wissenschaften, die ihre Wurzeln im antiken Griechenland haben, aus dem Griechischen kommen und oft mit der Endung „-logie" (= Lehre von ...) gebildet werden:

Archäo-logie

Bio-logie

Geo-logie

Psycho-logie

Stelle die Namen weiterer Wissenschaften zusammen und erkläre mithilfe eines Lexikons ihre Bezeichnung.

Naturwissenschaften

Griechen und Römer hatten zu den Naturwissenschaften ein unterschiedliches Verhältnis: Während es den Griechen vor allem um ein theoretisches Verständnis der Natur ging, waren die Römer mehr an der praktischen Verwertbarkeit im Alltag interessiert.

Die Griechen wollten die Welt verstehen, ihren Geheimnissen auf die Spur kommen; die Naturwissenschaften gehörten somit eher in den Bereich der Philosophie. Daher lehnten sie auch das Experiment ab. Experimentieren mit Eingriffen in die Natur bedeutete für sie, der Natur Fallen zu stellen. Aus diesem Grund basierten die Erkenntnisse der Griechen auf Beobachtung. Berühmt ist etwa der Versuch des Arztes Hippokrates, die Entwicklung im Hühnerei festzustellen: Von 20 zur selben Zeit gelegten Eiern wurde Tag für Tag eines geöffnet und beobachtet, welcher Entwicklungszustand festzustellen sei. Praktische Anwendungen von naturwissenschaftlichen Forschungen gab es in der Mechanik.

Der wohl berühmteste Forscher auf diesem Gebiet war **Archimedes von Syrakus**, der im 3. Jahrhundert v. Chr. lebte. Er hat die sog. *Archimedische Schraube* zum Transport von Wasser in vertikaler Richtung sowie Hebe- und Flaschenzüge entwickelt. Aber selbst hier waren die Römer zurückhaltend, da in Rom immer genug Sklaven und Tagelöhner zur Verfügung standen, die den Einsatz praktischer Erfindungen nicht nur überflüssig, sondern sogar sozial problematisch machten. Dies wird in einer Anekdote aus dem Leben des Kaisers Vespasian deutlich: Einem Mechaniker, der versprach, große Säulen mit geringem Aufwand auf das Kapitol zu transportieren, gab er für seine Erfindung eine beträchtliche Belohnung, lehnte das Werk jedoch mit der Bemerkung ab, er möge ihm weiter erlauben, dem niederen Volk Nahrung zu geben.

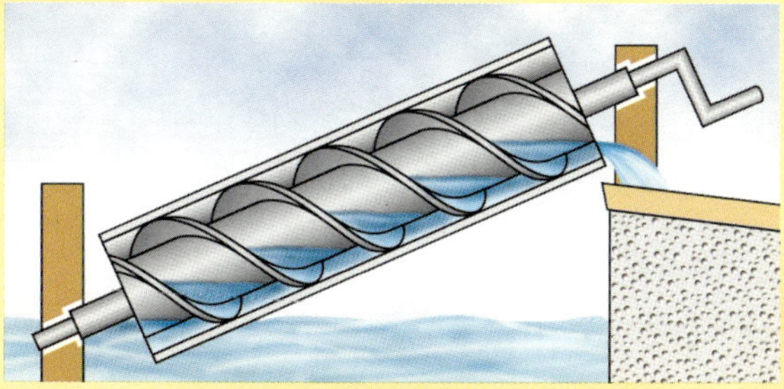

1. *Informiert euch über die Funktionsweise der Archimedischen Schraube. Wo und in welchen Formen kommt sie auch heute noch zur Anwendung?*

2. ***Antike und Physik:*** *Naturwissenschaftliche Erkenntnisse und technische Erfindungen sind fast immer aus praktischen Fragestellungen oder konkreten Alltagsproblemen entstanden. Informiert euch über das sog. Archimedische Prinzip. Aus welcher praktischen Fragestellung heraus hat Archimedes diese physikalische Erkenntnis entwickelt? Welche Alltagsbeobachtung hat ihm dabei geholfen?*

3. ***Antike und Mathematik:*** *Bei seinen Versuchen, das Verhältnis zwischen dem Umfang eines Kreises und seinem Durchmesser zu bestimmen, wandte Archimedes ein Prinzip an, welches auch als „Quadratur des Kreises" bezeichnet wird. Erklärt mit eurem heutigen Wissen, was damit gemeint ist.*

4. ***Antike und Geografie:*** *Als Beherrscher eines riesigen Reichs waren die Römer verständlicherweise besonders an der Erdkunde interessiert. Der folgende Text stammt aus der Naturkunde des älteren Plinius und enthält eine Beschreibung der Straße von Gibraltar (Buch 3, cap. 3):*
Der gesamte Erdkreis teilt sich in drei Abschnitte, Europa, Asien und Afrika. Der Anfang geht vom Westen und der Meerenge von Cadiz aus ... Für den von hier Eintretenden liegt Afrika zur rechten Seite, zur linken Europa, zwischen diesen Asien. Die Grenzen sind die Ströme Tanais und Nil. Der Meeresdurchbruch, den wir eben genannt haben, erstreckt sich über 15 Meilen in der Länge und 5 in der Breite ... Titus Livius und Cornelius Nepos überliefern weniger als 7 Meilen an Breite, wo es jedoch am breitesten ist, 10 Meilen. Durch eine so kleine Mündung breitet sich eine solch unermessliche Menge an Wasser aus. Auch verringert nicht eine gewaltige Tiefe dieses Wunder. Denn zahlreiche Streifen weißglänzender Untiefen erschrecken die Schiffe. Aus diesem Grund haben viele diesen Ort ‚Schwelle des Mittelmeeres' genannt.
Vergleicht die Ausführungen des Plinius mit einer modernen Beschreibung der Straße von Gibraltar.

5. *Bereits in der Antike gab es Menschen, die versucht haben, Naturerscheinungen unter Zuhilfenahme ihrer Vernunft (gr. logos) zu deuten. Bildet Gruppen und informiert euch über mindestens drei verschiedene Erklärungsversuche. Stellt eure Arbeitsergebnisse in der Klasse vor.*

26 Römer und Philosophie?

Philosophenmosaik. Pompeji, 1. Jh. n. Chr. (Neapel, Nationalmuseum).

Mit Thales beginnen die Griechen um 600 v. Chr., nicht mehr in den Mythen, sondern in der Philosophie Erklärungen über die Götter, die Menschen und die Welt zu suchen. Es geht ihnen dabei um Fragen wie: Bestimmen die Götter oder das Schicksal das Handeln der Menschen? Was tun wir eigentlich, wenn wir denken? Wie sollte ein Staat aufgebaut sein?
So entwickeln dann vor allem Platon und Aristoteles umfassende philosophische Systeme; im 3. Jh. v. Chr. kommen die Schulen der Stoiker und Epikureer hinzu, die schnell großen Einfluss gewinnen und danach die Geschichte der Philosophie für lange Zeit bestimmen.
In Rom tritt man erst im Jahr 155 v. Chr. in direkten Kontakt mit dieser Art des Denkens. Drei bedeutende Philosophen aus Athen besuchen Rom und vertreiben sich die Zeit damit, ihre seit langem entwickelte Art logisch zu argumentieren öffentlich vorzuführen; so etwas ist in Rom bisher noch unbekannt. Viele Jugendliche reagieren darauf begeistert, die Älteren hingegen ablehnend. Vor allem der greise Politiker Marcus Porcius Cato attackiert diese Philosophen, die er abfällig **Graeculi** („Griechlein") nennt.

Was ist ein Philosoph, was ist Philosophie? Informiert euch in geeigneten Nachschlagewerken und im Internet und stellt eure Ergebnisse vor.

G

Terra movetur; itaque magistratus urbis homines domos relinquere iubent. Homines autem consilium magistratuum neglegunt. Eo consilio neglecto urbs plena hominum est. Itaque multi eorum muris domuum laeduntur et interficiuntur. Muris homines laedentibus magnus clamor auditur. Nunc demum homines urbem deserunt. Urbe deserta nemo redit.

Ablativus absolutus (1)

M. Porcius Cato, 234 – 149 v. Chr. (Paris, Musée du Louvre).

T

Römer und Philosophie?

Cato stellt im Senat den Antrag, die Philosophen aus Rom auszuweisen:

„Dico vobis, patres conscripti: Ex urbe pellere debemus istos philosophos Graecos, qui orationibus suis mutabunt animos adulescentium Romanorum eosque sollicitabunt. Quo modo exstinguent civitatem nostram! Itaque civitatis nostrae interest adulescentes Romanos orationibus eorum aures non praebere. Orationibus Graecorum auditis multi philosophiam magni aestimare incipient; magna pars eorum mox huic disciplinae studebit. Quondam ut Graeci vitam suam agent, dies noctesque sub tectis sedebunt atque de bonis et malis disputabunt[1].

At si id facient, civitas nostra peribit. Credite mihi: Sententiis philosophorum Graecorum cognitis adulescentes corpora sua non iam exercebunt; vim corporum neglegent. Vi corporum neglecta inopiam laboresque non iam subibunt et in bellis male pugnabunt. Sed periculis ingentibus imperio nostro instantibus necessarium est milites Romanos magna vi pugnare. Quod si non iam facient, imperium amittemus; denique urbs ipsa ab hostibus petetur.

Quare vos moneo: Vindicate in illos Graecos, qui iuvenes Romanos docent; damnate eorum philosophiam! Nemo et virtuti et philosophiae fidem praestare potest: Aut philosophus aut miles es. Certe scio: Philosophia causa funeris erit nostri. Vobis polliceor: Dum vivam, nullo modo patiar iuvenes Romanos philosophia Graeca corrumpi. Itaque illos Graecos ex urbe nostra expellite! Philosophis ex urbe pulsis mores nostri non peribunt.“

Hac oratione habita nonnulli senatores his verbis acerbis restiterunt. Sed Catone iterum atque iterum Graecos reprehendente animi senatorum mutati sunt. Denique expulsio[2] philosophorum a senatoribus decreta est.

[1] disputāre *diskutieren*
[2] expulsiō *Vertreibung*

Mark Aurel, Kaiser von 161 – 180 n. Chr. (Rom, Nationalmuseum). Er hatte eine für einen römischen Herrscher seltene Leidenschaft, die Philosophie. Um dies sichtbar zu machen, trug er einen Vollbart, damals ein typisches Kennzeichen für einen Philosophen.

❶ Erkläre das Sprichwort: **Barba *(der Bart)* non facit philosophum.**

❷ Vergleiche die Bilder von Cato und Mark Aurel und überlege, welche Art von Mensch in den Gesichtern erkennbar werden soll.

❸ Textsorte und Intention von T werden im Einleitungssatz vorgestellt. Welche Sachfelder sind zu erwarten?
Sammelt vor der Bearbeitung von T Argumente, die Cato gegen die Philosophen vorbringen könnte. Erstellt dann eine Gliederung von T, achtet dabei auf Konnektoren, Subjektswechsel und Tempussetzung.

❹ Diskutiert die Behauptung Catos in Z. 21 – 23, dass Philosophie und Tapferkeit einander ausschließen. Verfasst eine Antwort der **adulescentes**.

Ü

a Stelle alle Partizipien aus **T** in einer Liste zusammen und notiere dazu die Bezugswörter. Vergleiche dein Ergebnis mit den Listen deiner Mitschüler.

b Wenn man das Partizip eines Ablativus absolutus mit seinem Bezugswort verbindet, entsteht eine Wortgruppe. Finde in **T** solche Wortgruppen und suche verschiedene Wiedergabemöglichkeiten für das Deutsche. Überlege, welche Übersetzung dem Lateinischen am nächsten kommt.

c Suche im folgenden Satzgefüge die Partizipien. Beschreibe den Unterschied in ihrer grammatischen Verwendung.
Verbis philosophorum cognitis Cato habuit orationem a multis senatoribus laudatam, in qua philosophi damnati sunt.

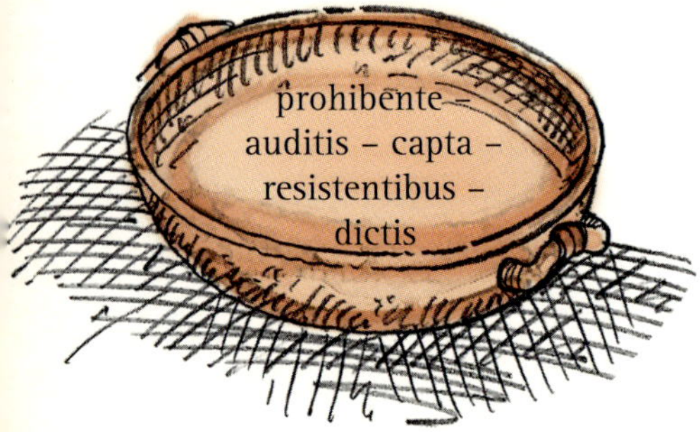

d Im Topf stecken verschiedene Partizipien. Füge in jeden Satz ein Partizip ein, sodass sinnvolle Aussagen entstehen:

1. His verbis ? Cato abiit.
2. Nullo hoste ? milites Romam petunt.
3. Troia ? Graeci in patriam redierunt.
4. Verbis philosophorum ? adulescentes imperium non iam defendent.
5. Multis hostibus ? Caesar arcem urbis capere non potuit.

e Der Unterschied zwischen Aktiv und Passiv ist bei Partizipien wichtig:
Magistro *(Lehrer)* reprehendente liberi non gaudent. –
Magistro *(Lehrer)* reprehenso liberi gaudent.
Erkläre den Unterschied zwischen den beiden Sätzen.

FACERE DOCET PHILOSOPHIA, NON DICERE.

f Beachte das Zeitverhältnis und übersetze:
hostibus pulsis – his epistulis cognitis – bello confecto – calamitate nuntiata – Caesare imperante – philosopho docente

g Füge mithilfe eines Ablativus absolutus die beiden Einzelsätze zu einem einzigen Satz zusammen:

Orationes	ab adulescentibus Romanis	laudatae sunt.
Cato	philosophos in urbe manere	vetuit.

Übersetze den entstandenen Satz. Welche Sinnrichtung passt für die Wiedergabe des Ablativus absolutus?

LATEIN LEBT

lateinisch:	philosophia	philosophus	philosophicus
deutsch:	*Philosophie*	*Philosoph*	*philosophisch*
englisch:	*philosophy*	*philosopher*	*philosophical*
französisch:	*philosophie*	*philosophe*	*philosophique*
italienisch:	*filosofia*	*filosofo*	*filosofico*

1. Sucht das Wort „Philosophie" in weiteren Sprachen.
2. Entwerft eine ähnliche Liste zu einem anderen aus dem Lateinischen oder Griechischen stammenden Wort.

Römische Inschriften

Die Eroberungen Cäsars im Jahr 55 v. Chr. hatten den Rhein zur Grenze des Imperium Romanum werden lassen. Sein Nachfolger Augustus (44 v. Chr. – 14 n. Chr.) beabsichtigte eine Ausdehnung seines Herrschaftsbereiches auf das rechtsrheinische Gebiet bis hin zur Elbe. Dieser Expansionspolitik Roms widersetzten sich die Germanen heftig. Im Jahre 9 n.Chr. gelang es dem Cheruskerfürsten Arminius, den römischen Feldherrn Quintilius Varus in der Nähe von Osnabrück vernichtend zu schlagen. Diese Niederlage hatte den Rückzug der Römer in die linksrheinischen Gebiete zur Folge.

Von den militärischen Aktionen und der Anwesenheit der Römer zeugen nicht nur die Ausgrabungen der Lager und Heeresstraßen, sondern auch zahlreiche Funde, die uns Einblick in das Leben der ehemaligen Eroberer gewähren. Von besonderem Interesse sind **Inschriftenfunde**, die allerdings aufgrund ihrer stereotypen Wendungen und Abkürzungen einer gewissen „Leseübung" bedürfen.
In der Nähe von Xanten wurde der Grabstein des Marcus Caelius, eines römischen Offiziers, gefunden, der wahrscheinlich in der Varusschlacht gefallen war.

In einem Grabhäuschen ist der Verstorbene als Halbfigur dargestellt. Über seiner Tunika trägt er einen metallenen Offizierspanzer. Geschmückt sind die Brust- und Schulterpartien mit Medaillen, die menschliche Gesichter und Köpfe wilder Tiere zeigen. Diese Orden für Tapferkeit und besondere Verdienste sind an Lederstreifen befestigt. Um den Hals trägt der Offizier ein Halstuch, seine Schultern bedeckt ein Mantel, dessen linkes Ende er in der Hand hält. Breite Ringe halten das Tuch an den Schultern. Sie sind ebenso wie die Armreifen an seinen Handgelenken Ehrengaben für außerordentliche Leistungen. Die höchste Auszeichnung, ein Kranz aus Eichenlaub, wurde ihm für die Rettung eines römischen Bürgers verliehen. Eine Rute aus Rebholz in seiner rechten Hand belegt seinen Rang als Offizier.
Auf beiden Seiten des Verstorbenen sind auf Sockeln die Büsten zweier freigelassener Sklaven zu sehen.

Findet heraus, ob es in der Umgebung eures Wohnortes Ausgrabungen oder Funde aus der Römerzeit gibt, und versucht, Inschriften ggf. zu entschlüsseln.

Die Inschrift lautet:

Marco CAELIO T. F. LEMonia tribu BONonia
[I] O(rdinis) LEGionis XIIX ANNorum LIII S(emissis)
[CE]CIDIT BELLO VARIANO OSSA
[lib(ertorum)I]NFERRE LICEBIT Publius CAELIUS T.F.
LEM(onia tribu) FRATER FECIT.

Links: M. CAELIUS Marci Libertus PRIVATUS
Rechts: M. CAELIUS Marci Libertus THIAMINUS

Hilfen zu den Abkürzungen:

1. Abstammung: T. F. – Titi filius
2. Herkunft: LEM. – aus der lemonischen Tribus (Steuer- und Militärbezirk in Oberitalien)
   BON. – aus Bononia (Stadt in Oberitalien: Bologna)
3. Truppenteil (wird auf Soldatengrabsteinen regelmäßig angegeben): LEG. mit folgender Legionsnummer und Legionsnamen; (bei Hilfstruppen Angabe der Kohorte COH.)
4. Alter: Lebensjahre bzw. Dienstjahre
5. Ein Freigelassener L(ibertus) trägt Vor- und Familiennamen seines patronus.

Die Römer markierten zwar nicht das Satzende mit einem Punkt, doch bei Inschriften diente ein Punkt in der Mitte der Zeile zur Kennzeichnung des Wortendes.

27 Die Tragödie der Antigone

Das Dionysos-Theater am Fuß der Akropolis in Athen, 4. Jh. v. Chr.

Im Dionysos-Theater in Athen fanden jährlich zu Ehren des Gottes Dionysos Theateraufführungen statt, die von dem höchsten Staatsbeamten Athens organisiert wurden. Jeweils drei Dichter wurden zuvor benannt und durften mit hierfür neu verfassten Stücken in einen Wettstreit treten. An jedem Tag wurden drei tragische und ein komisches Stück hintereinander gespielt.
Die berühmtesten athenischen Tragödiendichter waren Aischylos, Sophokles und Euripides; ein bekannter Komödiendichter war Aristophanes.
Ein Großteil der freien Bürger Athens, Männer wie Frauen, besuchten die Aufführungen; Eintrittsgeld wurde nicht erhoben. Dargestellt wurden zwar Erzählungen aus der griechischen Mythologie, doch hinter den mythologischen Inhalten ging es auch, oftmals mit aktuellen Bezügen, um die Diskussion grundsätzlicher Fragestellungen, wie z. B. Krieg und Frieden oder Macht und Recht.
240 v. Chr. inszenierte der Freigelassene Livius Andronicus erstmals ein Drama in lateinischer Bearbeitung; damit war der Grundstein für eine Verbindung von griechischer und italischer Theatertradition gelegt: Zahlreiche Stücke römischer Dichter wurden fortan nach griechischem Vorbild verfasst; von Rom aus wurden sie zum kulturellen Erbe Europas. So werden die Dramen der Griechen auch heute noch auf Bühnen in der ganzen Welt aufgeführt.

❶ Informiere dich über die Titel griechischer Theaterstücke und versuche herauszufinden, ob einzelne Stücke zur Zeit in deutschen Theatern aufgeführt werden. (Suchtipp: Internetausgabe der Zeitung ‚Die Zeit' oder unter www.kulturkalender.de)

❷ Projekt zum Thema griechisches Theater: Baut ein Modell eines griechischen Theaters nach und fertigt Theatermasken an; erstellt Info-Plakate zu den Bühnenbildern und Theatereffekten.

❸ Bildet Gruppen und informiert euch über die Geschichte des griechischen Theaters.

G Vergleiche den lateinischen Satz und die deutschen Wiedergabemöglichkeiten.

Philosophis ex urbe pulsis tamen Romani philosophiae studebant.

a) Nachdem die Philosophen aus der Stadt vertrieben worden waren, interessierten sich die Römer dennoch für Philosophie.
b) Obwohl die Philosophen aus der Stadt vertrieben worden waren, interessierten sich die Römer dennoch für Philosophie.
c) Die Philosophen waren aus der Stadt vertrieben worden; aber trotzdem interessierten sich die Römer für Philosophie.
d) Trotz der Vertreibung der Philosophen aus der Stadt interessierten sich die Römer für Philosophie.

Antigone vor Kreon. Süditalienisches Vasenbild, um 380 v. Chr. (London, British Museum).

T

Die Tragödie der Antigone

Ein besonders grausiger Mythos ist mit der Familie des thebanischen Königs Ödipus verbunden. Dieser sollte als kleines Kind von seinen Eltern getötet werden, nachdem ihnen geweissagt worden war, das Kind werde seinen Vater töten und seine Mutter heiraten. Ödipus überlebte jedoch in der Fremde und erfüllte als junger Mann unwissend das Orakel. Aber damit nicht genug: Auch Ödipus' Söhne Eteokles und Polyneikes sowie die Töchter Antigone (A) und Ismene (I) können ihrem Verderben nicht entrinnen.
Dieser Mythos ist Thema mehrerer Dramen des Sophokles. Eines davon trägt den Titel „Antigone":

Oedipode mortuo Eteocles et Polynices de imperio eiusdem urbis certaverunt[1]. Denique Polynices Thebas reliquit et ad Argos[2] iit. Multis sociis collectis magno cum exercitu rediit. Qui exercitus Polynice duce proelium commisit; Eteocles Thebas defendit. Fratribus in eodem proelio occisis Creon avunculus[3] imperium in urbe obtinuit.

I: Quid mente agitas, soror? Video te dolore atque luctu commotam per domos Oedipodis, patris nostri, errare.

A: Creon fratribus nostris non eundem honorem tribuit: Creonte auctore Eteocles magnis honoribus tollitur, corpus Polynicis autem ante muros iacet insepultum[4]. Morte puniet[5] Creon eum, qui Polynicem sepeliet[6]. Nam dixit leges Thebarum vetare sepeliri Polynicem patriam aggressum. Sed Polynices insepultus ad inferos pervenire non poterit. Dic mihi: Nonne Creontem pudet leges deorum laedere? Quo flagitio cognito mentem tuam ostende!

I: O nos miseras sorores! Creonte talia iubente quid facere possumus?

A: Scio te honestam esse semperque parere deis, qui Polynicem sepeliri iubent. Quod faciam.

I: Rege id prohibente magnum facinus audes. Cave iram Creontis! Aditum ad fratrem difficilem esse audivi; nam custodes armati cunctos cives a corpore Polynicis prohibent.

A: Num dubitas? Fratrem insepultum relinquere magnum est flagitium. Furorem Creontis leges deorum neglegentis non timeo. Id faciam, quod et deis debetur et fratri nostro!

I: Cogita, Antigona, quaeso: Mulieres sumus; itaque legibus urbis a viris constitutis parere oportet. Certe scio nos deos obsecrare debere – tamen mihi persuasum est: A deis veniam impetrabimus, si nunc iram Creontis verentes verbis eius paremus. Equidem Creonte invito tantum facinus committere non audebo.

A: Tu, soror, neque deis neque familiae nostrae fidem praestas. Equidem timore Creontis coacta numquam flagitium tam ingens patiar. Si talis es, tu menti tuae pare! Ego sola fratrem sepeliam.

Fratre sepulto Antigona eodem die a Creonte capitis damnata est.

(nach Sophokles, Antigone)

[1] certāre *streiten*
[2] ad Argos *nach Argos (griechische Stadt)*
[3] avunculus *Onkel*
[4] īnsepultus *unbeerdigt*
[5] pūnīre *bestrafen*
[6] sepelīre *(PPP* sepultum*) beerdigen*

1 Beantwortet zur Vorerschließung von **T** die folgenden Fragen: Cur fratres inter se certaverunt? (Z. 1) Qua de causa Creon nunc in urbe Thebarum regit? (Z. 3 – 5) Quam poenam Creon indicavit? (Z. 10 – 11) Ubi est corpus Polynicis? (Z. 9 – 10)
Leitet daraus ab, welchen Inhalt das Gespräch der beiden Schwestern in dieser Situation hat.

❷ Formuliere die Argumente der beiden Schwestern mit deinen Worten und bewerte ihre Argumentation. Welche Motive kannst du aus den jeweiligen Argumenten ableiten?

❸ Erstelle ein Persönlichkeitsbild Kreons aufgrund der Äußerungen der beiden Schwestern. Charakterisiere anschließend Antigone und Ismene, indem du von ihren Aussagen auf Motive ihres Handelns zu schließen versuchst.

❹ Antigone streitet in der Tragödie auch mit Kreon. Erfindet einen Dialog zwischen Antigone und Kreon, in dem auch Argumente Kreons deutlich werden.

Griechische Theatermasken (München, Deutsches Theatermuseum).

Ü

ⓐ Suche die Sätze in T, die einen Ablativus absolutus enthalten, und erprobe verschiedene Übersetzungsmöglichkeiten.

ⓑ Die Ablativi absoluti und die deutschen Fortführungen der Sätze sind durcheinandergeraten. Ordne sie richtig zu und wähle für den Ablativus absolutus jeweils eine treffende Übersetzung.
Antigone hat den Bruder begraben. Das Schicksal nimmt seinen Lauf:

1. Antigona a militibus capta ...
2. Civibus in forum convocatis ...
3. Mente puellae non mutata ...
4. Antigona a Creonte capitis damnata ...
5. Antigona interfecta ...
6. Morte filii Haemonis nuntiata ...

a) ... machte Kreon Antigone in aller Öffentlichkeit bittere Vorwürfe, dass sie einem Feind des Vaterlandes – gegen seinen Befehl - die Ehre eines Begräbnisses hatte zuteil werden lassen.
b) ... wurde sofort Kreon benachrichtigt.
c) ... erkannte Kreon, dass er sich durch seine Härte gegenüber der mutigen Antigone selbst ins Unglück gestürzt hatte.
d) ... nahm sich auch Hämon das Leben.
e) ... geriet Kreon fürchterlich in Zorn.
f) ... stürzte der Sohn des Kreon, Hämon, der Antigone liebte, in tiefe Verzweiflung.

ⓒ temptare, resistere, consulere – Welche Bedeutung haben die Verben jeweils?
a) Hostes milites Romanorum gladiis temptaverunt.
b) Resiste omnibus, qui te ad scelera adducere temptant!
c) Custodes: „Resistite ad portam!“
d) Imperator crudeliter in hostes captos consuluit.
e) Dominus servis suis bene consulit.
f) Liberi parentes saepe consulunt.

ⓓ Übersetze die folgenden Wendungen als relativen Satzanschluss. Welche Wendungen enthalten einen Ablativus absolutus?
qua re cognita – quibus rebus gestis – quae dum geruntur – quo facto

LATEIN LEBT

Unsere Theater leben bis heute aus den Wurzeln der griechischen und römischen Antike. Informiert euch über Bedeutung und Ursprung folgender Wörter:

Theater, Orchester, Szene, Autor, Tragödie, Komödie, Drama, Monolog, Dialog, Chor, Person.

DUO CUM FACIUNT IDEM, NON EST IDEM.

WORTSCHATZ

Stellt ein Sachfeld zum Themenkomplex Gesetz, Gerechtigkeit, Recht, Unrecht, Gericht, Strafe zusammen. Gestaltet es in Form einer Mind-Map.

Der Ablativus absolutus

Beispiel: Handlung 1: Handlung 2:
Troia capta est. Graeci in patriam redierunt.

Troia capta Graeci in patriam redierunt.
(Handlung 1 als Abl. abs. + Handlung 2)

Das Verhältnis der beiden Handlungen zueinander zeigen auch die folgenden Bilder:

Der Ablativus absolutus besteht aus einem Substantiv oder Pronomen im Ablativ und einem Partizip (PPP/PPA) im Ablativ. Vom Partizip können adverbiale Bestimmungen und/oder Objekte abhängen.
Der Name *Ablativus absolutus* („losgelöster Ablativ") beschreibt das Besondere dieser lateinischen Konstruktion: Er stellt eine gedanklich selbstständige Handlung innerhalb eines Satzes dar, und diese ist mit der Haupthandlung grammatikalisch *nicht* verbunden.

Wie beim Participium coniunctum gibt das Partizip des Abl. abs. an, in welchem Zeitverhältnis die beiden Handlungen zueinander stehen (PPP: vorzeitig; PPA: gleichzeitig); der Sinnzusammenhang ist dagegen nicht festgelegt. So musst du dich bei der Übersetzung – wie beim adverbial gebrauchten Partizip – für eine Sinnrichtung entscheiden: temporal *(als, nachdem, während)*, kausal *(weil, da)* oder konzessiv *(obwohl)*. Eine modale oder konditionale Sinnrichtung kommt nur sehr selten in Frage.

❶ *Welche Möglichkeiten einer Übersetzung des folgenden Satzes gibt es?*
Troia capta Graeci in patriam redierunt.

Nominaler Ablativus absolutus:
Die Stelle des Partizips kann auch durch ein Nomen besetzt werden, zu dem ein Partizip von esse gedacht wird (das aber nicht existiert). Für diese Fälle bietet sich als Übersetzung ein Präpositionalausdruck an:
Caesare duce (≈ ducente) – unter Cäsars Führung

❷ *Gib die Übersetzung für folgende Ausdrücke an:*

Romulo rege	parentibus invitis
Hannibale duce	Caesare auctore
Cicerone consule	Augusto imperatore

❸ *Erkläre, warum einmal ein Ablativus absolutus und einmal ein Participium coniunctum gebraucht wird:*
Patre invito miles factus sum.
Invitus miles factus sum.

Die Griechen entdecken den „Logos"

Die Philosophie der Griechen bot ein völlig neues System zu denken, sich Unbegreifliches zu erklären ... Du hast in den letzten Lektionen einige Philosophen kennengelernt, die verschiedene Denksysteme vertraten. Kennst du auch diesen Philosophen?

LATEIN LEBT

Die Wörter Musik oder Museum leiten sich ab von den Göttinnen der Künste, den sog. Musen, die als Beschützerinnen der Künstler galten und denen man nachsagte, dass sie den Dichtern gute Ideen eingaben. Informiert euch über die Musen (Abstammung, Anzahl, Aufgaben) und stellt eure Arbeitsergebnisse vor.

a Informiere dich in einem Fremdwörterlexikon über Ursprung und Bedeutung folgender Wörter: Politik, Demokratie, Theologie, Psychologie und Physik.

b Griechische Mythen prägen europäische Literatur, Kunst und Musik bis in unser Jahrhundert.
Füge die Namen bekannter mythischer Heldinnen und Helden im richtigen Kasus in folgende Sätze ein: Num ? amore Narcissi accensa est? Polynice sepulto (sepelire *beerdigen*) ? a Creonte capta est. Troia capta ? per multa maria errabat.

c Übertrage die Tabelle in dein Heft und setze die folgenden Namen an den richtigen Stellen ein: Homer, Kaiser Mark Aurel, Ovid, Platon, Aristoteles, Aischylos, Epikur, Sophokles, Lukrez, Euripides, Seneca

Kulturelle Leistungen der Griechen	Römische Vermittler der griechischen Kultur
Griechische Verwandlungssagen	?
Heldensagen: ?	Vergil
Griechische Philosophen: ?, ?, ?, ?	?, Cicero, Seneca, ?
Tragödiendichter: ? ?, ?, ?	?

Die Römer profitieren vom Orient

Rom war über seine Beziehung mit Griechenland auch in Kontakt mit Kleinasien getreten. Die Städte an der kleinasiatischen Westküste waren zwar in ihrer Lebensform griechisch geprägt, doch sie unterschieden sich von Griechenland in einem wichtigen Punkt: Hinter ihnen standen bedeutende Kulturen des Orients. Es fügten sich hier griechisches Denken und orientalische Prachtentfaltung zu einer einmaligen Verbindung zusammen. Dies war für die Römer besonders anziehend.

Ephesos. Hafenstraße

Troja. Rekonstruktion der antiken Stadtmauer.

Priene. Bouleuterion (Rathaus)

Pergamon. Zeusaltar (Berlin, Pergamonmuseum)

Sucht auf einer modernen Karte der türkischen Westküste Orte, die zu einer Besichtigung empfohlen werden, und sammelt Material zu diesen Orten.

28 Äneas verliert seine Frau

Federico Fiori Barocci (1526–1612): Äneas' Flucht aus Troja (Rom, Galleria Borghese).

Wie du schon weißt, beginnt die Sage von der Gründung Roms mit der Zerstörung Trojas in Kleinasien (vgl. Lektion **18**): Äneas verlässt zusammen mit seiner Familie in göttlichem Auftrag seine zerstörte Heimat, um nach Italien zu segeln. Die Geschichtlichkeit der Sage von Troja und Äneas, wie sie zuerst der griechische Dichter Homer und nach seinem Vorbild im 1. Jahrhundert v. Chr. der römische Dichter Vergil überliefern, ist bis heute unter Forschern umstritten. Einige gehen von einem realen kriegerischen Ereignis in der zweiten Hälfte des 13. Jahrhunderts v. Chr. aus. Andererseits gibt es archäologische Befunde, die darauf hindeuten, dass als Anlass der verschiedenen Zerstörungen Trojas in dieser Zeit auch Erdbeben oder Feuersbrünste anzusehen sind.
Mit einiger Wahrscheinlichkeit liegen der Sagenbildung aber durchaus historische Völkerwanderungen zugrunde, die eine geschichtlich-kulturelle Verbindung des griechischen, kleinasiatischen und italischen Raumes geschaffen haben: Im 11. und 10. Jahrhundert v. Chr. besiedelten Gruppierungen griechischer Stämme – Dorer, Ionier, Äoler und Arkader – aus Landnot die Ägäis und die kleinasiatische Küste. Der Stamm der Äoler stieß dabei auf die Inseln Lesbos und Tenedos vor und gelangte von dort auf das Festland in die Landschaft um Troja. Seit dieser Zeit wurde auch Troja zunehmend von Griechen bewohnt.
Mit dieser ersten griechischen Kolonisationsbewegung wurde der Grundstein für die Hellenisierung des östlichen Mittelmeerraumes gelegt: Griechische Sprache und Kultur waren dort auch nach der Eingliederung in das Imperium Romanum und dessen Weiterleben im „Byzantinischen" Reich (bis zur endgültigen Eroberung durch die Osmanen im Jahre 1453) vorherrschend.
Eine Verbindungslinie der *Römer* mit Kleinasien gibt es vermutlich über die Etrusker, die etwa seit Beginn des 7. Jahrhunderts in Italien nachweisbar sind: Man nimmt heute an, dass für die Entstehung der etruskischen Kultur auch Einwanderer aus dem ostägäisch-kleinasiatischen Raum bedeutsam waren. Im 7. Jahrhundert zogen Etrusker in die latinischen Siedlungen auf dem Palatin und den benachbarten Hügeln. Unter etruskischem Einfluss kam es zum Zusammenschluss dieser Siedlungen und deren Ausbau zur Stadt, die nach einem etruskischen Adelsgeschlecht „Rom" genannt wurde.

G

Marcus fortis et magnus est. Iulia fortior et maior est.
Cornelia fortissima et maxima est.
Iulia fortior et maior est quam Marcus.
Cornelia fortior et maior est Iuliā.
Cornelia omnium fortissima et maxima est.

Steigerung (Adjektive, Adverbien) – Vergleich mit quam / Ablativ des Vergleichs – Doppelter Akkusativ

T

Äneas verliert seine Frau

Das trojanische Pferd hatte seinen Zweck erfüllt und den Griechen geholfen, die uneinnehmbaren Befestigungsmauern Trojas durch eine List zu überwinden. Die Griechen wüteten fürchterlich in der eroberten Stadt:

Münzprägung Cäsars (47/46 v. Chr.): Äneas rettet seinen Vater und das Kultbild der Athene aus dem brennenden Troja.

Nobilissimi Troianorum patriam fortiter defendebant, sed Graeci fortiores erant Troianis. Qui acriter resistebant – sed hostes ira incensi saevius pugnabant quam incolae oppidi. Quo acrius Troiani resistebant, eo plures incolae ab hostibus necabantur. Nemini pepercerunt; etiam matres, quae una cum liberis intra domos se condiderant, interfecerunt totamque urbem accenderunt: Ignis, qui est ferro crudelior, omnia perdidit. Etiam Aeneas patriam et domum suam quam fortissime defendens vim hostium prohibere non potuit. Dei autem eum – Troia relicta – novam patriam quaerere et gentem suam clarissimam reddere iusserunt. Quare signo a deis dato una cum familiaribus ex oppido fugit: Patrem Anchisem et filium parvum Ascanium ex urbe eduxit. Creusam, coniugem carissimam, filium sequi iusserat. Sed postquam maximum periculum effugit, extra urbem constitit. Respiciens Creusam non iam conspexit. Tum Aeneas fortissimum se praebuit: Dolore acerrimo commotus solus in oppidum redit, per urbem perditam currit, uxorem saepe vocat. Sed nemo respondet.

Subito umbra Creusae ante oculos stat et: „Aeneas“, inquit, „dulcissime et optime coniunx! Noli me quaerere! Haec omnia non sine numine deorum eveniunt, qui te fortiorem melioremque aliis viris esse sciunt. Tu quaere sedes novas: Iter longius erit laboresque maiores erunt, sed invenies coniugem regiam condesque maximam potentissimamque urbem.

Dei optimi cives huius urbis dominos plurimarum gentium facient. Ego autem Troiam non relinquam. Dei in hac regione me retinent. Vale et serva amorem Ascanii, filii communis!“ *(nach Vergil, Aeneis)*

Die Prophezeiungen der Gattin des Äneas wurden nach langen Jahren Wirklichkeit.

❶ Formuliert anhand von Überschrift, Einleitung und Schlusssatz einen inhaltlichen Vorentwurf für **T**. Welche Textsorte und welche Sachfelder erwartet ihr? Bildet Gruppen und entscheidet, mit welchen Erschließungsverfahren ihr **T** bearbeiten werdet (vgl. Texterschließung IV, S. 107).

❷ Suche in **T** Adjektive und Adverbien, die Äneas und sein Handeln charakterisieren. Vergleicht die Darstellung des Äneas hier mit Lektion 18.

❸ In **T** ist viel von Befehlen der Götter und von Schicksal die Rede. Nehmt Stellung zu der Frage, ob die Freiheit des einzelnen Menschen oder das Schicksal unser Leben bestimmt. Beschreibt die Konsequenzen, die sich aus eurer Antwort ergeben und setzt sie in Bezug zum Handeln des Äneas.

❹ Versetze dich in die Lage des Äneas: Was empfindest du bei Kreusas Worten? Wie würdest du reagieren? Was würdest du ihr antworten?

amica carissima

poeta clarissimus

fatum gravissimum

Ü

a Einen Vergleich kann man im Lateinischen mit „quam" oder mit dem Ablativ des Vergleichs ausdrücken. Notiere jeweils die Alternative zu den folgenden Sätzen aus **T**:

1. Graeci Troianis fortiores erant. – ?
2. Hostes saevius pugnabant quam incolae *(Einwohner)* oppidi. – ?
3. Ignis, qui est ferro crudelior, omnia perdidit. – ?
4. Dei te fortiorem aliis viris esse sciunt. – ?

b Steigerungsformen ohne Vergleich? Finde treffende deutsche Ausdrücke zur Wiedergabe des Elativs in den Wendungen der Randspalte.

c Übernimm die Tabelle in dein Heft, bestimme die Formen und ergänze entsprechend dem Beispiel.

	Positiv	Komparativ	Superlativ
Abl. Sg. *m*	acri	acriore	acerrimo
Adverb	graviter	?	gravissimē
?	forte	?	fortissimum
?	acerbē	?	?
?	celeribus	?	?
? *f*	?	graviorum	

LATEIN LEBT

Welche lateinischen Vokabeln verbergen sich in den folgenden englischen Wörtern?
mount – to respond – peace – class – empire – seat – to estimate – faith – way – part

d Achte bei der Übersetzung des folgenden Dialogs zwischen einem Römer und einem Weinhändler besonders auf die Wiedergabe der Komparative.

1. Mercator: „Hoc vinum melius est.
2. Illud autem melius est quam hoc."
3. Romanus: „Sed pretium *(Preis)* utriusque *(von beiden)* maius est."

LATEIN LEBT

Vergleiche die Vokabelzettel mit den Fremdwörtern in den deutschen Sätzen und erkläre dann die Bedeutung der deutschen Fremdwörter.

plures – minor – maximus – maior – optimus – minimus – melior

Ich bin ein **Optimist!**
Er kümmerte sich mit **maximalem** Einsatz um die notleidende Bevölkerung.
Bilde den **Plural**!
Die Regierungspartei hat die **Majorität** im Parlament.
Durch Bewässerung erzielt man eine **Melioration** des Bodens.
Die Aktie konnte nur **minimale** Gewinne erzielen.
Die deutschstämmige Bevölkerung bildet eine **Minorität** in Polen.

Informationen beschaffen

Wenn du dich intensiver mit einem Thema auseinandersetzt (z. B. im Rahmen einer Projektarbeit oder eines Referats), solltest du wissen, wie du dir Informationen beschaffen und diese auswerten kannst.

1. Vorbereitung

Mithilfe einer sog. Mind-Map („Gedankenkarte") kannst du dein Thema in Teilthemen aufspalten und verschiedene Aspekte davon sichtbar machen. So wird das Gesamtthema überschaubar, weil du erkennst, auf welchen Gebieten du genauer weitersuchen musst.

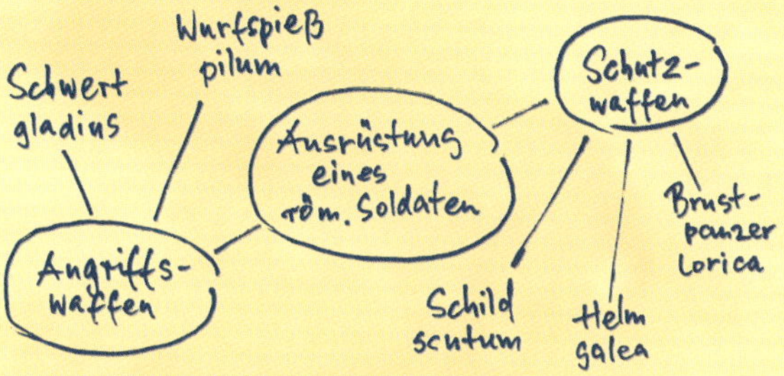

2. Informationen beschaffen

a. aus Büchern

Die verlässlichsten Informationen bieten Fachbücher aus Bibliotheken. In den Katalogen dieser Bibliotheken sind die Bücher auf zwei verschiedene Arten verzeichnet: in einem Verfasserkatalog und einem Sachkatalog; beide Kataloge sind alphabetisch geordnet.

Wenn du bereits den Namen eines Verfassers kennst, kannst du die Standorte der entsprechenden Bücher schnell über den Verfasserkatalog finden. Möchtest du dich jedoch erst einmal informieren, welche Bücher in einer Bibliothek zu einem bestimmten Thema vorhanden sind, musst du über Stichwörter oder Stichwortkombinationen suchen. Die Kataloge fast aller größeren Bibliotheken sind mittlerweile über Computer zugänglich, sodass du schon zuhause diese Stichwortkataloge nutzen kannst.

TIPP: Um einen ersten Überblick über aktuelle Darstellungen zu einem Thema zu erhalten, kannst du auf einen Service zurückgreifen, den zahlreiche Online-Buchhandlungen anbieten, nämlich kurze Inhaltsangaben oder die Möglichkeit, einzelne Seiten eines Buches durchzusehen (v. a. das Inhaltsverzeichnis sowie die Einleitung).

b. aus dem Internet

Die Recherche mit Hilfe einer Suchmaschine liefert zumeist zahlreiche Links, also weiterführende Internetseiten. Allerdings ist die Qualität der hier gebotenen Informationen sehr unterschiedlich, denn es gibt keine übergeordnete Instanz, die die Inhalte der Webseiten auf Vollständigkeit sowie ihre fachliche Richtigkeit hin überprüft. Ohnehin dürfen nach den Bestimmungen des Urheberrechts die vollständigen Inhalte eines Buches erst dann ins Netz gestellt werden, wenn das Copyright für dieses Buch abgelaufen ist. Daher ist es notwendig, die bei der Internetrecherche gefundenen Informationen noch einmal auf Aktualität und Richtigkeit zu überprüfen und noch weitere Belege in neueren Büchern und Lexika zu suchen.

3. Informationen auswerten

Wenn du passende Texte gefunden hast, geht es darum, mit ihnen zu arbeiten, d. h. ihren Inhalt zu verstehen, und sich mit ihnen auseinanderzusetzen. Hierzu ist es sinnvoll, Kopien der Texte in Papierform anzufertigen; hierdurch kannst du besser mit ihnen arbeiten.

Folgende Vorgehensweise hilft dir für das richtige Verstehen eines Textes:

- Unterstreiche beim ersten Lesen zunächst mit einem Bleistift (!) alles, was dir wichtig erscheint.
- Nimm die Absatzgliederung zum Ausgangspunkt und markiere in jedem Abschnitt die Wörter, die dir im Zusammenhang wichtig erscheinen, farbig (z. B. Textmarker).
  TIPP: Wenn du unsicher bist, welche inhaltlichen Schwerpunkte oder Schlüsselwörter sich in einem Abschnitt befinden, versuche, für diesen Abschnitt eine Überschrift zu formulieren oder seinen Inhalt mit einem kurzen Satz zu erklären.
- In einem weiteren Durchgang solltest du versuchen, möglichst wenig anzustreichen, um dann den Kern des Texts knapp zusammenzufassen.

29 Leben wie Lukull

Die Provinzen im Osten des Römischen Reiches

Zum Ende des zweiten Jahrhunderts v. Chr. begann Rom, seinen Herrschaftsbereich in den östlichen Mittelmeerraum hin auszudehnen. Der Streit um römische Stützpunkte in Illyrien am Rand der östlichen Adria führte zu Auseinandersetzungen mit den Makedonen, und immer öfter griff Rom in kleinasiatische Gebietsstreitigkeiten ein. Nach verschiedenen Kriegen wurde Makedonien schließlich 148 v. Chr. römische Provinz, der Rest Griechenlands folgte 146, das westliche Kleinasien wurde als Provinz „Asia" 129 dem Imperium einverleibt. Es folgten weitere Provinzen östlich von Asia (siehe Karte!).

Ab 89 v. Chr. kam es zu wiederholten militärischen Machtkämpfen Roms mit Mithridates VI. Eupator, dem König von Pontus. Als nach dem Tode des bithynischen Königs Nikomedes IV. im Jahre 74 v. Chr. sein Reich durch testamentarische Verfügung an Rom fiel, wollte Mithridates dies nicht zulassen; so kam es erneut zum Krieg, mit dessen Führung der römische Senat den Konsul Lucius Licinius Lucullus beauftragte. Ihm gelang es, Asia, Bithynia und Pontus (wieder) zu unterwerfen. 67 wurde er allerdings nach einer Meuterei seiner Soldaten von seinen politischen Gegnern in Rom entmachtet;

Gnaeus Pompeius führte daraufhin 66 v. Chr. die Auseinandersetzung mit Mithridates VI. erfolgreich zuende und ordnete die Provinzen des Ostens neu.
Wenn römische Händler, Soldaten und Verwaltungsbeamte in die kleinasiatischen Provinzen kamen, lernten sie dort eine Lebensart kennen, die ihnen zum Teil aus Rom nicht bekannt war. Eleganz in der Art zu wohnen und sich zu kleiden hatte im Osten eine lange Tradition, und das Essen war hier weitaus luxuriöser. Auch zuvor unbekannte Früchte wie der Pfirsich oder die Kirsche gelangten nach Rom.
Der römische General Lukull setzte diese Art der Lebensführung auch nach der Rückkehr in seine Heimat fort. So wurde sein Name sprichwörtlich für einen aufwändigen und eleganten Lebensstil, der mit der früheren römischen Schlichtheit nichts mehr zu tun hatte.

G Ein junger Römer wird von einer zwielichtigen Gestalt angesprochen:
„Patrem tuum in Asia fuisse audivi. Quid de illo itinere et de eius negotiis scis? Aliqui mercator dixit patrem tuum multum auri et argenti Romam portavisse. Dic *(Sag)* mihi verum! Aliquid audire volo! Cur taces?"
„Nihil dicam! Nos omnes scimus te furem esse - et furis est semper aliquid rapere velle! Itaque nihil novi tibi narrabo!"

● Mit welchen Methoden erweiterte Rom sein Reich um neue Provinzen?

Indefinitpronomen (ali)quis – Genitiv der Zugehörigkeit – Genitivus partitivus

Hafen von Ostia (Rekonstruktionszeichnung).

Leben wie Lukull

Markus ist mit seinem Vater von einer Handelsreise nach Ephesus in die römische Hafenstadt Ostia zurückgekehrt; dort trifft er auf seine alten Freunde und erzählt von seinen Erlebnissen. Aber auch seine Freunde wollen zeigen, dass sie einiges aus der weiten Welt und von den Großen der Geschichte wissen:

Marcus in taberna cum amicis sedet; audiuntur ubique[1] voces hominum diversis linguis clamantium.

FLACCUS: „Ubi terrarum fuistis et quid novi Romam portavistis?"

MARCUS: „Videtisne illam navem? Illa navis patris est. In Asia pater magnam copiam rerum pulcherrimarum parvo pretio emit et ad hunc portum vexit. Quae res in Italia magno constant. Et in Asia convivia vere Luculliana[2] habuimus."

CALLIDUS: „Quis vestrum, amici, novit hominem nomine Lucullum?"

MARCUS: „In Asia aliquis mihi dixit hominem semper bene cenantem Lucullum nominari!"

CALLIDUS: „Recte dicis - sed Lucius Licinius Lucullus re vera vir Romanus erat! In Asia multos annos provinciae praefuit quaestor[3]; multis rebus bene confectis aedilis factus est, deinde praetor; postea in Africam iit et inde ...

FLACCUS: „Equidem aliquid dicere volo! Lucullus etiam magnus imperator in omni genere belli fuit, et si quid ei commissum erat ..."

GAIUS: „Satis est! Ego quoque Lucullo ingenium egregium fuisse accepi. Sed – quid ad rem pertinet? Num imperatoris magni est bene cenare? Marcus de cena Luculliana locutus est!"

LUCIUS: „In ultima parte vitae Lucullus non modo a militaribus muneribus, sed etiam a publicis se recepit; nam aliquo modo in otio vivere voluit. Postremo pecunia e praeda collecta hortos[4] et balnea[5] pulcherrime instruxit; aedificia Luculli magna et pretiosa[6] erant. Maximos sumptus faciens convivia ampla parabat et ipse variis voluptatibus multum pecuniae consumebat."

GAIUS: „Nunc intellexi: Scilicet vitam eo modo vivere viri vere magni est." *(nach Cicero, Academici libri)*

[1]ubīque *überall*

[2]Lūculliānus *lukullisch, des Lukull*

[3]quaestor *als Quästor*

[4]hortus *Garten*

[5]balneum *Bad*

[6]pretiōsus: *Adj. zu* pretium

❶ Lies zunächst **T** durch und versuche zu verstehen, worum es geht. Orientiere dich beim Lesen an folgenden Fragen: Welche Personen und Orte werden erwähnt? Wer oder was wird wiederholt genannt? Was ist das Hauptthema der Unterhaltung? Die folgenden englischen oder französischen Wörter können dir beim Erschließen unbekannter Vokabeln helfen: *diverse* (Z. 2), *language* (Z. 2), *price/prix* (Z. 6 f), *port* (Z. 7), *genre* (Z. 18), *genius* (Z. 20), *militaire* (Z. 24), *varié volupté* (Z. 29)

❷ Erläutere aus **T**, was mit dem Begriff „lukullische Freuden" gemeint ist.

❸ Finde mithilfe eines Geschichtsbuches oder eines Lexikons heraus, welche Stationen zu einer Ämterlaufbahn (**cursus honorum**) gehörten, wie Lukull sie absolviert hat.

Ü

a Quis-Quiz …

Markus irrt nachts durchs Haus, weil er ein Geräusch gehört hat. In die Dunkelheit hinein versucht er einen vermeintlichen Einbrecher anzusprechen. An einigen Stellen hat ihm allerdings die Angst die Stimme verschlagen, sodass du nachträglich die Lücken füllen musst, um seine Sätze verstehen zu können:

Setze an den passenden Stellen ein: aliquis, quis (3x), qui

1. Umbram video – ? es?
2. Si ? me audit, is vitam tristem aget!
3. Nam pater meus, ? est vir fortissimus, fures semper necat.
4. Num ? me audire potest?
5. ? adest! Te e tenebris in lucem voco.

b Typisch!

Du hast in dieser Lektion den Genitiv als einen Kasus kennengelernt, der etwas über die charakteristische Eigenart oder die besondere Aufgabe einer Person aussagt. Verbinde demnach die beiden Spalten zu sinnvollen Sätzen:

consulis erat	res pulchras vendere
sacerdotis est	deos colere et mortalibus aures praebere
patris est	pericula subire et nihil timere
mercatoris est	corpora curare
viri fortis est	filios laudare
medici *(Arzt)* est	rem publicam regere neque in otio vivere

WORTSCHATZ

In dem Dialog in **T** geht es vor allem um die beiden Schwerpunkte, die Lukull in seinem Leben gesetzt hat: zunächst seine auf verschiedenen Ämtern aufgebaute Karriere und dann der genussreiche Ruhestand. Erstellt eine zweispaltige Tabelle, in der ihr zu beiden Bereichen die passenden Begriffe aus **T** heraussucht (Partnerarbeit; jede(r) übernimmt eine Spalte).

c Unterscheide die Bedeutungen im Kontext:

1. Romulus urbem Romam condidit. Antigona fratrem condidit.
2. Imperator milites coegit. Milites pugnare coegit.
3. Manus ad caelum sustulimus. Amicis timorem tollimus.
4. Omnibus Lucullus virtute praestitit. Magnam virtutem praestitit.
5. Dominus librum quaerere vult. Servus dominum quaerit. Amica pretium libri e mercatore quaerit.

d Ordne die Genitivi partitivi passend zu und übersetze:

quid	terrarum?
ubi	pecuniae
quis	novi?
nihil	vestrum?

e *Projekt* Kochen/Essen: Die wichtigste Mahlzeit des Tages war die **cena**, das römische Abendessen; sie war der Mittelpunkt des Familienlebens. Nach Sitte der Griechen lagen die reichen Römer dabei zu Tisch auf einer Art Sofa.

Informiert über den Ablauf einer **cena** sowie die verschiedenen Gerichte, die dort serviert wurden. Worin unterscheidet sich der Geschmack der Römer von unserem?

Suffixe

Beim Lernen der Vokabeln hast du sicherlich bereits bemerkt, dass bestimmte Wörter aufgrund ihrer Lautgestalt zusammengehören, so etwa **amicus** und **amica**, **regere** und **rex**, **fluere** und **flumen**. Solche Wörter bilden sogenannte **Wortfamilien**. Diese Familien lassen sich auf ein gemeinsames Grundelement zurückführen, das als **Wurzel** bezeichnet wird. Diese Wurzel legt die Grundbedeutung für die Wortfamilie fest, bei **amicus** und **amica** die Wurzel **amic-** mit der Bedeutung „befreundet", bei **regere** und **rex** die Wurzel **reg-** mit der Bedeutung „leiten, herrschen", bei **fluere** und **flumen** die Wurzel **flu-** mit der Bedeutung „flüssig".

An diese Wurzeln treten Erweiterungselemente heran, die die Wurzel zu einem Adjektiv, Substantiv oder Verb machen; diese Erweiterungselemente heißen in der Fachsprache Suffixe. Die Kenntnis der Bedeutungen bestimmter Suffixe kann dir das Vokabellernen erleichtern, weil die gleichen Suffixe verschiedene Wurzeln immer wieder in derselben Weise verändern.

Die wichtigsten Suffixe sind:

1. bei Verben
   a. **-tor** bezeichnet einen männlichen Handelnden, z. B. **rec-tor** *der Leiter.*

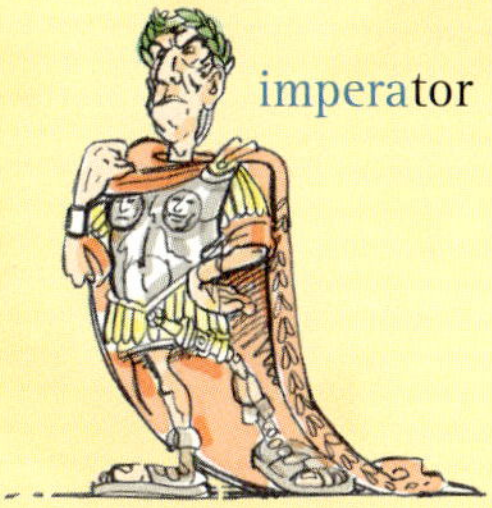

   b. **-men; -tio** bezeichnen eine Handlung oder das Ergebnis einer Handlung, z. B. **ag-men** *Zug, Heereszug;* **lec-tio** *Lesung, Vorlesung.*

   c. **-mentum** bezeichnet ein Werkzeug oder Hilfsmittel, z. B. **monu-mentum** *Denkmal.*

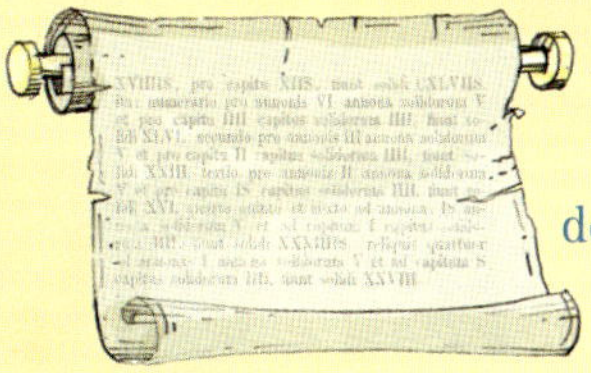

   d. **-ilis, -bilis** bezeichnen die Möglichkeit, eine Handlung auszuführen, z. B. **mira-bilis** *staunenswert.*

2. bei Nomina und Adjektiven
   -itia; -tas; -tus bezeichnen einen Zustand, z. B. **amici-tia** *Freundschaft;* **iusti-tia** *Gerechtigkeit;* **liber-tas** *Freiheit;* **iuven-tus** *Jugend.*

● *Erschließe die Bedeutung der folgenden Wörter, indem du sie auf eine bekannte Vokabel (Verb, Substantiv, Adjektiv) zurückführst und das entsprechende Suffix zu Hilfe nimmst:*
amabilis, terribilis, sumptus, orator, credibilis, agitator, quaestio, utilis, damnatio, libertas, virtus, mortalitas, servitus, dubitatio, sacramentum, instrumentum, adventus

So könnte eine Bankettszene bei Lukull ausgesehen haben: Für jede Tätigkeit gab es einen speziellen Sklaven. Beschreibe, welche Personen du auf dem Wandgemälde erkennen kannst, und versuche zu erkennen, was sie tun.

30 Groß ist die Artemis von Ephesos!

Der Artemis-Tempel von Ephesos, erbaut zwischen 560 und 500 v. Chr. (Rekonstruktion).

Größe und Ruhm der kleinasiatischen Städte beeindruckten die Römer sehr. Immerhin gab es in Kleinasien drei Bauwerke, die zu den sieben Weltwundern (**miracula mundi**) gezählt wurden: der Tempel der Artemis (lateinisch **Diana**) in Ephesos, das Grabmal des Fürsten Mausolos in Halikarnass und eine gewaltige Statue des Sonnengottes auf Rhodos. Die in der Apostelgeschichte geschilderte Episode des sogenannten Aufstandes der Silberschmiede von Ephesos (vgl. **T**) zeigt, dass das Christentum in Kleinasien schnell zu einem bedeutenden Faktor wurde. Hieran hatte der Missionar Paulus einen großen Anteil. Er war um die Zeitenwende geboren, lebte als Jude und römischer Bürger in Tarsos, der Residenzstadt des römischen Statthalters in der Provinz Kilikien und war um 32/33 n.Chr. von einem anfänglichen Bekämpfer des Christentums zum Glauben an Jesus Christus bekehrt worden. Als gebildeter Bürger sprach er mehrere Sprachen, darunter Aramäisch, Griechisch und Lateinisch. Für die Ausbreitung des Christentums war bedeutsam, dass Paulus durchsetzte, dass Heiden auch ohne vorherigen Übertritt zum Judentum Christen werden konnten.

G Aeneas Romanis exemplo erat: Dux fuit magna virtute. Graecis autem urbem Troiam capientibus Aeneas tristissimo animo erat et pugnans necari voluit. Sed dei Aeneae, viro summa religione, imperaverunt: „Collige familiam tuam! Tum properate ad litus et navibus Asiam relinquite! Sed pater tuus, quia senex est, ire non iam potest; itaque patri consulere eumque ferre debes. Fer eum e finibus Troianorum! Si patrem ex urbe fers, imperio Iovis pares.“ His verbis commotus Aeneas patrem ex urbe tulit. Tum iter multorum annorum suscepit.

1. Lies zur Vorbereitung die Geschichte von Demetrius und Paulus im Neuen Testament in ihrer deutschen Fassung (Apostelgeschichte 19, 23–40).
2. Verfasst in Gruppen Beschreibungen zu den antiken Weltwundern. Gestaltet eine Karte für euer Klassenzimmer, auf der ihr die Standorte der Weltwunder markiert. Sucht nach Bildern von Überresten und Rekonstruktionen.

ferre – Genitiv und Ablativ der Beschaffenheit – Dativ des Zwecks und des Vorteils

Weihgeschenke aus dem Diana-Tempel in Ephesos.

T Groß ist die Artemis von Ephesos!

Beim Tempel der Diana in Ephesos konnten die Besucher kleine Silberfiguren der Göttin kaufen; diese Figuren waren nicht nur Souvenirs, sondern ihnen wurde auch Glück bringende Wirkung zugeschrieben. Demetrius, ein Produzent solcher Figuren, schreibt an seinen in Rom lebenden kranken Freund einen Brief:

Demetrius Marco suo salutem dicit.

Dolebam te morbum tuum nunc minus fortiter ferre, quam prius tuleras. Memoria tene illud philosophorum: „Quod fert fortuna, fer!“

Sed de alia re ac de condicione vitae tuae scribere volui. Scis templum Dianae Ephesiae unum e miraculis mundi[1] esse. Hoc aedificium mira magnitudine est; quod cum aliis templis conferri non licet. Itaque multi homines urbem nostram visunt. Quod incolis maximo usui est: Multi eorum, qui hic vivunt – ut ego – quaestum faciunt[2] ex illo templo. Quamobrem templum et cultus Dianae nobis curae sunt.

Ante paucos dies nuntius mihi allatus erat hominem quendam, nomine Paulum, Ephesum venisse. Qui primo ante portas aedis orationem – lingua scilicet Graeca – habuerat de deo aliquo, quem Iesum Christum vocabat; deinde in theatrum ierat.

Qua re audita celeriter ad theatrum ibam; ibi cernebam Paulum, virum parva statura[3], de theatro ad forum descendentem et iterum numen Dianae maxime illudentem[4]. Statim clamavi: „Quis eiusmodi verba fert? Equidem haec numquam feram. Statim auferte hunc impium hominem, qui maiestatem[5] Dianae temptat! Certe enim scio: Maiestate Dianae sublata nemo urbem nostram viset. Postremo – iste Paulus nos omnes perdet.“ Cuncti, qui verba mea audiverant, clamabant: „Magna est Diana Ephesiorum! Diana, tu urbi nostrae es praesidio! Tu urbi nostrae optime consulis!“ Tunc magistratus, viri magni ingenii, in Paulum consuluerunt: Eum vi averterunt et foras abstulerunt. Tum laetus domum ii.

Vale! *(nach der Apostelgeschichte)*

[1] mīrāculum mundī *Weltwunder*

[2] quaestum facere *seinen Lebensunterhalt bestreiten*

[3] statūra: *vgl. Fw.*

[4] illūdere *verspotten*

[5] māiestās, ātis *Erhabenheit*

❶ Stelle zusammen, was du in **T** über das Artemis-Heiligtum erfährst.

❷ Überlege, von welchen Ängsten Demetrius geleitet wird und wie er seinen Angriff gegen Paulus begründet.

❸ Erstelle ein Tempusrelief zu **T**. Versuche, die Auffälligkeiten zu erklären.

❹ Verfasst einen Antwortbrief des Marcus und versucht darin das Verhalten des Demetrius kritisch zu würdigen.

Ü

a **consulere** mit Dativ oder Akkusativ?
Setze je nach Zusammenhang die eingeklammerten Wörter in den richtigen Kasus und übersetze:

1. Pater et mater (liberi) magna cura consulunt.
2. Consul (senatores) de re publica consulit.
3. Dominus (servus) bene consulere debet.
4. Senator Romanus (amicus) consulit, nam amicus multas res cognovit.
5. Manus manum lavat! Itaque Valeria (amica) consulit, quae ei adfuit.

b Welchem Zweck dient das ?
Ergänze jeweils die Dative des Zwecks. Suche dann eine passende deutsche Formulierung als Übersetzung.

1. Feriae *(Ferien)* liberis ? sunt.
2. Pater amico filios ? misit.
3. Antiquis temporibus equi hominibus, qui agros colebant, ? erant.
4. Salus civium senatoribus ? esse debet.
5. Labor magis quam pecunia hominibus ? est.

c Suche aus **T** alle Ablative ohne Präposition heraus und stelle fest, welche Bedeutung sie im jeweiligen Satz haben.

d Ordne entsprechend **T** den genannten Personen oder Sachen ihre speziellen Eigenschaften zu:

Paulus est vir	magnae potentiae
Magistratus sunt viri	mira magnitudine
Aedis Dianae est	tristis animi
Diana est dea	magni ingenii
Marcus est amicus	animo impio

e „Fer-flixte Formen"! Bestimme und übersetze:
fero – feremur – fert – ferte – ferro – aufer – confers – afferunt – conferebam – feram – ferri (2)

f Zerlege die folgenden Adjektive in ihre Bestandteile (vgl. Wortbildung II, S. 147) und übersetze:
mortifer, a, um – armifer, a, um – aurifer, a, um – lucifer, a, um
Welche Aufgabe hatte der **signifer** im römischen Heer?
Wann nimmt ein Franzose ein *somnifère*?

LATEIN LEBT

Suche (z. B. mithilfe eines Herkunftswörterbuchs) aus den folgenden Wörtern diejenigen heraus, die auf **ferre** oder eine Stammform davon zurückzuführen sind:

Koniferen – Atlas – relativ – Konferenz – Verrat – Ablativ – Dativ – Interferenz – absolut – Toleranz – Tulpe – Referat

Ermittle zu den Wörtern, die dir unbekannt sind, die Bedeutung.

Den richtigen Eintrag finden

Wenn du erfolgreich mit einem Wörterbuch arbeiten willst, solltest du Folgendes beachten:

1. Alle Wörter sind streng **alphabetisch** geordnet. Gleich geschriebene Wörter, die unterschiedliche Bedeutungen haben, sind in manchen Wörterbüchern mit einer Hochziffer gekennzeichnet.
2. **Verben** sind oft in der **1. Person Singular Indikativ Präsens Aktiv (ggf. Passiv)** aufgeführt. Einige Wörterbücher geben danach den Infinitiv und die Stammformen, andere nur die Stammformen an. Diese Angabe entfällt oft bei regelmäßigen Verben der a-und i-Konjugation. In neueren Wörterbüchern finden sich die PPP-Formen unregelmäßiger Verben als eigene Einträge mit einem Verweis auf die 1. Pers. Sg. Ind. Präs. Akt.
3. **Substantive** werden im **Nominativ Singular** angegeben. Die Angabe der Genitivendung und des Genus (*m, f, n*) ergänzen die Information.
4. **Adjektive** finden sich in der Form des **Nominativ Singular maskulinum.**
   Adverbien, die von einem Adjektiv abgeleitet sind, müssen unter dieser Form des Adjektivs nachgeschlagen werden.
5. Die **unflektierten Wortarten (Adverb, Präposition, Konjunktion, Subjunktion)** werden im Wörterbuch ebenso angegeben, wie sie im Text stehen.

ōrātiō, ōnis, *f.* (oro)

> 1. **Sprache,** das **Sprechen;** *meton.* 2. **Sprechweise, Darstellung, Ausdruck;** 3. **Worte, Äußerung;** 4. (kunstmäßige) **Rede, Vortrag;** *occ.* *a.* **Thema;** *b.* **Beredsamkeit;** 5. **Prosa;** 6. **kaiserlicher Befehl, kaiserliches Handschreiben.**

1. ferae sunt rationis et orationis expertes. **2.** utraque beide Ausdrucksarten [rhet. u. philosophischer Ausdruck], concinna, contorta. **3.** Parum oratione reconciliare Unterredung *N,* captivorum, hac oratione adducti Auseinandersetzungen, Platonis Behauptung. **4.** orationem habere halten, perpetua zusammenhängender Vortrag *N.* **a.** orationis principium invenire, oratio deesse nemini potest. **b.** satis in eo fuit orationis. **5.** et in poëmatis et in oratione peccatur. **6.** principis *T.* Dav. *dem.*

ōrātiuncula, ae, *f.* kleine Rede.

ōrātor, ōris, *m.* (oro) **1.** Sprecher (einer Gesandtschaft), Unterhändler, Vermittler: **Veientes oratores Romam mittunt** *L.* **2.** (kunstmäßiger) Redner. Dav.

Ausschnitt aus einem lateinisch-deutschen Wörterbuch zu den Einträgen oratio *und* orator. *Entschlüssle anhand eines Wörterbuchs, was die Abkürzungen (meton., occ., rhet., N, T, und L) innerhalb der Einträge bedeuten.*

Ein flektiertes lateinisches Wort enthält folgende Bestandteile:

Wurzel: Die Wurzel trägt den Bedeutungskern eines Wortes.

Suffix: Durch das Suffix wird aus der Wurzel ein Wort.

ora	+ tor	Red	+ ner
Wurzel	Suffix	Wurzel	Suffix

Wurzel und Suffix bilden den **Wortstamm.**

Endung: Die an den Stamm gefügte Endung fügt das Wort in den grammatischen Kontext ein.

ora	+ tor	+ is	des Red	+ ner	+ s
Wurzel	Suffix	Endung	Wurzel	Suffix	Endung

❶ *Untersuche die folgenden Wortformen auf ihre Bestandteile und schließe aufgrund der Wurzeln auf die Wortfamilie:*
fletus, eventus, narravimus, filiae, vocantem, currus, confirmantis

❷ *Gib zu den folgenden Wortformen zunächst die Formen an, unter denen du sie im Wörterbuch finden könntest. Kontrolliere dann deine Vermutungen anhand eines Wörterbuches.*
vehementer, periculosa, exusta est, quaestum, staturae, hominem, illudunt, valde

QUID VESPER FERAT, NESCIMUS.

RELATA REFERO.

Überlege, was die beiden Sentenzen bedeuten. Welche Wörter musst du nachschlagen?

a Wenn du die folgenden Fragen richtig beantwortest, erhältst du den lateinischen Namen der römischen Provinz, die im **imperium Romanum** eine besondere Stellung einnahm.

		richtig	falsch
1.	Äneas konnte aus Troja mit seiner gesamten Familie entkommen.	G	A
2.	Das lateinische Komparativzeichen lautet im Neutrum **–ius**.	S	R
3.	Griechenland wurde im Jahr 129 v. Chr. römische Provinz.	A	I
4.	Die Frage „**Quid novi?**" enthält einen Genitivus partitivus.	A	E
5.	Lucullus war Feldherr in Kleinasien.	M	C
6.	Die Römer aßen zu feierlichen Anlässen ausgefallene Delikatessen.	U	I
7.	Demetrius ist ein Freund des Paulus.	L	N
8.	Der Tempel der Artemis befand sich auf Rhodos.	U	O
9.	Alle Endungen der **e**-Deklination beginnen mit einem **–e–**.	R	S

b In der Antike war Kleinasien die Provinz des römischen Reiches, die Maßstäbe setzte, Modetrends bestimmte, den Lebensstil vorgab. Auch bei uns gibt es bestimmte Länder, die zu den Vorreitern neuer Entwicklungen gehören.
Übersetze folgenden Text. (Die unterstrichenen Ausdrücke findest du als Zeichnungen erklärt.)

bracae caeruleae

Audivistis provinciam Asiam, imprimis magnas urbes huius regionis ea constituisse, quae recentissimum *(der letzte)* clamorem appellamus. Hodie quoque paucae gentes novas propensiones definiunt *(Trends setzen)*. Iam diu <u>bracas caeruleas</u> gerimus, novis generibus musicae (!) gaudemus, <u>isicia Hamburgensia</u> edimus *(essen)*, Cocam Colam bibimus, multas <u>series televisionis</u> Americae spectamus ... Quis non amat <u>cafaeum ilico expressum</u> aut vestes novissimas aut <u>autocineta exquisita</u> Italiae?
Multi homines ad praesentia accomodant *(mit der Mode gehen)* et multa verba Britannica in suam linguam accipiunt; nam id elegans *(chic)* esse existimant. Sed etiam Romani sui temporis verba Graeca accipiebant, quod id urbanum *(modern)* putaverunt.

series televisionis

isicium Hamburgense

autocinetum exquisitum

cafeum ilico expressum

Zivilisation in Mitteleuropa

Die Stadt Trier – hier zur Zeit der römischen Kaiser in einer rekonstruierten Luftansicht – liegt heute in Deutschland. Sie gehörte aber nicht zum römischen Germanien, sondern zu Gallien.

Die Römer haben nicht nur Südeuropa und die Länder um das Mittelmeer beherrscht. Du weißt sicher, dass Gajus Julius Cäsar Gallien erobert hat. 500 Jahre lang blieben die Römer in diesem Gebiet (des heutigen Frankreich, Belgien und Luxemburg) an der Macht. In den folgenden Lektionen kannst du verfolgen, welche Spuren diese Zeit hinterlassen hat und wie schließlich ganz Mitteleuropa von der römischen Kultur geprägt wurde.

● Was bedeuten Begriffe wie „Zivilisation" oder „Kultur" genau? Vielleicht könnt ihr nach den nächsten vier Lektionen genauere Vorstellungen mit diesen Begriffen verbinden.

31 Luxus an der Mosel

Die Überreste der sog. Kaiserthermen in Trier aus dem 3. Jh. n. Chr. lassen die Pracht der Römerzeit noch erahnen.

Im griechisch geprägten Osten des Römischen Reiches und an den von Griechen und Phöniziern kolonisierten Mittelmeerküsten Galliens, Spaniens und Afrikas blühte das städtische Leben schon Jahrhunderte, bevor diese Gebiete in den römischen Herrschaftsbereich gerieten; dies begünstigte später eine schnell fortschreitende Romanisierung. In den nordwestlichen Provinzen (dem nördlichen Gallien, Germanien und Britannien) förderte Rom die Entwicklung der vorher kaum vorhandenen städtischen Zivilisation; zusätzlich unterstützten der Aufbau der römischen Verwaltung, die Ausdehnung des Handels und die Stationierung von Truppenverbänden die Ausbreitung römischer Kultur.
So war es auch im Gebiet des gallisch-keltischen Stammes der Treverer, das Cäsar mit seinen Truppen um 57 v. Chr. erobert hatte. 17 v. Chr. gründete Augustus an einer Moselfurt die Stadt Augusta Treverorum (die Augusteische Stadt der Treverer), heute Trier, das ab 286 n. Chr. für mehr als ein Jahrhundert sogar Residenz römischer Cäsaren war. Um die Mitte des zweiten Jahrhunderts entstanden mit dem Amphitheater, den Barbarathermen und der Porta Nigra – ursprünglich eines der vier Stadttore – Großbauten, die teilweise bis heute erhalten sind. Die 293 n. Chr. begonnenen, heute sogenannten Kaiserthermen waren als eine der größten Thermenanlagen der antiken Welt geplant, konnten allerdings nie fertiggestellt werden.
Viele der römischen Zuwanderer in Gallien machten durch ihre weitreichenden Handelsbeziehungen gute Geschäfte. Etliche von ihnen legten es darauf an, diesen Reichtum als Zeichen römischer Überlegenheit den Provinzbewohnern vorzuführen. So konnte man in den gallischen Städten sehr kostbar gekleidete Personen sehen, die ihren Reichtum auf dem Forum oder in den Thermen zur Schau stellten. Das rief bei den Betrachtern nicht selten Kopfschütteln hervor.

G

Cornelia ante cenam dicit:
Si Flavus hodie veniret, bonos cibos ei pararem!
Si dona mihi daret, verba pulchra ei dicerem!
Si Flavus verba mea audiret, certe hic maneret!
Post cenam dicit:
Si Flavus hodie non venisset, bonos cibos mihi tantum paravissem!
Si dona mihi non dedisset, verba pulchra ei non dixissem!
Si Flavus verba mea non audivisset, certe hic non mansisset ...

Konjunktiv Imperfekt und Plusquamperfekt – Irrealis

T

Luxus an der Mosel

Zwei Freunde treffen sich vor dem Ausgang der Barbarathermen in Trier:

DRAPPES: Quid tu, amice, hic agis? Unde venis?

DUMNACUS: E thermis venio. Quare tu hodie non aderas? Si adfuisses, vehementer risisses.

DRAPPES: Hercules! Si hoc scivissem, voluptatis causa in thermas venissem! Sed dic mihi: Quid actum est? Quid tibi gaudio fuit?

DUMNACUS: Conspeximus senem calvum[1], tunica russea[2] ornatum, ludentem pila prasina[3]!

DRAPPES: Quis erat is senex?

DUMNACUS: Flavus, libertinus quidam, homo dives et rarissimus!

DRAPPES: Si homines tali natura non essent, vitam tristem ageremus. Narra modo!

DUMNACUS: Res singulas narrare nolo, sed hoc tantum audi: Post thermas tres servi Flavum unguento[4] perfundebant[5] et eum tergebant[6] lana[7] mollissima.

DRAPPES: Lana? Sed lana idonea non est ad ...

DUMNACUS: Verum dicis. Sed lana carior linteo[8] est.

DRAPPES: Nunc intellego: Si Flavus hominibus spectantibus res communes tantum ostenderet, nemo oculos in eum converteret.

DUMNACUS: Bene intellexisti! In ore omnium esse Flavo magnae curae est. Id tantum spectat; nam cupidus est laudis. Itaque paulo post a duobus servis in lecticam[9] impositus est.

DRAPPES: Si ego lectica ferrer, non iam pedibus irem!

DUMNACUS: Exspecta – nondum omnia audivisti: Flavus auferebatur, cum subito servus quidam ad lecticam vocatus est. Qui toto itinere cantans Flavum secutus est.

DRAPPES: Tace, nimium diligenter narras! – Si Flavus intellegeret bona animi laudi esse, minores sumptus faceret.

(nach Petron, Satyricon)

[1]calvus *kahlköpfig*
[2]tunica russea *rote Tunika*
[3]prasinus *grün*
[4]unguentum *Salböl*
[5]perfundere (*PPP* perfūsum) *übergießen*
[6]tergere *abtrocknen*
[7]lāna *Wolle*
[8]linteum *Leinen*
[9]lectīca *Sänfte*

❶ Lest zur Vorbereitung von **T** den Infotext auf S. 154 und achtet dabei besonders auf den letzten Abschnitt. Lest dann die Zeilen 1–6 von **T** laut mit verteilten Rollen und gebt den Inhalt mit eigenen Worten wieder.
Welche Art von Unterhaltung erwartet ihr in dieser Situation? Konkretisiert eure Vermutungen, indem ihr die Äußerung des Dumnacus, Z. 7 f., zu Hilfe nehmt.

❷ Setzt die in **T** beschriebenen Situationen z. B. als Zeichnungen oder Standbilder um und erläutert die einzelnen Details mit lateinischen Begriffen oder kurzen Sätzen.

❸ Überlege, was unter **bona animi** (Z. 31) zu verstehen ist, und nimm Stellung zur Aussage des Drappes.

❹ Überlegt, wie sich die Szene aus **T** im heutigen Trier abspielen würde. Wie wäre dann jedes Detail zu übertragen?
Welches heutige Statussymbol entspricht wohl einer **lectica**? Schreibt dann auf dieser Basis einen neuen Dialog (auf Deutsch).

Ü

a Schreibe aus **T** sämtliche **si**-Sätze heraus und übersetze sie noch einmal ins Deutsche. Ersetze nun alle Formen des Konjunktiv Imperfekt durch die entsprechenden Formen des Konjunktiv Plusquamperfekt – und umgekehrt. Übersetze die neu entstandenen Sätze ebenfalls ins Deutsche. Wie haben sich die Aussagen inhaltlich verändert?

LATEIN LEBT

In welcher Situation könnte man den folgenden berühmten lateinischen Satz sagen?

Si tacuisses, philosophus mansisses.

b Setze die folgenden Formen zunächst in den Konjunktiv Imperfekt, dann in den Konjunktiv Plusquamperfekt:
facit – it – videt - vult – intellegit – ridet – laudat – loquor – est

c Ein Sänftenträger des Flavus döst vor den Thermen im Schatten und führt dabei Selbstgespräche. Da er das Lateinische erst vor Kurzem erlernt hat, kennt er die Verbformen noch nicht so genau und redet daher stets in Infinitiven. Hilf ihm, indem du die in den Satz passenden Verbformen ergänzt! Erläutere, welche inhaltliche Bedeutung die ergänzte Form jeweils hat.

1. Si mater mea dea esse ..., ego quoque deus esse ...!
2. Si pater meus dives fuisse ..., ego servus non esse ...!
3. Si ego dominus esse ..., in tecto meo bene cenare ...!
4. Si domina quid dicere ..., numquam respondere ...!
5. Si nocte laborare ..., totum diem in lecto iacere ...!

d Beachte bei der Übersetzung die angegebene(n) Sinnrichtung(en) der Partizipien:
1. Homines theatrum aedificantes a civibus laudati sunt. (temporal, kausal) 2. Pater liberis magna voce clamantibus non adfuit. (konzessiv, temporal) 3. Hospites ad cenam vocati non venerunt. (konzessiv) 4. Cives e periculo servati militibus gratias egerunt. (kausal, temporal)

Formen-Memory

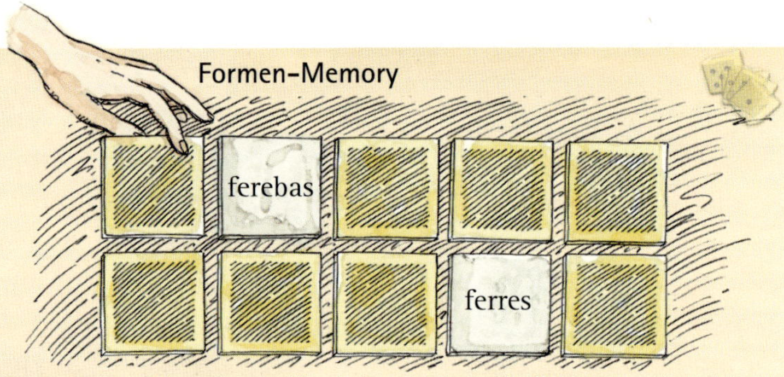

Bildet zu den folgenden Indikativformen jeweils die entsprechende Konjunktivform. Übertragt dann alle Formen auf gleichfarbige Kärtchen; die Rückseite bleibt jeweils frei. Fertig ist das Memory, mit dem ihr jederzeit – einzeln oder in der Gruppe – die Konjunktivformen üben könnt.

ferebas – ferebamus – ferebant – tuleram – tulerat – tuleratis – volebam – volebat – volebatis – volueras – volueramus – voluerant – verebamur – verebantur – veritus eram

Das Memory lässt sich mit beliebigen Formenpaaren erstellen.

Fußbodenmosaik aus einem römischen Bad in Thamugadi (Timgad, Algerien).

Vergangenheitstempora

Bereits im umgangssprachlichen Latein der Antike entwickelte sich ein zusammengesetztes Perfekt, bestehend aus einer konjugierten Form von **habere** bzw. **esse** und dem Partizip Perfekt Passiv (z.B.: **habeo cantatum** – ich habe gesungen statt **cantavi**).
Im Französischen, Italienischen und Spanischen entstand daraus eine dritte Zeitform der Vergangenheit, die neben dem Imperfekt und dem klassischen Perfekt benutzt wird.

● *Ergänze die lateinischen Formen von* **cantare** *und setze die folgenden französischen, italienischen und spanischen Formen richtig ein:*
französische Formen: *nous avons chanté, ils / elle chantaient, vous avez chanté, tu chantas, il / elle chantait*
italienische Formen: *cantavate, cantarono, abbiamo cantati, cantasti, cantavo*
spanische Formen: *has cantado, cantaban, cantasteis, cantaba, han cantado*

	Lateinisch	Französisch	Italienisch	Spanisch
Imperfekt /	______	*je chantais*	______	*cantaba*
imparfait /	______	*tu chantais*	*cantavi*	*cantabas*
imperfetto /	______	______	*cantava*	______
imperfecto	cantabamus	*nous chantions*	*cantavamo*	*cantábamos*
	______	*vous chantiez*	______	*cantabais*
	______	______	*cantavano*	______
Perfekt /	______	*je chantai*	*cantai*	*canté*
passé simple /	______	______	______	*cantaste*
passato remoto /	cantavit	*il / elle chanta*	*cantò*	*cantó*
pretérito indefinido	______	*nous chantâmes*	*cantammo*	*cantamos*
	______	*vous chantâtes*	*cantaste*	______
	______	*ils / elles chantèrent*	______	*cantaron*
[zusammengesetz-	[habeo	*j'ai chanté*	*ho cantato*	*he cantado*
tes Perfekt] /	cantatum]	*tu as chanté*	*hai cantato*	______ ______
passé composé /	–	*il / elle a chanté*	*ha cantato*	*ha cantado*
passato prossimo /	–	______	______ ______	*hemos cantado*
pretérito perfecto	–	______	*avete cantato*	*habéis cantado*
	–	*ils / elles ont*	*hanno cantato*	______ ______
	–	*chanté*		

32 Bevor Cäsar kam

Wohnraum einer keltischen Bauernfamilie, nachgestellt im Archäologischen Forschungszentrum in Dänemark.

Wie sah die Welt in Gallien aus, bevor die Römer ihre Kultur dorthin brachten? Wenn wir darüber etwas erfahren wollen, sind wir auf die Informationen angewiesen, die die Griechen und Römer über die damaligen Einwohner, die Kelten, überliefern. Hätten sie nicht über die Kultur der Kelten berichtet, wüssten wir nur wenig über sie. Unter den lateinischen Quellen ist der Bericht über die Kultur und Lebensweise der Kelten, den Cäsar im sechsten Buch seines *Gallischen Krieges* gibt, historisch wichtig. Cäsar hebt als erster antiker Autor die Germanen als eigenen Volksstamm von den Kelten ab.
Die Kelten stammten vermutlich aus dem Gebiet des nördlichen Voralpenlandes und breiteten sich von dort um 500 v. Chr. bis in den äußersten Westen Europas, nach Osteuropa und südöstlich sogar bis nach Kleinasien sowie nach Süden bis in die Poebene aus, die die Römer Gallia Cisalpina (das diesseits der Alpen gelegene Gallien) nannten; im Norden standen ihnen dagegen die ebenfalls vordringenden Germanen entgegen.
Die Kelten wohnten in Dörfern und kleinen befestigten Städten. Das Volk lebte unabhängig unter dem Schutz der Adligen: Diese übernahmen als Reiter Führungsaufgaben im Krieg oder waren Druiden – so hießen die gallischen Priester.

G

Aulus et Gaius ludere cupiunt. Aulus et Gaius cupidi ludendi sunt. Imprimis pilā ludere eis gaudio est. Pilā ludendo gaudent. Ludendi causa amici in palaestram *(Sportplatz)* conveniunt. Semper ad ludendum parati sunt. Etiam thermas petere Aulo et Gaio placet. Hodie eis tempus thermas petendi est. Itaque amici ad thermas petendas conveniunt.

nd-Formen (Gerundium und attributives Gerundivum)

T

Bevor Cäsar kam

Welche Bedeutung die „Priester" der Kelten hatten, erfahren wir in einem Bericht, den der römische Feldherr Cäsar über die Gallier und ihre Druiden verfasst hat.

In omni Gallia duo sunt genera hominum nobilium: equites et druides.
Druidum est rebus divinis[1] interesse et sacrificia[2] curare. Ad eos magnus adulescentium numerus discendi causa venit. Druides apud Gallos[3] magno in honore sunt. Nam eis etiam munus iudicandi est: De omnibus fere controversiis[4] publicis privatisque decernunt praemia poenasque constituendo. Si qui iudiciis eorum non parent, druidibus est potestas sacrificiis eos interdicendi[5]. Tum aditum eorum sermonemque omnes fugiunt.
Galli druidum disciplinam in Britannia ortam esse atque inde in Galliam venisse existimant. Etiam nunc ii, qui diligentius eam rem cognoscere volunt, discendi causa frequentes illuc proficiscuntur.
Druides a bellis gerendis liberi sunt omniumque rerum immunitatem[6] habent. Tantis praemiis excitati multi adulescentes sua sponte disciplinae discendae causa druides adeunt aut a parentibus propinquisque ad eos mittuntur. Ibi multis versibus ediscendis[7] student. Nam nihil, quod sciunt, litteris mandant. Id duabus de causis instituerunt: Primo, si disciplina litteris mandata esset, etiam vulgus eam sciret. Deinde adulescentes diligentiam in discendo neglegerent neque memoriae exercendae studerent, si omnia litteris mandarentur.
Druides imprimis hoc volunt persuadere: non mori animas, sed ab aliis post mortem transire ad alios. Ergo homines metu mortis neglegendo maxime ad virtutem excitari putant. Multa praeterea de sideribus eorumque motu, de terrarum magnitudine, de rerum natura, de deorum immortalium vi ac potestate iuventuti tradunt. Quae iuvenes discendi cupidi libenter accipiunt. *(nach Caesar, Bellum Gallicum 6, 13-14)*

[1] rēs dīvīna *Gottesdienst, Kulthandlung*
[2] sacrificium *Opferzeremonie*
[3] Gallus *Gallier*
[4] contrōversia *Streitigkeit*
[5] sacrificiīs interdīcere *von den Opfern ausschließen*
[6] immūnitās *Befreiung*
[7] ēdiscere *auswendig lernen*

❶ Welche Textsorte erwartest du aufgrund der Einleitung und der ersten beiden Zeilen von **T**? Stelle alle Informationen über die Druiden aus **T** zusammen: Achte dabei besonders auf Pro-Formen sowie auf diejenigen Sätze, in denen die Druiden nicht Subjekt sind. Formuliere aufgrund deiner Arbeitsergebnisse eine Textparaphrase.

❷ Erstelle aus **T** eine Liste mit den Aufgaben der Druiden und ordne sie modernen Berufen zu.

❸ Diskutiert, welche Vorteile und welche Nachteile es hat, dass diejenigen, die sich um Religion kümmern, so viele Aufgaben in der Gesellschaft übernehmen.

❹ Erkläre und begründe, weshalb das Wissen der Druiden nicht aufgeschrieben wurde. Informiere dich, wo die mündliche Tradition heute noch in einer vergleichbaren Form existiert. Ist der Verzicht auf Schrift in unserer Gesellschaft möglich?

Ü

ⓐ Stelle alle nd-Formen aus T 32 in einer Liste zusammen. Unterscheide dabei nach Gerundien und attributiven Gerundiven.

ⓑ Gib zu den nd-Formen in T die jeweiligen Bezugswörter an. Vergleiche dann die grammatische Einordnung der nd-Formen im Satz.

ⓒ Übersetze die folgenden Gerundium- und Gerundivkonstruktionen.
in iudicando – ad discendum – versibus discendis – libro Caesaris legendo – ad deos colendos – tempus libri legendi – ad memoriam exercendam – virtutis excitandae causa – de metu mortis neglegendo – litteras scribendo

ⓓ Achtung, Verwechslungsgefahr! -nt- oder -nd-?
Setze in die folgenden Formen die passenden Buchstaben ein, gib den dazugehörigen Infinitiv an und bestimme die nun vollständige Form. (Mache dir vorher klar, welcher Deklination das Gerundium folgt und welcher das PPA.)
excita ? o – ostende ? es – orna ? em – da ? o – quiesce ? ibus – ad trahe ? um – time ? i (2x) – accusa ? is – defende ? ia – accede ? i (2x) – erra ? o – para ? ibus – flecte ? ium

ⓔ Cäsar bereitet im Spätsommer 55 v. Chr. seine Überfahrt nach Britannien vor. Setze die nd-Formen passend ein.
perspiciendi, proficiscendum, parandarum, transportandas (!), gerendum, gerendi, adeundi, cognoscendas:

1. Caesar consilium belli in Britannos ________ cepit.
2. Satis temporis ad bellum ________ non esse putavit.
3. Tamen consilium insulam *(Insel)* ________ et genus hominum ________ capit.
4. Ad regiones ________ C. Volusenum legatum praemittit *(vorausschicken)*.
5. Nunc naves onerariae *(Lastschiffe)* ad duas legiones ________ parantur.
6. Volusenus perspectis regionibus ad hunc locum, ubi Caesar navium ________ causa erat, rediit.
7. Deinde Caesar idoneam ad ________ tempestatem *(Wetter)* exspectavit.

ⓕ Übersetze die folgenden Gerundium- und Gerundivkonstruktionen. Welche nd-Form ist kein attributives Gerundiv?
monumento aedificando – ad deos colendos – tempus libri legendi – ad monumentum spectandum – litteras scribendo

ⓖ Übersetze die folgenden nd-Formen treffend als Adjektive:
pueri laudandi – liber legendus – puella amanda –
ludi spectandi – fortuna querenda – iniuria non ferenda –
res dolenda – fabula narranda

Lateinische Fremdwörter in Zeitungsartikeln

Man hört immer wieder, Latein sei eine tote Sprache, da sie ja niemand mehr als Muttersprache erlerne. Dass Latein aber sehr lebendig ist, kann schon ein Blick in die modernen Medien zeigen, vor allem wenn sie ein höheres Ziel als nur Unterhaltung und Zerstreuung haben. Dort tauchen viele lateinstämmige Wörter auf, die entweder direkt aus dem Lateinischen stammen oder über das Französische und Englische ins Deutsche gelangt sind. Deren Zahl und Verbreitung nimmt vor allem bei Fachbegriffen aus Wissenschaft, Politik und Kultur ständig zu.

***Triumph* der Hirnlosigkeit**

Nun hat Hollywood, diese Reproduktionsmaschine, die unablässig Sequels, Serienadaptionen und Remakes ausspuckt, einen perfekten Recyclingfilm fabriziert. Michael Bays Sommerspektakel Transformers beruht auf einer japanisch-amerikanischen Spielzeugserie, deren Roboterfiguren die Gestalt von Autos, Flugzeugen und anderem technischen Gerät annehmen. Die Transformers existieren bereits als Computerspiel, Comic und Fernsehserie, wurden in den Achtzigern schon einmal fürs Kino verfilmt und ausgiebig von einer französischen Autoreklame kopiert. In ihrer Spielzeug-Mythologie bekriegen sich zwei Robotervölker vom Planeten Cybertron auf der Erde. Während die machthungrigen Deceptions den Planeten in ihre Gewalt bringen wollen, verbünden sich die Frieden und Freiheit liebenden Autobots mit den Menschen. Kriegsentscheidend ist eine Energiequelle namens Allspark, die in der Kinoversion wie ein gigantischer Brühwürfel aussieht und von einer Geheimabteilung der amerikanischen Regierung aus nicht ganz klaren Gründen unter dem Hoover-Damm versteckt wird.

Der Regisseur Michael Bay (Bad Boys 1 + 2, Armageddon, Pearl Harbor) hat den Roboterkampf mit etwa drei Dutzend bekannten Blockbuster-Motiven zu einer sagenhaft kruden Handlung zwischen patriotischem Kriegsfilm, Action-Spektakel und Highschool-Lovestory verrührt. Er bedient sich bei E. T., Robocop und Stirb langsam, klaut die esoterisch wabernde Mächte-Philosophie von Star Wars, die harten Jungs bei der amerikanischen Armee, die seinen Film bereitwillig unterstützte, und die hormongetränkten Highschool-Witze bei American Pie. Neutral gesagt, ist Transformers ein einziger lang gezogener Transformationsprozess und damit ein Kino, das sich selbst zur Metapher wird.

(Die Zeit vom 2. August 2007)

Beispiele für Fremdwörter aus dem Lateinischen im 1. Absatz:

Triumph	triumphus *Siegesfestzug*
Sequel	zu lat. sequi *folgen*
Serienadaptionen	1. series *Reihe* 2. ad + aptare *anpassen*
perfekt	perficere *erreichen, fertigstellen, vollenden*
fabriziert	fabricare *verfertigen, zimmern, bauen, herstellen*
Spektakel	spectaculum *Schauspiel*
existieren	exsistere *vorhanden sein*
Computer-Spiel	computator *Rechner*
Auto-reklame	reclamare *zurufen, entgegenrufen*
Deceptions	zu lat. decipere *täuschen*
kopieren	copia *Menge* (über mittellateinisch copiare *vervielfältigen*)
Kino-version	vertere *übersetzen* (über mittellateinisch versio *Fassung*)
Regierung	regere *lenken*

❶ *Versucht, mithilfe eines Fremdwörterbuchs und eines lateinisch-deutschen Lexikons weitere Wörter, auch aus dem 2. Absatz, auf ihre lateinischen Wurzeln zurückzuführen.*

❷ *Sammelt Artikel aus eurer Heimatzeitung und untersucht sie auf Fremdwörter aus dem Lateinischen.*

33 Teile und herrsche!

Szene aus einem Asterix-Comic.

Cäsar hielt als einer der wenigen Politiker der Antike seine Taten schriftlich für die Nachwelt und vor allem für seine Zeitgenossen fest. Er veröffentlichte seine *Commentarii de bello Gallico* (eine Chronik des gallischen Krieges) vermutlich gegen Ende seines Aufenthaltes in Gallien im Jahr 51 v. Chr. Das Ziel dieser Schrift war die Rechtfertigung seines Eingreifens in Gallien; denn seine politischen Gegner in Rom warfen ihm vor, seine Befugnisse als Provinzstatthalter überschritten zu haben. Cäsar versuchte, durch die Titulierung seiner Berichte als **commentarii** und durch eine scheinbar objektive Erzählweise den Eindruck einer sachlichen, sich auf die wesentlichen Fakten konzentrierenden Berichterstattung zu erwecken. Umso interessanter ist es, Cäsars „Leserlenkung" zu beobachten und die Objektivität seiner **commentarii** zu hinterfragen.
Die Eroberung Galliens in den Jahren 58–51 v. Chr. war nicht nur eine militärische Leistung der römischen Soldaten und ihres Feldherrn Cäsar. Die Römer haben überall, wo sie herrschten, unter ihren Gegnern auch Freunde gefunden – wie es in der Asterixszene dargestellt ist. Und sie haben Unstimmigkeiten unter ihren Gegnern systematisch ausgenutzt, um ihre eigene Herrschaft abzusichern. So war es auch bei der Auseinandersetzung Cäsars mit dem gallisch-keltischen Stamm der Treverer im Gebiet des heutigen Trier.

G

Iuvenes ad druides conveniunt. Iuvenes discere volunt.
Iuvenes ad druides conveniunt, ut discant.

Druides vulgus disciplinam scire nolunt. Itaque disciplinam litteris non mandant.
Druides disciplinam litteris non mandant, ne vulgus eam sciat.

Scisne, cur druides disciplinam litteris non mandaverint?
Disciplinam litteris non mandaverunt, ne vulgus eam sciret.

Vulgus disciplinam non scit, cum druides eam litteris non mandaverint.
Druides disciplinam litteris non mandant, ut vulgus eam non sciat.

Sitzender Soldat (Rekonstruktion).

T Teile und herrsche!

Cäsar hat das Heer der Treverer in der Schlacht besiegt. Nun sollen die Fürsten diese Niederlage anerkennen, indem sie zu Verhandlungen erscheinen, die Cäsar einberufen hat. Aber das tun sie nicht. Daraufhin zieht Cäsar mit vier Legionen (etwa 20 000 Fußsoldaten und 800 Reitern) in das Gebiet der Treverer. Er berichtet in seinem **Bellum Gallicum** selbst darüber, wie die beiden wichtigsten Anführer des Stammes auf diese militärische Einschüchterung reagieren: Der eine akzeptiert die Niederlage und wird zum Freund der Römer, der andere bleibt ihr Feind.

In civitate Treverorum Indutiomarus et Cingetorix de primo loco inter se contendebant. Cingetorix, cum de adventu legionum et auxiliorum cognoverit, ad Caesarem venit, ut egregiam fidem polliceatur et ea, quae in Treveris gerantur, ostendat. At Indutiomarus milites conscribit, ut bellum iterum paret libertatemque gentis suae defendat.

Alii principes civitatis, cum adventu exercitus Romani territi sint, ex vicis et oppidis ad Caesarem veniunt, ut de suis rebus cum eo agant: „Optamus, ut amicitia sit inter Romanos et Treveros. Venimus, ut fidem nostram demonstremus. Nam tanta est fides nostra, ut libenter te adeamus."

Qua re adductus etiam Indutiomarus legatos ad Caesarem mittit, ne ab omnibus deseratur. Haec verba a legatis Caesari referuntur: „Plebs facile ab amicitia Romanorum deficit, sed mea auctoritate regitur. Nam tanta est apud plebem auctoritas mea, ut facile eos in officio retinere possim. Equidem efficio, ut a licentia revocentur. Itaque adhuc ad te non veni. Nam timeo, ne plebs Romanis inimica sit et – cum libertatem gentis defendere velit – novis rebus studeat. Mox in castra Romana veniam, ut cognoscas, quanta sit fides mea."

Caesar, cum perfidiam[1] Indutiomari perspexerit, tamen bellum non parat; sed poscit, ut Indutiomarus cum centum obsidibus ad se veniat. *(nach Caesar, Bellum Gallicum V3, 4)*

[1] perfidia *heimtückisches Wesen*

1. Beschreibe das Verhalten des Römerfeindes Indutiomarus anhand von Schlüsselwörtern. Erkläre seine Strategie.
2. Wie kommt Cäsar zu der Sichtweise, dass Indutiomarus treulos und hinterlistig sei?
3. Beurteilt die Art, wie Cäsar die Ereignisse schildert und nehmt Stellung zu seiner Glaubwürdigkeit als Autor.
4. Erkläre am Beispiel der Ereignisse im Gebiet der Treverer den Herrschaftsgrundsatz der Römer: „Teile und herrsche!" (**Divide et impera!**)
5. Stellt alle Subjunktionen aus **T** in einer Tabelle zusammen und bestimmt deren jeweilige Sinnrichtung. Sammelt alle Konnektoren und Adverbien, die der Verbindung von Hauptsätzen dienen. Welchen Beitrag leisten diese Wörter zum Textverständnis?

Ü

a Bilde zu den folgenden Indikativformen die entsprechende Form im Konjunktiv Präsens, Imperfekt, Perfekt und Plusquamperfekt:
deficio – aedificat – movent – geris – adducimus – veretur – conscribunt – traditis – disco – potest – afferunt – sequimur

b Der Konjunktiv ist abhängig!
Verwandle die direkten Aufforderungen in indirekte. Bilde dazu Gliedsätze mit **ut** nach dem angegebenen Beispiel.
Pater filium orat: Accede! — Pater filium orat, ut accedat.

1. Dumnacus Drappem orat: „Narra de sene Flavo!"
2. Croesus Crassum orat: „Fac bonum pretium bono amico!"
3. Creusa Aeneam orat: „Relinque patriam!"

WORTSCHATZ

Welche Bedeutung haben die Verben jeweils?
1. Milites in provinciam contenderunt. Deinde cum hostibus contenderunt. Nonnulli contendunt hostes fortiter pugnavisse.
2. Temporibus antiquis Romani deos sacrificiis *(Opfer)* coluerunt. Ii, qui agros colunt, agri-colae (!) vocantur.

c In welchem logischen Verhältnis steht der **cum**-Satz zum Hauptsatz? Stelle jeweils den passenden **cum**-Satz zu seinem Hauptsatz und übersetze das lateinische Satzgefüge mit treffender Wiedergabe des **cum**:

1. Die Menschen verehren die Götter aus Furcht vor ihrem Zorn: Homines deos colunt, ...	a) ... cum periculum magnum esset.
2. Bei seiner Ankunft in Ephesos fand Crassus seinen Freund in einer Taverne: Crassus amicum in taberna invenit, ...	b) ... cum soror desperaret.
3. Äneas suchte trotz großer Gefahren seine Gattin: Aeneas uxorem quaesivit, ...	c) ... cum iram eorum timeant.
4. Antigone verlor im Gegensatz zu Ismene die Hoffnung nicht: Antigona spem non amisit, ...	d) ... cum in urbem veniret.

Detektive unterwegs – wer knackt den Konjunktiv-Code?

	Tempus (T)	Person (P)	Genus verbi (GV)
1 conficere	1 Präsens	1 ich	1 Aktiv
2 accusare	2 Imperfekt	2 du	2 Passiv
3 tradere	3 Futur	3 er (sie, es)	
4 conscribere	4 Perfekt	4 wir	
5 ferre	5 Plusquamperfekt	5 ihr	
6 adducere		6 sie	

Je vier Detektive, die alle mit Papier und Stift ausgerüstet sind, bilden eine Einsatzgruppe.
Jeder Detektiv nennt einen vierstelligen Zahlencode (z. B. 1562), den alle Gruppenmitglieder notieren. Alle versuchen nun, die vier Zahlenkombinationen zu knacken, indem sie die lateinischen Konjunktivformen neben den jeweiligen Code schreiben (z. B. **confecti (ae, a) essent**). Anschließend werden die Lösungen überprüft und ggf. die Art des Fehlers (z. B. T) notiert. Wer ist der beste Detektiv?

Wie jede andere Sprache unterlag auch das Lateinische einem ständigen Wandel. Besonders einschneidend setzte sich dieser Sprachwandel nach der Auflösung des römischen Imperiums durch; ab 400 n. Chr. kam es in den Gebieten des weströmischen Reiches zu so gravierenden Änderungen, dass die gesprochenen Sprachen etwa ab 800 nicht mehr als Latein, sondern als Altfranzösisch, Altitalienisch oder Altspanisch bezeichnet werden. Dennoch blieb das Lateinische als Sprache der Kirche, der Verwaltung und der Politik erhalten.

Nachdem unter Karl dem Großen am Ende des 8. Jahrhunderts ein großer Vielvölkerstaat im westlichen und mittleren Europa entstanden war, sorgte der Kaiser dafür, dass überall in seinem Reich Latein zur Amtssprache erhoben wurde, und zwar in einer einheitlichen Verwaltungs- und Buchschrift, der sog. Karolingischen Minuskel.

Das Latein der Zeit zwischen etwa 600 und 1450 nennt man Mittellatein; in dieser Sprache wurden nicht nur Sachtexte aus dem Bereich der Religion oder Verwaltung, sondern auch literarische Texte abgefasst. Besonders berühmt sind die **Carmina Burana**, eine Sammlung von 250 mittellateinischen und mittelhochdeutschen Liedern sowie geistlichen Dramen aus dem 11. und 12. Jahrhundert, die erst 1803 im Kloster Benediktbeuern in Oberbayern entdeckt wurden. Anders als antike Gedichte sind diese mittelalterlichen Lieder gereimt und zeichnen sich oft durch eine hohe sprachliche Virtuosität aus. Die **Carmina Burana** gewähren dem Leser einen lebhaften Einblick in das Leben und die Gefühlswelt der mittelalterlichen Menschen, die vom Bewusstsein um die Unberechenbarkeit des Schicksals sowie der Furcht vor dem Zorn Gottes geprägt waren: Kriege, ein mühevolles und quälendes Alltagsleben, Krankheiten, Weltuntergangsvorstellungen, Angst vor religiösen Verfehlungen und ewiger Verdammnis im Fegefeuer oder in der Hölle, aber auch Kritik an den sittlich-moralischen Verfehlungen der Geistlichkeit. Daher wird in vielen dieser Gedichte zum intensiven Genuss der Liebe, des Frühlings oder des Weins aufgefordert. Der folgende Ausschnitt aus carmen 17 zeigt dies:

O Fortuna,	*O Schicksal,*
velut luna	*wie der Mond*
statu variabilis	*im Zustand wechselhaft*
semper crescis	*wirst du immer stark*
aut decrescis,	*oder du wirst schwach.*
Vita detestabilis	*Das verwünschte Leben*
nunc obdurat	*ist einmal hart*
et tunc curat	*und dann wieder nimmt es sich*
ludo mentis aciem;	*im Spiel unseres Scharfsinns an;*
egestatem,	*Schwäche,*
potestatem	*Macht*
dissolvit ut glaciem.	*löst es auf wie Eis.*

● *Einzelne Lieder der Carmina Burana enthalten Hinweise auf Melodien. Informiert euch über moderne Vertonungen und stellt sie in der Klasse vor.*

Ein anderer wichtiger Bereich von mittellateinischen Texten sind die theologisch-philosophischen Darstellungen der sog. Scholastik (mittellat.: **scholasticus** *Schulmeister*). Diese bis in die frühe Neuzeit an den Universitäten vorherrschende wissenschaftliche Methode war eine Weiterentwicklung der antiken Dialektik: Eine zu Anfang formulierte Fragestellung wurde diskutiert, indem man Argumente für und gegen diese These erörterte (dialogisches Prinzip).

Ab 1270 trat die gemeinsame kulturelle Basis des Abendlandes zusehends in den Hintergrund. Aus dem mittelalterlichen Latein enstand das sogenannte Küchenlatein (**Latinum culinarium**), also ein Latein, wie es ein Koch zu sprechen pflegte, wenn er seine sehr geringen Lateinkenntnisse etwa bei Mönchen im Kloster anwenden wollte.
Eine Gegenströmung zu dieser Entwicklung entsteht seit dem Ende des 14. Jh. in Italien: Das streng klassische Latein der Antike, vor allem das von Cicero geschriebene Latein wird durch die Schriften Petrarcas und Boccacios wiederbelebt (Renaissance): Latein wird zur Sprache der Gebildeten, damit aber auch zur Sprache der Wissenschaften.

34 Die Seherin Veleda

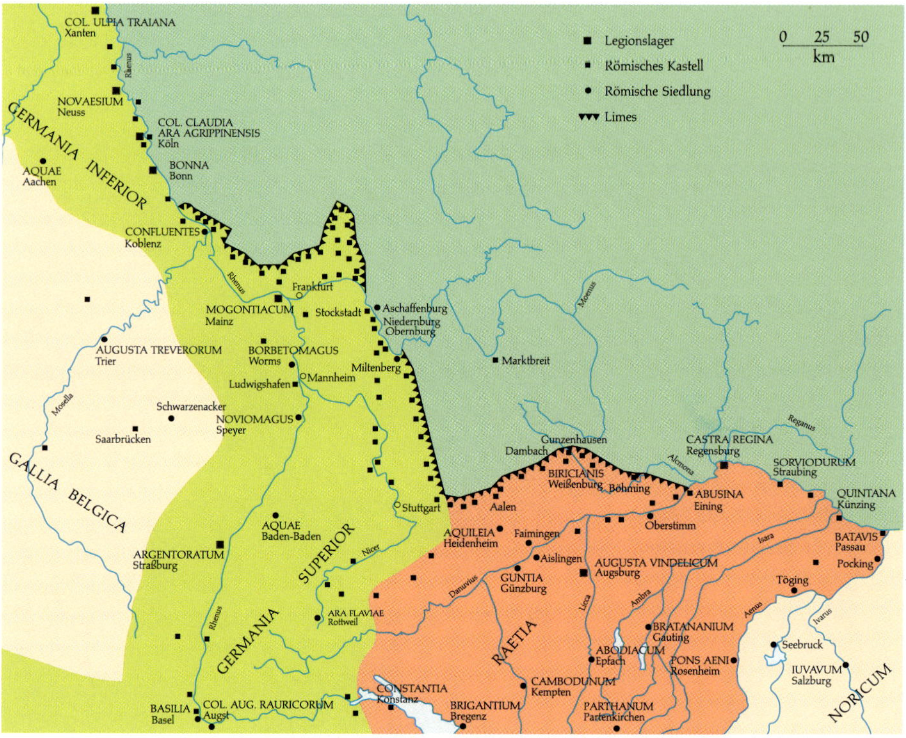

Karte der römischen Militärlager an Rhein und Donau

Im Jahr 69 n. Chr. erhoben sich die Bataver unter der Führung des Iulius Civilis. Ihnen hatte die zum Stamm der Brukterer gehörende Seherin Veleda den Sieg vorausgesagt. Die Richtigkeit ihrer Prophezeiung verhalf ihr zu so großem Ansehen, dass der römische Feldherr Petilius Cerealis sie um Unterstützung bei seinen Verhandlungen mit Civilis bat. Vermutlich wurde sie nach der Unterdrückung des Bataveraufstandes (77 n. Chr.) gefangen genommen und starb in Rom.

Nach dem Einfall der Kimbern und Teutonen in das römische Reich gegen Ende des 2. Jh. v. Chr. kam es durch die Eroberungszüge Cäsars (58–51 v. Chr.) zur Konfrontation mit den germanischen und keltischen Stämmen. Die Expansionsbestrebungen des Augustus fanden ihr Ende nach der Varusschlacht (9 n. Chr.). Auch wenn die Römer die Rheingrenze durch den Bau zahlreicher Kastelle sicherten, die sich im Laufe der Jahre zu Städten entwickelten, gab es immer wieder Auseinandersetzungen mit den Stämmen.

Das allen unterworfenen Völkern auferlegte römische Steuersystem widersprach deren Verständnis von Selbstbestimmung und Freiheit.

❶ Suche in einem Geschichtsatlas die Siedlungsgebiete der Bataver und der Brukterer.

❷ Welche größeren Städte am Rhein sind römischen Ursprungs? Suche ihre lateinischen Namen auf der Karte oben.

❸ Was bezeichnet der Name Batavia heute?

G

Lucius uxorem non habet.
Lucius uxorem petiturus in Germaniam venit.
Amici Romani dicunt eum multas feminas pulchras ibi visurum esse.
Lucius una cum Thusnelda, filia pulchra mercatoris, vitam bonam acturus est.
Lucius dicit: „In Germania vivamus! Milites Romani pacem confirment! Utinam semper contenta sis! Utinam dei preces nostras audiverint! Utinam prius venissem! Ne me reliqueris!“
Amici optant: Utinam Lucius et Thusnelda in Germania contenti vivant!

T

Die Seherin Veleda

Bei vielen antiken Völkern galt das Wort einer Seherin oder eines Sehers als Offenbarung der Götter. Im Folgenden stellt sich eine sehr einflussreiche Germanin vor:

Veleda appellor mihique facultas[1] res futuras videndi data est. Equidem, cum de rebus futuris interrogor, spero me res secundas visuram esse; res adversas providere haud mihi placet. Haec facultas natura mihi data vix patienda est. Exemplum videamus: Miles in pugnam iturus de proelii exitu requirit. Qui si audit: „E vita excessurus es!“, aut tristis aut ira incensus abit. Sin autem[2] dico: „Video te incolumem rediturum esse!“, ille se postea praemium mihi daturum promittit et postero die animo forti hostibus se obiciet.

Utinam vos omnes memoria teneatis Germanos, cum nuper contra Romanos pugnarent, me consulturos adisse! Providi Germanos rem bene gesturos esse et praedicavi eos – quod illo tempore incredibile erat – legiones Romanas victuros esse. Profecto id, quod dixeram, evenit. Ex illo tempore auctoritas mea multo aucta est. Sed ut supra commemoravi – vita mea dura est: Sola in turri quadam vivo. Utinam cum amicis propinquisque vivere mihi liceret! Utinam coniunx liberique mihi essent! Ut cultus augeatur, iis, qui auxilium petunt, neque cellam meam neque me ipsam adire licet. Aliquem e propinquis meis ad me mittunt, ut ille responsa[3] et consilia deorum a me accipiat.

Sed bono animo sum: Nunc Germani me magni aestimant. Utinam mox Romani me colant meaque verba sequantur, ne bellum novum gerant! Spero fore, ut mox in pace vivamus. Romani, ne obliti sitis Batavos semper fortiter pugnare! Immo sciant etiam Batavos gentem nobilem esse! Utinam vere praedicaverim!

[1] facultās *Fähigkeit, Fertigkeit*

[2] sīn autem *wenn aber*

So präsentierte Michelangelo im 16. Jh. eine Seherin (Rom, Sixtinische Kapelle).

[3] respōnsum: *hier Subst.*

❶ Fertige vor der Übersetzung eine zweispaltige Tabelle an:
1. Spalte: In welche Abschnitte kann der Text unterteilt werden?
2. Spalte: Worüber spricht Veleda in den einzelnen Abschnitten (Schlüsselwörter!)?
Vervollständige während und nach der Übersetzung schrittweise die Tabelle.

❷ Vergleiche die Situation der Veleda mit den Informationen, die du in Lektion 19 über Pythia und in Lektion 32 über die Druiden erhalten hast.

❸ Informiere dich in einem Lexikon über das Leben und die Funktion der Sibyllen.

❹ Sucht in geeigneten Nachschlagewerken nach weiteren berühmten Frauen der Antike und stellt sie in eurer Klasse vor.

... durchaus einer Lektüre wert.

Ü

a Suche aus **T** die Formen des Partizip Futur heraus, die nicht Bestandteil eines AcI sind. Ordne sie nach den unterschiedlichen Verwendungsweisen.

b Quid volo? Quid spero?

Veleda erhält in ihrem Stamm offiziell die Position der Seherin und zieht in ihren Turm. Hier macht sie sich Gedanken über ihre eigene Zukunft. Sie fragt sich: „Was will ich eigentlich? Was erhoffe ich mir?" Die Antworten, die sie sich selbst gibt, stehen unten. Forme diese entsprechend dem Beispielsatz in einen AcI um, den du von spero abhängig machst.

„res futuras semper videre." → Spero me res futuras semper visuram esse.

1. „matrem et patrem frequenter videre"
2. „saepe praemia accipere"
3. „deos immortales semper delectare"

c Zeichne eine Tabelle nach dem abgebildeten Muster und trage die unten abgedruckten Formen an den entsprechenden Stellen ein. Die Wörter, die nicht in die Tabelle passen, ergeben einen lateinischen Spruch.

Vorzeitigkeit		Gleichzeitigkeit		Nachzeitigkeit	
Partizip	Infinitiv	Partizip	Infinitiv	Partizip	Infinitiv
?	?	?	?	?	?
?	?	?	?	?	?

redire – mutans – motum – accepturos – veni – fugisse – tacturum esse – traxisse – vidi – interfecta – educturam – aversuros esse – terreri – vici – narrantes

d Schreibe aus den folgenden Wörtern alle Verbformen heraus, die im Konjunktiv stehen, und übersetze sie. Ob du alle Formen gefunden hast, erkennst du daran, dass die Anfangsbuchstaben der herausgeschriebenen lateinischen Wörter (Achtung: v = u!) eine Aufforderung zum Weitermachen ergeben. Behalte die Reihenfolge der Wörter bei.

neget – accidet – vitam – educam – celerem – dubitetis – expelletis – excedatis – servem – servamus – praebeamus – effugiat – relinquam – postquam – errent – terrent – mandat – maneat – venia – venias – dignitas – surgant

Lösung: Utinam ?

e Ordne die folgenden Äußerungen in einen möglichen Situationszusammenhang ein:

Audiatur et altera pars! – Quod di bene vertant! – Gaudeamus igitur, iuvenes dum sumus. – Levis *(leicht)* sit tibi terra!

Moriturі te salutant! LATEIN LEBT

Erkläre, was dieser Ausspruch bedeutet. – In welchen Situationen wird der Satz wohl heute verwendet?

LATEIN LEBT

Die Germanen übernahmen, wie andere Völker, nicht nur viele Arbeitstechniken von den Römern, sondern häufig auch die entsprechenden Bezeichnungen. Die folgenden lateinischen Wörter aus dem Bauwesen finden sich leicht abgewandelt im Deutschen:

postis, murus, fenestra, porta, caminus, cellarium, tegula, caementum, calx, via strata

Der Konjunktiv im Lateinischen

Es gibt in Sprachen mehrere Möglichkeiten, Aussagen des Verbs mit Blick auf ihren Wirklichkeitsgehalt zu unterscheiden. Diese Möglichkeiten werden als **Modi** bezeichnet.
Am häufigsten kommt der **Indikativ** vor. Er wird verwendet, um auszudrücken, dass ein Geschehen oder ein Zustand real vorhanden war, ist oder sein wird.
Der **Imperativ** wird dann verwendet, wenn man jemanden direkt auffordern will, eine Handlung auszuführen.
Der dritte Modus ist der **Konjunktiv**. Er findet dort Verwendung, wo ausgedrückt werden soll, dass eine Handlung oder ein Zustand gedacht oder vorgestellt ist. Sowohl das Lateinische als auch das Deutsche verwenden den Konjunktiv so, doch gibt es in beiden Sprachen Unterschiede:
Zunächst einmal wird der Konjunktiv im Deutschen seltener verwendet. So haben viele lateinische **Nebensätze** den Konjunktiv, wo im Deutschen der Indikativ gebraucht wird (z. B. Finalsätze, Konsekutivsätze, indirekte Fragesätze). Daher führt es nur selten zu Problemen, wenn du den Konjunktiv im lateinischen Nebensatz nicht erkannt hast.
Das ist beim Konjunktiv in lateinischen **Hauptsätzen** anders. Erkennst und berücksichtigst du den Konjunktiv in der Übersetzung hier nicht, sind beträchtliche Sinnfehler die Folge. Du musst den Konjunktiv im Hauptsatz aber nicht nur erkennen, sondern auch wissen, wie seine jeweilige Bedeutung im Deutschen richtig zum Ausdruck gebracht wird.
Die Bedeutungen des Konjunktivs im lateinischen Hauptsatz sind: Aufforderung, Zweifel (Überlegung), Wunsch, Möglichkeit oder Nichtwirklichkeit. Die folgende Zusammenstellung zeigt dir die jeweils richtige Wiedergabe:

Variante	Lateinisch	Benennung	Deutsche Wiedergabe
Aufforderung	Konjunktiv Präsens der 1. Person Plural	Hortativ	**Umschreibung mit „wollen" oder „lasst uns":** Eamus! *Wir wollen gehen! Lasst uns gehen!*
Zweifel	Konjunktiv Präsens der 1. Person	Deliberativ	**Umschreibung mit „sollen":** Quid agamus? *Was sollen wir tun?*
Wunsch	Konjunktiv Präsens, Imperfekt, Perfekt oder Plusquamperfekt	Optativ	**Verwendung des deutschen Konjunktivs oder Umschreibung mit „würde" (Imperfekt) oder „hoffentlich" (Präsens, Perfekt):** Utinam venirent! *Wenn sie doch kämen! Wenn sie doch kommen würden!* Utinam venissent! *Wenn sie doch gekommen wären!* Utinam veniat! *Hoffentlich kommt er!*
Möglichkeit	Konjunktiv Präsens oder Perfekt	Potentialis	**Umschreibung mit „könnte(n)", „dürfte(n)" oder „wird wohl":** Dicat aliquis ... *Irgendjemand wird wohl sagen ...*
Nichtwirklichkeit	Konjunktiv Imperfekt oder Plusquamperfekt	Irrealis	**Verwendung des deutschen Konjunktivs oder Umschreibung mit „würde":** Si taceres, doleret. *Wenn du schweigen würdest, wäre er traurig.* Si tacuisses, doluisset. *Wenn du geschwiegen hättest, wäre er traurig gewesen.*

● *Überprüfe, auf welche lateinischen Verben die Fachausdrücke für den lateinischen Konjunktiv (z. B. Hortativ, Potentialis) zurückzuführen sind; verwende dazu das lateinisch-deutsche Wörterverzeichnis und ggf. ein Wörterbuch. Sammle weitere grammatische Fachausdrücke, die von lateinischen Verben abgeleitet sind (z. B. Objekt), und überlege, wie die jeweilige Spezialbedeutung erklärt werden kann.*

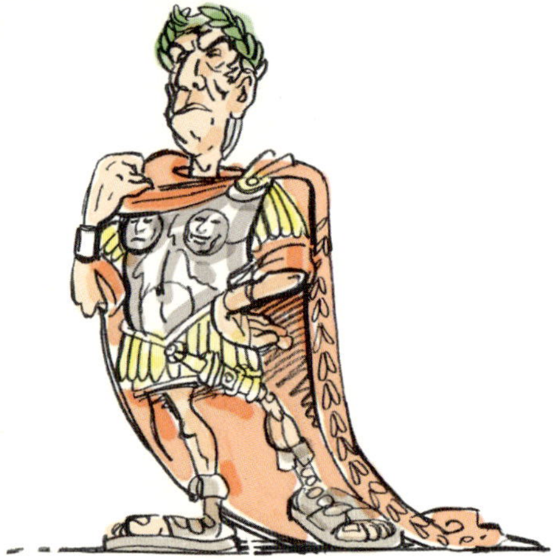

Gallien und Germanien

Setze die Namen und Personen in die Lücken ein und übersetze dann die Sätze. Die Person, die in Satz 5 erfragt wird, musst du selbst herausfinden.

druides, Indutiomaro, Veledam, Caesar

1. ? in Galliam profectus est bellum gessurus.
2. Caesar si ? credidisset, ab eo victus esset.
3. ? disciplinam suam litteris non mandaverunt, ne vulgus eam sciret.
4. Germani ad res futuras cognoscendas ? adierunt.
5. Scisne, quis Augustam Treverorum urbem condiderit?

Projekt: Es gibt zahlreiche Jugendbücher, deren Handlung in der Antike spielt. So wird z. B. das Leben berühmter historischer Personen erzählt, Sagen und Mythen werden in Romanform aufgearbeitet oder Kriminal- und Detektivgeschichten in Rom und den Provinzen des Imperiums angesiedelt. Suche dir ein Buch mit einem solchen Thema aus und stelle es in deiner Klasse vor.

Spurensuche Römerzeit

In den vorausgegangenen Lektionen hast du die römische Colonia Augusta Treverorum kennengelernt. Hier findest du Abbildungen von Gebäuden in Trier. Kannst du sie den antiken Gebäuden zuordnen? Welchem „Zweck" dienen diese Gebäude heute?

Die Antike als Vorbild

Um die Mitte des 14. Jh. beginnt man sich aus der engen und bedrückenden Welt mittelalterlichen Denkens, das wesentlich von der Theologie geprägt war, zu lösen. Mit der Rückbesinnung auf antike Texte wird das darin vermittelte Denken zum Vorbild einer neuen geistigen Einstellung, des sog. Renaissance-Humanismus: Maßgeblich war der von Cicero überlieferte Gedanke der humanitas, sodass die Beschäftigung mit den antiken Texten immer stärker als ein Bemühen um Bildung und somit um die menschliche Natur und Würde verstanden wurde.

Auch andere „moderne" Werte, wie z.B. Toleranz und Friedenswille haben hier ihre Wurzeln. Der Mensch als Individuum und Mitglied der Gesellschaft rückt nun verstärkt in den Mittelpunkt der Betrachtung: War die Existenz des (zumeist ungebildeten) mittelalterlichen Menschen bislang von einer beständigen, oftmals irrationalen Furcht vor dem Zorn Gottes sowie der Hoffnung auf Erlösung im Jenseits geprägt, so werden nun sein Leben im Hier und Jetzt sowie ein vernünftiges und logisches Denken betont.

Der Humanismus trat damit zwar dem Machtstreben einer Kirche entgegen, die ihre geistlichen und auch weltlichen Ansprüche nicht selten vehement durchgesetzt hatte (Inquisition), doch versuchte er darüber hinaus, eine am Menschen orientierte Verbindung zwischen Antike und Christentum zu finden, und zwar auch über die Grenzen der seit dem 13. Jh. erstarkenden Nationalstaaten hinaus. Ermöglicht wurde dieser fruchtbare, bis in das Europa unserer Zeit weisende Gedankenaustausch von Gelehrten durch die lateinische Sprache, die als die Sprache der Wissenschaften an den Universitäten bewahrt worden war. Ausgehend von der Wissenschaft griff der Humanismus schließlich auch auf weitere kulturelle Gebiete über.

Die wichtigsten Philosophen der Antike, Platon und Aristoteles, auf einem Ausschnitt aus der „Schule von Athen" des Raffael. Fresko 1508–1511 (Rom, Vatikanische Museen, Stanza della Segnatura).

Als führender Geist und größter Humanist dieser Epoche gilt Desiderius Erasmus von Rotterdam (1469-1539), dessen Lebensweise und literarisches Schaffen das Übergreifende und Umfassende humanistischen Denkens widerspiegelt und somit – nach heutigem Verständnis – durchaus europäisch genannt werden darf.

Bildnis des Erasmus von Rotterdam.

1. *Informiert euch über das Leben und Wirken des Erasmus von Rotterdam. Stellt eure Arbeitsergebnisse in einem kurzen Vortrag vor.*
2. *Projekt: Die Werke zahlreicher berühmter Künstler (z.B. Raffael, Dürer, Leonardo da Vinci, Michelangelo, Leon Battista Alberti) zeugen von einer intensiven Auseinandersetzung mit den antiken Vorbildern. Stellt in Gruppenarbeit Informationen über das Leben dieser Künstler zusammen. Erarbeitet anhand von Beispielen, auf welche antiken Vorbilder die Künstler Bezug genommen haben.*

35 Krieg oder Frieden

Erasmus-Denkmal vor der Rotterdamer Universität, die nach dem berühmten Sohn der Stadt benannt ist.

QVERELA PACIS VNDIQVE GENTIVM EIECTAE PROFLIGATAEQVE.
AVTORE DES. ERASMO ROTERODAMO.

SI ME LICET immerentē ſuo tamē cōmodo ſic auerſarentur, eijcerent profligarentq́ mortales, meam modo iniuriā & illorū iniquitatem deplorarem. nunc cū me profligatam protinus fontem omnis hūanæ felicitatis ipſi a ſemet arceant, omniūq́ calamitatū pelagus ſibi accerſant, magis illorum mihi deflenda eſt infelicitas, q̄ mea iniuria, & quibus iraſci tantum maluiſſem, horum dolere uicem, hos commiſerari compellor. Nam utcūq́ amantem ab ſe propellere, inhumanum eſt, bene merētem auerſari ingratum, parentē ac ſeruatricem omnium affligere, impium. Cæterum tot egregias cōmoditates, quas mecū

a 3 adfero

Der Humanist Desiderius Erasmus von Rotterdam wird 1517 aufgefordert, für einen geplanten Kongress zur Beilegung des Kriegs zwischen Frankreich und dem Deutschen Reich eine Rede für den Frieden zu entwerfen. Ausgehend von dieser Aufgabe entsteht eine Schrift, die den unvergleichlichen Wert des Friedens in der gesamten menschlichen Gesellschaft zum Thema hat. Erasmus lässt in dieser Schrift, der „Klage des Friedens" (**querela pacis**), den Frieden in eigener Person sprechen und sich bitter darüber beklagen, dass er von allen Völkern missachtet und aus ihren Ländern vertrieben werde.

Die Schrift wird in ganz Europa intensiv gelesen und ist ein enormer publizistischer Erfolg für Erasmus. Als man jedoch beginnt, die **querela pacis** auch dem einfachen Volk zugänglich zu machen, indem man sie aus dem Lateinischen in die jeweiligen Volkssprachen übersetzen lässt, ruft dies die politisch Verantwortlichen auf den Plan: Die Veröffentlichung der Übersetzungen wird verboten, Zuwiderhandlungen werden streng bestraft. Bereits gedruckte Exemplare werden öffentlich verbrannt.

G Beschreibe den Unterschied zwischen A1 und A2.
Was fällt im Vergleich dazu bei B1 und B2 auf?

Magistra *(Lehrerin)* liberos laudavit. Liberi laudati sunt. (A1)
Magistra liberos laudat. Liberi laudantur. (A2)
Liberi clamaverunt. Clamor factus est (B1)
Liberi clamant. Clamor fit. (B2)

Veledas Rat in verschiedenen Varianten:
Ne Romani obliti sint virtutis Batavorum!
Romani virtutem Batavorum memoria tenere debent!
Virtus Batavorum memoria tenenda est!
Virtus Batavorum Romanis memoria tenenda est!

● Informiere dich über die politische Situation, in der Erasmus die **querela pacis** verfasst hat. Stelle Vermutungen an, aus welchen Gründen die politisch Verantwortlichen die Verbreitung der Schrift verhindern wollten.

T Krieg oder Frieden

Pax ipsa de operibus hominum sceleratis queritur:

Primum tibi prospiciendum est, quaenam res sit pax, quodnam bellum, quaenam bona tribuenda sint illi, quaenam mala huic. Proinde tibi consulendum est, num pax bello permutanda[1] sit.

Si quid laudandum est, tum hoc imprimis nominari potest: regnum placidum atque beatum, rebus optimis ornatum: optimis – id est iustissimis – legibus, honestissimis disciplinis, sanctissimis moribus.

Hortor te, ut tecum cogites, quid fiat, si bellum facias: Namque si tua voluntate bellum factum est, vitam beatam bonaque universa perdes. Contra hi fructus belli tibi conspiciendi sunt: urbes oppressae, ecclesiae[2] flammis deditae, agri vasti. Nonne haec omnia tibi querenda videntur?

Si palam cernere vis, quaenam res impia sit bellum, ii respiciendi sunt, per quos fit. Si pio principi nihil umquam carius esse debet quam salus suorum, oportet, ut hic bellum oderit. Si principis felicis est imperare hominibus felicibus, ei potissimum paci consulendum est.

Finge belli causam iustissimam, finge exitum felicissimum; idque fac ea ratione, ut tibi proponas bellum haud aliter geri posse ac maximis cum incommodis hominum. Tum proponas commoda, quae peperit victoria: Et vide, num tanti fuerit vincere. Vix umquam victoria contingit nullo sanguine effuso[3].

[1] permūtāre *vertauschen*

[2] ecclēsia *Kirche*

[3] effundere (*PPP* effusum) *vergießen*

Hans Holbein d. J. (1497–1543): Erasmus von Rotterdam (Paris, Louvre).

❶ Stelle aus **T** die Aussagen über Krieg und Frieden in Tabellenform zusammen und vergleiche sie miteinander. Gibt es weitere Aussagen, die wir aus unseren heutigen Erkenntnissen und Erfahrungen ergänzen würden? Begründe deine Meinung.

❷ Zeichne den Argumentationsgang von **T** nach und bewerte ihn anschließend. Welche Besonderheiten in der rhetorisch-stilistischen Gestaltung fallen dir auf? Untersuche die Verwendung von Stilmitteln.

❸ Bereits in der Antike gab es die Theorie eines „gerechten Krieges" *(bellum iustum)*, die durch die Jahrhunderte die Menschen bis in unsere Zeit hinein beschäftigt hat. Informiert euch über wichtige Kriege oder kriegerische Auseinandersetzungen in den letzten Jahrhunderten, die als **bella iusta** verstanden wurden.
Mit welchen Argumenten wurden diese „gerechten Kriege" begründet? Bewertet die Argumentation und bezieht dabei die Ergebnisse der Kriege mit ein.

Ü

In den folgenden Sätzen ist zu erkennen, wie im Lateinischen der Inhalt ‚Aelius kam nach Rom, um die Stadt zu besichtigen' wiedergegeben werden kann:

ÜBERSETZUNG

Aelius Romam venit,
ut urbem viseret.
ad urbem visendam.
urbis visendae causa.
visurus urbem.

Versuche die Unterschiede in der Bedeutung zu beschreiben.

a Stelle alle **nd**-Formen (Gerundium, attributives Gerundiv, prädikatives Gerundiv) aus 32 und 35 T in einer dreispaltigen Liste zusammen.

b Der Azubi – ein Auszubildender!
Suche weitere Beispiele für das Gerundiv im Deutschen.

c Beschreibe den inhaltlichen Unterschied der folgenden beiden Sätze:
Bellis gerendis Romani magnum imperium sibi pepererunt.
Bellis gestis Romani magnum imperium sibi pepererunt.

d Verwandle die aktiven Formen ins Passiv und umgekehrt.

Aktiv:	faciunt	faciemus	?	fecisti	?
Passiv:	?	?	fiat	?	facti sumus

Aktiv:	fecerint	?	faciebatis	fecissent	feceras
Passiv:	?	fiebant	?	?	?

e Beachte die Wiedergabe der **nd**-Formen:
1. Audiendum, deinde audendum est. 2. Nemo ante mortem beatus vocandus est. 3. Nonnullis parentibus reprehendendum est. 4. Haec facta vobis vitanda erunt. 5. Hoc negandum non est. 6. Iniuria ferenda non erat. 7. Corpus semper exercendum est. 8. Ea de re nihil dicendum est. 9. Omnibus leges servandae sunt. 10. Magistratibus salus civium neglegenda non est. 11. Curandum est, ut viam recte vivendi deligamus.

VOLENTI NON FIT INIURIA.

NOLI FACERE MALUM, UT INDE FIAT BONUM!

Formenquartett

Schreibt jede Stammform der folgenden Verben auf ein Kärtchen – und fertig ist das Formenquartett!
Die Karten werden gemischt und an die Spieler verteilt.
Dann wird reihum gezogen.
Wer die meisten Verben vollständig (d. h. mit allen Stammformen) abgelegt hat, ist Sieger.

prospicere – opprimere – comperire – afferre – diligere – reperire – convertere – promittere

Übrigens: Hier lassen sich auch andere Stammformen einbeziehen.

f Gerundium und Gerundiv werden von den Römern gerne in Sprichwörtern verwendet. Übersetze und suche aus deinem Erfahrungsbereich inhaltlich vergleichbare Sprichwörter.
Nunc est bibendum.
Nihil desperandum.
Docendo discimus.
Sic homo fit doctus: non vi, sed saepe legendo.

Die richtige Bedeutung finden

Lucius una cum Anna litteras philosophorum legit.

Diesen Satz übersetzte eine Schülerin folgendermaßen:

Lucius umsegelt mit der einen Anna die Buchstaben der Philosophen.

Obgleich alle Wörter richtig im Wörterbuch nachgeschlagen wurden, macht dieser Satz offensichtlich keinen Sinn. Es kommt also nicht nur darauf an, die Wörter, sondern die dem Kontext entsprechende Wortbedeutung zu finden.

Die meisten Vokabeln sind mit einer Vielzahl von Übersetzungsmöglichkeiten angegeben. In jedem Fall solltest du von der Grundbedeutung ausgehen und überprüfen, ob du damit den Sinn erfassen kannst. Für das **Auffinden der richtigen Wortbedeutung** sind dann noch die folgenden Aspekte hilfreich:

1. Wortverbindung
una cum – in der Kombination mit der Präposition **cum** hat **una** immer die Funktion eines Adverbs in der Bedeutung *zusammen, gemeinsam.*

2. Eine Überprüfung der Numerusform kann eine Bedeutungsverschiebung der im Singular angegebenen Vokabel erkennen lassen.
littera, ae *f der Buchstabe*
litterae, arum *f der Brief, die Literatur, die Wissenschaft*

3. Oftmals lässt der Kontext Rückschlüsse auf die zu wählende Übersetzungsmöglichkeit zu.
Die Vokabeln **litterae** und **philosophi** schließen die Übertragung von **legere** ins Deutsche als *pflücken, aufwickeln, aufwinden, einziehen, ausheben, vorbeisegeln, durchwandern* und *umsegeln* aus. Zur Auswahl bleiben: *sammeln, lesen* und – in Kombination mit einem Dativ – *laut vorlesen.* In diesem Beispiel ist also nur eine Übersetzung mit *sammeln* und *lesen* denkbar.

4. Die meisten Wörterbücher kennzeichnen nachklassische Bedeutungen und solche, die sich überwiegend in Gedichten finden. Bei der Übersetzung eines klassischen Prosatextes können diese Varianten ausgeschlossen werden.

5. Ausführliche Wörterbücher geben die Bedeutung an, in der bestimmte Autoren eine Vokabel benutzen. Ein Abkürzungsverzeichnis dieser Autoren findet sich auf den einleitenden Seiten des Nachschlagewerkes.

❶ *Überprüfe die unterschiedlichen Bedeutungen, die folgende Wörter im Singular und im Plural haben:*
aqua, fortuna, auxilium, impedimentum, rostrum

❷ *Schlage die folgenden Vokabeln nach und verdeutliche die unterschiedlichen Übersetzungsmöglichkeiten:*
praetermittere, magister, imperator, sacrare, maior

❸ *Lexika helfen dir, indem sie auch Wendungen, Minikontexte oder Wortverbindungen bieten. Finde die Bedeutung der folgenden Phrasen heraus:*
orationem contrahere, puerum praeceptis formare, classem formare, res humanae

v. Chr.	
um 900	Erste Hirtensiedlungen auf dem Palatin
753	sagenhaftes **Gründungsdatum der Stadt Rom**
um 750	Einwanderung der Griechen nach Unteritalien und Sizilien
um 550	Herrschaft etruskischer Könige in Rom; Errichtung des Circus Maximus und der ersten römischen Stadtmauer
510	Vertreibung des Tarquinius Superbus: Ende der etruskischen Königsherrschaft und **Beginn der römischen Republik**
507	Einweihung des Tempels des Iuppiter Capitolinus
494	Auszug der plebs aus Rom: Vermittlung durch Menenius Agrippa
450	**Zwölftafelgesetz:** erste schriftliche Fixierung des römischen Rechts
387	Einnahme Roms durch die Gallier unter Brennus
367	Zulassung der Plebejer zum Konsulat
seit 312	Bau der Via Appia
269	Erste römische Münzprägungen
um 264	Nach zahlreichen Kriegen gegen die umliegenden Völker ist die **römische Herrschaft in Mittel- und Süditalien gefestigt**.
264–241	**1. Punischer Krieg**
242	Einrichtung der ersten römischen Provinz (Sicilia)
227	Einrichtung der Provinz Sardinia et Corsica
218–201	**2. Punischer Krieg**
219/218	**Hannibal** zieht durch Spanien bis nach Italien: **Alpenübergang**
217	Niederlage der Römer am Trasimenischen See
216	Niederlage der Römer bei Kannä
216	Gesandtschaft des Q. Fabius Pictor zum Orakel von Delphi
204	Übergang der Römer unter Scipio nach Afrika
202	Sieg **Scipios** über Hannibal bei Zama
197	Spanien wird römische Provinz (Hispania).
184	Zensur des **M. Porcius Cato** und des L. Valerius Flaccus
168	Schlacht bei Pydna: Sieg des **L. Aemilius Paullus** über die Makedonen unter König Perseus
155	Philosophengesandtschaft in Rom
149–146	**3. Punischer Krieg**
148	Einrichtung der Provinz Macedonia
146	**Zerstörung Karthagos:** Africa wird römische Provinz. Griechenland wird zur römischen Provinz Achaia. **Herrschaft der Römer über den Mittelmeerraum**
133/121	Gescheiterte Reformbewegung der **Gracchen**
129	Einrichtung der Provinz Asia
102/101	Sieg des **Marius** über die Kimbern und Teutonen
91–89	Bundesgenossenkrieg: Forderung der italischen Bundesgenossen nach dem römischen Bürgerrecht
82–79	Diktatur **Sullas**
74–66	3. Mithridatischer Krieg: Asienfeldzug des Lucullus
73–71	Sklavenaufstand unter Spartakus
67	Pompejus beendet im Auftrag des Senats den Seeräuberkrieg.
63	**Konsulat Ciceros**
63–62	**Catilinarische Verschwörung**
60	1. Triumvirat: Pompejus, Crassus, Cäsar

59	**Konsulat Cäsars**
58–51	**Eroberung Galliens** durch Cäsar
52	Letzter Aufstand der Gallier gegen Cäsar unter Führung des Arverner-Fürsten **Vercingetorix**: Sieg Cäsars in der Schlacht bei Alesia
51	Einrichtung der Provinz Gallia
49–46	**Bürgerkrieg:** Cäsar gegen Pompejus/Senat
48	**Schlacht bei Pharsalos:** Sieg Cäsars über Pompejus, bald darauf Ermordung des Pompejus in Ägypten
48–47	Cäsar in Ägypten bei Kleopatra
47–44	Diktatur Cäsars
46	**Schlacht bei Thapsus:** Sieg Cäsars über die Truppen des Pompejus
45	Einführung des julianischen Kalenders
15.3.44	**Ermordung Cäsars**
43	2. Triumvirat: Antonius, Lepidus, Oktavian
43	Ermordung Ciceros durch Schergen des Antonius
42	**Schlacht bei Philippi:** Niederlage der Cäsarmörder
33/32	Ende des Triumvirats: Bruch zwischen Antonius und Oktavian
31	**Schlacht bei Aktium:** Sieg Oktavians über Marcus Antonius und Kleopatra; Ägypten wird römische Provinz.
30	Selbstmord des Antonius und der Kleopatra
27	Der Senat verleiht Oktavian den Ehrentitel Augustus: **Beginn des Prinzipats**
um 25	Livius beginnt mit der Herausgabe seines Geschichtswerks „Ab urbe condita"
19	Veröffentlichung der „Aeneis" Vergils
seit 15	Germanenkriege
9	Einweihung der Ara Pacis Augustae

n. Chr.

um 8 n. Chr.	Veröffentlichung der „Metamorphosen" Ovids
9	**Schlacht im Teutoburger Wald:** Sieg des Cheruskerfürsten Arminius über die Legionen des römischen Feldherrn Varus
14	Tod des Augustus
14–68	**Julisch-Claudisches Herrscherhaus**
um 30	Kreuzigung Jesu
14–37	**Kaiser Tiberius**
37–41	**Kaiser Caligula**
41–54	**Kaiser Claudius**
43	Britannien wird römische Provinz.
54–68	**Kaiser Nero**
um 55	Missionsreisen des Apostels Paulus (u.a. nach Ephesos)
64	**Brand Roms:** erste Christenverfolgungen
65	Seneca begeht auf Geheiß des Kaisers Nero Selbstmord.
66	Einrichtung der Provinz Iudaea
66–70	Aufstand der Juden gegen die römische Besatzung
68–69	Vierkaiserjahr (Galba, Otho, Vitellius, Vespasian)
69–96	**Flavisches Herrscherhaus**
69–79	**Kaiser Vespasian**
69/70	Bataveraufstand in Germanien

70	**Eroberung Jersualems** durch Titus
79–81	**Kaiser Titus**
79	Vesuv-Ausbruch, Zerstörung von Pompeji und Herkulaneum
80	Bau des Kolosseums beendet
81	Errichtung des Titusbogens
81–96	**Kaiser Domitian**
um 90	Erneute Christenverfolgungen
84	Baubeginn des **Limes** in Germanien
um 85	Einrichtung der Provinzen Germania superior und inferior
96–192	**Adoptivkaiser**
96–98	**Kaiser Nerva**
98	Veröffentlichung der „Germania" des Tacitus
98–117	**Kaiser Trajan**
106–115	**Größte Ausdehnung des römischen Reiches** (Schaffung der Provinzen Arabia, Dacia, Armenia, Mesopotamia und Assyria)
117–138	**Kaiser Hadrian**
122	Errichtung des Hadrianswalls in Nordengland
138–161	**Kaiser Antoninus Pius**
161–180	**Kaiser Mark Aurel**
180–192	**Kaiser Commodus**
193–235	**Severisches Kaiserhaus**
235–305	**Soldatenkaiser**
um 250	Erste allgemeine Christenverfolgung unter den Kaisern Decius und Valerian
um 250	Beginn der **Völkerwanderung**: Die Goten überschreiten die Donau. Die Alemannen durchbrechen auf breiter Front den Limes und brechen in das Reichsgebiet ein. Einfall der Franken in Spanien
284–305	**Kaiser Diokletian**
293	Trier wird kaiserliche Residenz.
303–311	Christenverfolgung unter Diokletian
306–337	**Kaiser Konstantin der Große**
312–315	Errichtung des Konstantinsbogen
313	Toleranzedikt von Mailand: Religionsfreiheit für die Christen
330	**Konstantinopel wird Hauptstadt des römischen Reiches.**
um 375	Die Hunnen erobern im Norden große Teile des römischen Reiches.
379–395	**Kaiser Theodosius der Große**
391	Das **Christentum wird Staatsreligion** (Verbot heidnischer Kulte).
395	**Reichsteilung** nach dem Tod des Theodosius (Entstehung eines west- und eines oströmischen Reiches)
404	Ravenna wird Haupstadt des Westreiches.
410	Rom wird von den Westgoten (Alarich) eingenommen.
455	Plünderung Roms durch die Vandalen
476	Absetzung des letzten weströmischen Kaisers durch den Germanen Odoaker: **Ende des weströmischen Reiches**
527–565	**Kaiser Justinian** (Sein Versuch, die Reichseinheit wiederherzustellen, scheitert.)
534	Codex Iustinianus
seit 7. Jh.	Ausbreitung des Islam: Die Ostprovinzen fallen an die Araber.
800	Kaiserkrönung Karls des Großen

Acca 9 Acca (Frau des Hirten Faustulus, zog mit ihm zusammen Romulus und Remus auf)

aedīlis, is *m* 29 Ädil (röm. Beamter; ursprünglich gab es zwei plebejische Ädilen, die die Aufgabe der Bewachung des Archivs im Cerestempel sowie die Polizeigewalt innerhalb der Stadt innehatten. Im Jahre 366 v. Chr. kamen zwei patrizische Ädilen hinzu, denen die Besorgung der großen Spiele und die Beaufsichtigung der Tempel oblag. Allen vier Beamten gemeinsam war die Aufsicht über die öffentlichen Gebäude, Thermen, Wasserleitungen, Straßen, Verkehr und das Bauwesen. Sie überwachten die Märkte und nahmen die Getreidezufuhr und -verteilung vor. Das Mindestalter betrug 37 Jahre.)

Aegyptus *f* 13 Ägypten (röm. Provinz seit 30 v. Chr.)

(L.) Aemilius Paullus 22 Lucius Aemilius Paullus (röm. Politiker und Feldherr; besiegte 168 v. Chr. den Makedonenkönig Perseus in der Schlacht bei Pydna)

Aenēās, ae *m* 18, 28 Äneas (trojanischer Held, Sohn der Venus und des Anchises, Stammvater der Römer; nach der Zerstörung Trojas musste er gemeinsam mit seinem Vater, seinem Sohn Askanius und seinen Gefährten lange Irrfahrten bestehen, bis er zu der von den Göttern geweissagten neuen Heimat Italien gelangte; vgl. „Vergilius")

Aeschylus 27 Aischylos (griech. Tragödiendichter aus Athen, 525-456 v. Chr.; Werke u.a.: *„Die Perser"*, *„Agamemnon"*, *„Sieben gegen Theben"*, *„Die Schutzflehenden"*. Die Grundaussagen seiner Stücke spiegeln die moralischen Vorstellungen seiner Zeit wider: Ungesühnte Schuld vererbt sich fort, oft über Generationen, und erzeugt neue Schuld. Großes menschliches Glück kann zur Überheblichkeit (griech. hybris) führen, die in der Vernichtung enden muss.)

Āfrica 12, 29 Afrika (Die Römer verstanden darunter in erster Linie das ihnen bekannte Nordafrika, röm. Provinz seit der Zerstörung Karthagos im Jahr 146 v. Chr.)

Alexandrīa 13 Alexandria (bedeutendste ägyptische Hafenstadt mit der vorgelagerten Insel Pharos, auf der einer der berühmtesten Leuchttürme der Antike stand. Er wurde im 3. Jh. v. Chr. erbaut und galt als eines der sieben Weltwunder.)

Alpēs, ium *f* 11 die Alpen

Anchīsēs, ae *m* 18, 28 Anchises (Vater des Äneas)

Antigona 27 Antigone (Tochter des Ödipus; sie widersetzte sich dem Verbot ihres Onkels Kreon, den Leichnam ihres Bruders Polyneikes zu bestatten, und musste dafür mit dem Leben bezahlen.)

(M.) Antōnius 18 Marcus Antonius (83–30 v. Chr.; einflussreicher röm. Politiker und Feldherr, Anhänger Cäsars und Widersacher Ciceros, den er 43 v. Chr. ermorden ließ. Im Kampf um die Vorherrschaft unterlag er Oktavian/Augustus 31 v. Chr. in der Schlacht bei Aktium und beging daraufhin Selbstmord.)

Apollō, inis *m* 19 Apollon (Gott des Lichts, der Musik und Künste sowie der Heilkunst und Weissagung, Sohn des Jupiter und der Latona, Zwillingsbruder der Diana/Artemis. In der griech. Stadt Delphi befand sich sein berühmtestes Heiligtum mit Orakelstätte.)

Argos *n* 27 Argos (Hauptstadt der griech. Landschaft Argolis im Osten der Peloponnes)

Aristophanēs, is *m* 27 Aristophanes (griech. Komödiendichter, ca. 452–388 v. Chr. Seine Komödien sind gespickt mit ironisch-kritischen Anspielungen auf das Alltagsleben und die Tagespolitik seiner Heimatstadt Athen. Werke u.a.: *„Die Wolken"*, *„Die Frösche"*, *„Die Vögel"*, *„Lysistrata"*)

Aristotelēs, is *m* 26 Aristoteles (griech. Philosoph, 384–322 v. Chr.; Schüler Platons und Lehrer Alexanders des Großen; gründete eine Philosophenschule in Athen, den „Peripatos"; Werke u.a.: *„Politik"*, *„Nikomachische Ethik"*, *„Metaphysik"*, *„Poetik"*)

Arminius 26 Arminius (Feldherr der Cherusker, eines germanischen Stammes, der die Römer unter der Führung des Varus im Teutoburger Wald 9 n. Chr. besiegte)

Artemis, idis *f* 30 Artemis (vgl. „Diana")

Ascanius 18, 28 Askanius bzw. Julus (Sohn des Äneas)

Asia 29 Kleinasien (seit 129 v. Chr. röm. Provinz)

Athēna 28 Athene (Schutzgöttin Athens; vgl. „Minerva")

Athēnae, ārum 15, 20, 27 Athen (bedeutende Stadt in Griechenland)

Augusta Trēverōrum 31, 33 Trier (um 16 v. Chr. von den Römern unter Kaiser Augustus in der Nähe eines Stammesheiligtums der keltischen Treverer gegründet. Gegen Ende des 3. Jh.s n. Chr. machte Kaiser Diokletian Trier zur röm. Kaiserresidenz und Hauptstadt des weström. Teilreiches. Aus dieser Zeit stammen viele historische Bauwerke, wie die mächtige Porta Nigra, die Römerbrücke, das Amphitheater, die Basilika und die Kaiserthermen.)

(Imperātor Caesar dīvī fīlius) Augustus 18, 26, 34 Augustus (63 v. Chr. – 14 n. Chr., erster röm. Kaiser, ursprüngl. Name Gaius Octavius, Großneffe und Adoptivsohn Julius Cäsars; nach Cäsars Tod kämpfte er mit Marcus Antonius um die Alleinherrschaft; 31 v. Chr. Sieg in der Schlacht bei Aktium; 27 v. Chr. verlieh ihm der Senat den Ehrentitel Augustus („der Erhabene"), dieses Datum gilt als Beginn des römischen Kaisertums bzw. als Ende der römischen Republik. Augustus ordnete und befriedete das Reich innen- und außenpolitisch, förderte Kunst und Wissenschaften. Die Gesamtheit seiner Leistungen legte er selbst in einem Rechenschaftsbericht nieder. Dieses Werk, die „res gestae", wurde in Form einer großen Inschrift auf Bronzetafeln vor seinem Mausoleum aufgestellt; Kopien der Inschrift wurden in den Provinzen aufgestellt. Erhalten ist die Fassung aus der kleinasiatischen Stadt Ancyra (h. Ankara), weshalb das Werk auch als Monumentum Ancyranum bezeichnet wird.)

Bacchus 18 Bacchus (röm. Gott des Weines; griech. Name: Dionysos; ihm zu Ehren wurden in Athen jährlich Theateraufführungen veranstaltet)

basilica Iūlia 2 Basilika Julia (Halle, die ab 54 v. Chr. von der Familie der Julier auf dem Forum Romanum errichtet wurde, sie beherbergte eine Gerichtshalle und Ladengeschäfte.)

Batāvī, ōrum 34 die Bataver (germanischer Volksstamm, der sich um 70 n. Chr. gegen die Römer erhob)

Brundīsium 15, 16 Brindisi (Stadt im Süden Italiens, am „Stiefelabsatz", röm. Flottenstützpunkt und Endpunkt der Via Appia; von Brundisium liefen vor allem die Schiffe mit dem Reiseziel Griechenland aus.)

(L. Iūnius) Brūtus 10 Lucius Iunius Brutus (Freund des Collatinus und seiner Frau Lukretia; um 500 v. Chr. Anführer der Verschwörer gegen den letzten röm. König Tarquinius Superbus; danach erster röm. Konsul)

(C. Iūlius) Caesar, aris *m* 13, 16, 18, 26, 28, 32, 33 Gaius Iulius Caesar (100 – 44 v. Chr., Eroberer Galliens von 58 – 51 v. Chr.; als Politiker strebte er die Alleinherrschaft in Rom an; kämpfte in dem von ihm ausgelösten Bürgerkrieg gegen Pompejus und die Senatspartei; Sieg in der Schlacht bei Thapsus 46 v. Chr. Am 15. März 44 v. Chr. wurde er von einer Gruppe röm. Senatoren ermordet, die in ihm einen Tyrannen sahen. Cäsar war auch als Schriftsteller tätig: „De bello Gallico", „De bello civili")

Campus Mārtius 21 das Marsfeld (ursprünglich ein außerhalb der Stadtgrenze Roms gelegenes militärisches Übungsfeld und politischer Versammlungsort; später wurde das Marsfeld mit prachtvollen öffentlichen Gebäuden ausgeschmückt.)

Cannae, ārum *f Pl.* 11, 12, 19 Kannä (Stadt in Italien, Schauplatz der Schlacht 216 v. Chr., bei der die Römer dem karthagischen Feldherrn Hannibal unterlagen)

Capitōlium 4, 7, 9, 22 Kapitol (einer der sieben Hügel Roms; heiligster Ort Roms, denn hier stand der Tempel des Iuppiter Optimus Maximus und seiner Begleiterinnen Juno und Minerva („Kapitolinische Trias").)

Capua 15, 16 Capua (Stadt im westlichen Mittelitalien)

Carolus Māgnus 33 Karl der Große (fränkischer Herrscher, lebte 747 – 814 n. Chr.; 800 n. Chr. vom Papst zum röm. Kaiser gekrönt)

Carthāgō, inis *f* 10, 11, 12, 18, 19 Karthago (Stadt in Nordafrika, in der Nähe des heutigen Tunis, erbitterte Konkurrentin Roms im Kampf um die Beherrschung des Mittelmeerraumes; nach dem Ende des 3. Punischen Krieges 146 v. Chr. von den Römern zerstört)

(L. Sergius) Catilīna *m* 13 Catilina (röm. Adliger, Anführer der Verschwörung 63/62 v. Chr.)

(M. Porcius) Catō, ōnis *m* 21, 26 Marcus Porcius Cato (röm. Politiker und Schriftsteller 234 – 149 v. Chr.; 184 v. Chr. hatte er die Zensur inne und erfüllte diese mit besonderer Sittenstrenge; Verfasser eines Buchs über die Landwirtschaft „De agricultura"; war griechischen (insbesondere philosophischen) Einflüssen gegenüber feindselig eingestellt; warnte die Römer nach dem 2. Punischen Krieg vor einem Wiedererstarken Karthagos und forderte wiederholt die endgültige Zerstörung der Stadt.)

Celtae, ārum *m Pl.* 32 die Kelten

cēnsor, ōris *m* 21 Zensor (röm. Beamter; zwei Zensoren, die Konsuln gewesen sein mussten. Sie wurden alle fünf Jahre für eine achtzehnmonatige Amtszeit gewählt. Sie überwachten die öffentliche Sittlichkeit, erstellten das Staatsbudget und führten die Volkszählung auf dem Marsfeld und die Vermögensschätzung durch. Außerdem hatten sie das Recht, Senatoren wegen liederlichen Lebenswandels aus dem Senat auszustoßen (**senatu movere**). Am Ende ihrer Amtszeit führten sie die feierliche Entsühnung (**lustratio**) des Volkes durch und opferten den Göttern einen Eber, einen Widder und einen Stier (**suovetaurilia**). Der bekannteste Träger dieses besonders angesehenen Amtes war der wegen seines strengen Amtsverständnisses gefürchtete **Cato Censorius**.)

Chloë *f* 17 Chloë (Hirtenmädchen, Geliebte des Daphnis im Roman „**Daphnis und Chloë**" des Longos)

(M. Tullius) Cicerō, ōnis *m* 13, 33 Marcus Tullius Cicero (röm. Politiker, Redner, Philosoph und Schriftsteller, 106–43 v. Chr.; während seines Konsulats im Jahr 63 v. Chr. kam es zur Catilinarischen Verschwörung, die von Cicero aufgedeckt und vereitelt wurde. Als Antwalt und Politiker hielt er zahlreiche literarisch bedeutsame Reden, die erhalten sind (u.a. 4 Reden „**In Catilinam**", 10 Reden „**In Marcum Antonium**"). Er stellte durch mehrere Schriften die röm. Beredsamkeit auf ein breites theoretisches Fundament (u.a. „**De oratore**"). Er vermittelte den Römern durch seine philosophischen Schriften die griech. Philosophie (u.a. „**Tusculanae disputationes**", „**De re publica**", „**De officiis**", „**De finibus bonorum et malorum**", **De natura deorum**"). Bedeutend als historische Quelle ist auch die Sammlung seiner Briefe an Familienangehörige und Freunde (u.a. „**Epistulae ad familiares**"). Das Latein Ciceros gilt als Höhepunkt der klassischen röm. Kunstprosa. Cicero war ein entschiedener Befürworter der alten röm. Republik und geriet daher in Konflikt mit Cäsar und Marcus Antonius; auf Betreiben des Letzteren wurde Cicero ermordet.)

Cimbrī, ōrum 34 die Kimbern (nordgermanischer Volksstamm, fiel um 115 v. Chr. in Gallien und Italien ein; wurde 101 v. Chr. von den Römern unter der Führung des Konsuls Gaius Marius in Norditalien vernichtend geschlagen)

Circus Maximus 1, 3 Circus Maximus (größte Rennbahn Roms zwischen den Hügeln Palatin und Aventin, angeblich bereits im 6. Jh. erbaut, später von Cäsar erneuert)

Cleopatra 13 Kleopatra VII. (letzte Königin Ägyptens von 51–30 v. Chr.; war von ihrem Bruder und Mitregenten Ptolemaios XIII. verstoßen; wurde aber von Cäsar, den die Verfolgung des Pompejus nach Ägypten geführt hatte, wieder eingesetzt. Kleopatra hatte zuerst ein Verhältnis mit Cäsar, dann mit Antonius; 31 v. Chr. unterlagen sie und Antonius dem Heer des Oktavian/Augustus bei Aktium, beide begingen daraufhin Selbstmord.)

(L. Tarquinius) Collātīnus 10 Lucius Tarquinius Collatinus (Ehemann der Lukretia, die von Sextus Tarquinius vergewaltigt wurde, was die Vertreibung der Tarquinier aus Rom auslöste)

cōnsul, cōnsulis *m* 4 Konsul (röm. Beamter; mit dem 43. Lebensjahr konnte das Konsulat, das höchste zivile und militärische Amt, ausgeübt werden. Dieses war für eine einjährige Amtszeit auf zwei Konsuln aufgeteilt. Jeder Konsul konnte die Beschlüsse und Maßnahmen des jeweils anderen durch sein Veto behindern. In Rom lösten die Konsuln einander monatlich im Senatsvorsitz ab, im Krieg wechselte sogar täglich der Oberbefehl. Sie standen den Senatssitzungen vor, brachten Gesetzesanträge ein und überwachten die Durchführung der Beschlüsse und Gesetze. Außerdem hatten sie die **auspicia** (Feststellung des Willens der Götter durch Vogelschau etc.), die Einweihung von Tempeln und die Opfer zu vollziehen. Nach ihrem Amtsjahr wurden Konsuln in die Provinzen als Statthalter mit militärischem Kommando entsandt (**pro consule**). Ehemalige Konsuln, die sogenannten **consulares**, bildeten eine besonders einflussreiche Gruppe im Senat.)

Cornēlia 12 Cornelia (Tochter des Scipio Africanus und Mutter der Gracchen; schon zu Lebzeiten berühmt und später das Idealbild einer tugendhaften und ehrenvollen Mutter. Nach dem Tod ihres Mannes widmete sie sich der Verwaltung ihres Gutes und der Erziehung ihrer Kinder. Noch im Alter hat sie ihre Söhne politisch beeinflusst.)

Creōn, ontis *m* 27 Kreon (Schwager des Ödipus, Onkel der Antigone und der Ismene; er ließ Antigone töten, die sich seinem Befehl widersetzt hatte, den toten Polyneikes unbestattet zu lassen.)

Creūsa 28 Kreusa (Ehefrau des Äneas und Mutter des Askanius; kam während der Eroberung und Zerstörung Trojas ums Leben. In Vergils „**Aeneis**" spricht ihr Geist zu Äneas von dem vor ihm liegenden Geschick.)

Daphnis, idis *m* 17 Daphnis (sizilischer Hirte, der wegen seiner Schönheit von den Nymphen geliebt wurde; Titelfigur des Hirten- und Liebesromans „**Daphnis und Chloë**" von Longos im 2./3. Jh. n. Chr.)

deī Capitōlīnī 9 die kapitolinischen Götter (Jupiter, Juno und Minerva; der Tempel der drei Götter, der auf dem Kapitolshügel stand, war der heiligste Ort Roms.)

Delphī, ōrum *m Pl.* 19 Delphi (Ort in Griechenland, berühmte griech. Orakelstätte des Gottes Apollon)

Diāna 30 Diana (jungfräuliche Göttin der Jagd, des Waldes und des Mondes, Beschützerin der Frauen; Zwillingsschwester des Apollon; griech. Name: Artemis)

dictātor, ōris Diktator (röm. Sonderbeamter; in Zeiten höchster Gefahr für den Staat konnte einer der beiden Konsuln im Auftrag des Senates einen **dictator** ernennen, der die höchste militärische, politische und richterliche Macht in seiner Person vereinigte. Alle Ämter, auch der Senat, waren dann außer Kraft gesetzt. Der **dictator** ernannte zu seinem Gehilfen und Stellvertreter einen sogenannten **magister equitum** („Reiteroberst"). Seine Amtsgewalt war auf ein halbes Jahr beschränkt.)

Didō, ōnis *f* 18, 19 Dido (Königin von Karthago; verliebte sich in Äneas, den es auf seiner Irrfahrt an die afrikanische Küste verschlagen hatte; gab sich den Tod, nachdem Äneas sie auf Geheiß Jupiters verlassen musste.)

Dionysus 18, 27 Dionysos (vgl. „**Bacchus**")

Druidēs, um *m Pl.* 32 Druiden (Priester der Kelten)

Ēchō, Ēchūs *f* 21, 23 Echo (eine Waldnymphe; verliebte sich in den Jüngling Narziss, konnte ihn aber nicht für sich gewinnen)

Ephesiī, ōrum 30 die Ephesier (Einwohner von Ephesos)

Ephesius, a, um 30 aus Ephesos

Ephesus *f* 30 Ephesos (wichtige Hafenstadt im kleinasiatischen Karien; der dortige Artemis-Tempel gehörte zu den sieben Weltwundern. Zu den bedeutenden Bauwerken der Stadt zählt die Celsusbibliothek.)

Epicūrēī, ōrum 26 die Epikureer (Anhänger des griech. Philosophen Epikur)

Epicūrus Epikur (griech. Philosoph aus Samos, der sich 306 v. Chr. in Athen niederließ und eine Philosophenschule gründete; seine Lehre - die auch bei den Römern großen Anklang fand - besagt, dass die individuelle Glückseligkeit des Menschen das Ziel eines jeden Lebens sein soll.)

Ēsquiliae, ārum *f Pl.* **(collis Ēsquilīnus)** 6, 7, 14 Esquilin (der größte der sieben Hügel Roms)

Eteoclēs, is *m* 27 Eteokles (Sohn des Ödipus, Bruder der Antigone; er und sein Bruder Polyneikes brachten sich im Kampf um die Herrschaft über Theben gegenseitig um.)

Eurīpidēs, is *m* 27 Euripides (griech. Tragödiendichter aus Athen, 480-406 v. Chr., neben Aischylos und Sophokles dritter der drei großen griech. Tragiker. Seine Werke zeichnen sich insbesondere durch die differenzierte, tiefgründige Schilderung menschlicher Leidenschaften aus; Werke u. a.: „**Medea**", „**Hippolytos**", „**Elektra**", „**Die Troerinnen**", „**Alkestis**")

(Q.) Fābius Pictor 19 Quintus Fabius Pictor (röm. Senator und erster röm. Geschichtsschreiber. Er wurde 216 v. Chr. angesichts der Bedrohung durch Hannibal als Gesandter des Senats zum Orakel von Delphi geschickt.)

Faustulus 9 Faustulus (Hirte, der die ausgesetzten Zwillinge Romulus und Remus fand und gemeinsam mit seiner Frau Acca aufzog)

Fortūna 17 Fortuna (röm. Göttin des Schicksals, des Glücks und des Unglücks)

Forum Rōmānum 2, 4, 9, 10 Forum Romanum (der Marktplatz und später das politische, geschäftliche und religiöse Zentrum von Rom. Das ursprünglich sumpfige Gebiet wurde im 6. Jh. v. Chr. trockengelegt und zum Marktplatz umgestaltet. Die ältesten Bauwerke waren die Tempel für Saturn (498 v. Chr.), Castor (484) und Concordia (367). Die **rostra** (Rednertribüne) waren bereits 338 v. Chr. vorhanden. Im 2. Jh. v. Chr. ging man dazu über, Volksversammlungen vom Marsfeld hierher zu verlagern. Die Händler und Marktstände mussten zugunsten des politischen Geschehens weichen. Basiliken wurden errichtet, in denen die Gerichte tagten und Geschäfte abgewickelt wurden. Mit Beginn der Kaiserzeit erlebte das Forum Romanum seine größte Prachtentfaltung.)

Gallī, ōrum 22 die Gallier

Gallia 13, 28, 31-34 Gallien (Land der Gallier/Kelten, die in der 1. Hälfte des 1. Jh.s v. Chr. von Osten eingewandert waren; umfasste Oberitalien (**Gallia cisalpina**, 222-191 v. Chr. von Rom unterworfen) und das heutige Frankreich und Belgien (**Gallia transalpina**, 58-51 v. Chr. von Cäsar unterworfen). Seit dem 3. Jh. n. Chr. kam es zu Germaneneinfällen. Im 5. Jh. beseitigten die Franken die letzten Reste römischer Herrschaft.)

Germānī, ōrum 28, 32, 34 die Germanen (Teilgruppe der Indoeuropäer; die ersten Nachrichten über die Germanen stammen von Cäsar und Tacitus; 113 v. Chr. erster Zusammenstoß mit den Römern, die unter Augustus weiter in das rechtsrheinische Germanien vordrangen. Nach der Niederlage des Varus (9 n. Chr.) Zurücknahme der röm. Grenze an den Rhein. Mit der Erbauung des Limes (ab 84 n. Chr.) sollten die Germanen vom röm. Reich abgewehrt werden; 166–180 n. Chr. erster germanischer Großangriff an der Donaugrenze; im 3. Jh. durchbrechen die germanischen Alemannen den Limes.)

Germānia 31, 34 Germanien

Germānus, a, um germanisch

(C. Semprōnius) Gracchus 12 Gaius Gracchus (Sohn der Scipio-Tochter Cornelia, jüngerer Bruder des Tiberius Gracchus, röm. Politiker; seine Versuche, die Reformen seines Bruders fortzusetzen und darüber hinaus den Provinzbewohnern und den italischen Bundesgenossen mehr Rechte einzuräumen, scheiterten und führten zu Unruhen in Rom; endete 121 v. Chr. durch Selbstmord.)

(Tib. Semprōnius) Gracchus 12 Tiberius Gracchus (Sohn der Scipio-Tochter Cornelia, älterer Bruder des Gaius Gracchus, röm. Politiker; wollte durch neue Ackergesetze den Großgrundbesitz einschränken und das Land an Kleinbauern verteilen; deshalb von Anhängern der Senatspartei 133 v. Chr. erschlagen.)

Graecī, ōrum 24, 26, 28 die Griechen

Graecia 15, 25 Griechenland

Graecus, a, um 26 griechisch

(P. Aelius) Hadriānus Hadrian (röm. Kaiser 117–138 n. Chr.; seine Regierung war geprägt von ausgedehnten Reisen durch die röm. Provinzen, darunter zwei Jahre Aufenthalt in der von ihm bevorzugten Stadt Athen. 130 n. Chr. ertrank während eines Aufenthaltes in Ägypten sein Geliebter, der damals 20-jährige Antinoos, im Nil. Hadrian gründete an der Stelle seines Todes die Stadt Antinoopolis und ließ ihm göttliche Ehren zuteilwerden. Sein Hauptziel war die Sicherung des Friedens und der Reichsgrenzen (u. a. 122 n. Chr. Errichtung des Hadrianswalls im nördlichen Britannien). Mit seinem ausgeprägten Sinn für Kunst und Kultur übertraf Hadrian alle anderen Kaiser und förderte viele bedeutsame Bauprojekte in Rom (z. B. das Pantheon) und in den Provinzen. Sein Mausoleum (die heutige Engelsburg in Rom) ist erhalten.)

Halicarnassus *f* 30 Halikarnassos (Stadt im Südwesten des kleinasiatischen Karien; berühmt durch eines der sieben Weltwunder, das „Mausoleum" des Königs Mausolos)

Hamilcar, aris *m* 10, 11 Hamilkar (Vater des Hannibal; karthagischer Feldherr im 1. Punischen Krieg 264–241 v. Chr.)

Hannibal, alis *m* 10–12 Hannibal (Sohn des Hamilkar, 247–183 v. Chr.; Feldherr der Karthager im 2. Punischen Krieg 218–202 v. Chr. Sein Vater Hamilkar brachte ihn 237 v. Chr. nach Spanien, nachdem er ihn ewigen Hass auf Rom hatte schwören lassen. Hannibals kühner Plan, den Krieg gegen Rom in Italien auszutragen (Alpenübergang), brachte die Römer mehrfach an den Rand des Zusammenbruchs. Nach sechzehn Kriegsjahren in Italien musste er 203 v. Chr. mit seinem unbesiegten Heer nach Afrika zurückkehren, um Karthago gegen einen Angriff der Römer zu verteidigen. 202 v. Chr. wurde er von Scipio in der Schlacht bei Zama besiegt. 183 v. Chr. nahm sich Hannibal, verfolgt von den auf Rache sinnenden Römern, das Leben.)

Helicē, ēs *f* 25 Helike (griech. Küstenstadt am korinthischen Golf; wurde 372 v. Chr. von einem Erdbeben vernichtet)

Herculēs, is *m* Herkules (griech. Sagenheld mit übermenschlichen Kräften, Sohn des Zeus/Jupiter und der Alkmene; um sich von einer im Wahnsinn begangenen Freveltat reinzuwaschen, musste er im Auftrag von Eurystheus, dem König von Tiryns, die berühmten „zwölf Arbeiten" vollbringen; griech. Name: Herakles)

Hippolytus Hippolytos (Sohn des Theseus aus erster Ehe; in ihn war die zweite Frau seines Vaters, Phädra, unglücklich verliebt.)

Hispānia 10 Spanien (seit 197 v. Chr. röm Provinz)

Homērus 24, 25 Homer (ältester griech. Dichter; unter seinem Namen sind die beiden bedeutendsten griech. Epen, die „Ilias" und die „Odyssee", überliefert.)

Iēsus Christus, Iēsū Christī 30 Jesus Christus

Īlias, adis *f* 24, 25 die „Ilias" (Epos des griech. Dichters Homer über den Trojanischen Krieg)

Iōnia 25 Jonien (Landschaft an der Westküste Kleinasiens; oft Synonym für ganz Kleinasien)

Ismēna 27 Ismene (Tochter des Ödipus und der Jokaste; Schwester der Antigone)

Italia 11, 18 Italien

Ithaca 24 Ithaka (griech. Insel im Jonischen Meer; Heimat des Odysseus)

Iūnō, ōnis *f* 7, 9, 23 Juno (Gemahlin Jupiters; Schützerin der Ehe und der Frauen; griech. Name: Hera)

Iuppiter, Iovis *m* 7, 9, 18, 19, 23 Jupiter (höchster Gott der Römer, griech. Name: Zeus. Möglicherweise haben bereits die Etrusker den Kult des **Iuppiter Optimus Maximus** in Rom eingeführt, worin der Gott (in seinem Tempel auf dem Kapitol) zusammen mit Juno und Minerva die Kapitolinische Trias bildete. Jupiter in seiner Rolle als röm Staatsgott: Im Jupiter-Tempel brachten die röm. Beamten am Anfang ihres Amtsjahres Opfer dar und die siegreichen Feldherrn legten dort ihre Beutestücke nieder. Die erste Senatssitzung eines jeden Jahres fand ebenfalls dort statt.)

Larēs, um *m Pl.* 7 Laren (röm. Gottheiten, die Haus und Familie beschützten)

Latīnus, a, um 8, 17 lateinisch („latinisch", nach der Landschaft Latium und dem Stamm der Latiner, die in Mittelitalien siedelten)

līctor, ōris *m* 10, 21 Liktor (Amtsdiener, die höheren röm. Beamten und Priestern voranschritten; sie trugen als Zeichen der Amtsgewalt ein Rutenbündel mit Beil (**fasces**) auf der linken Schulter. Dieses symbolisierte das Recht des Beamten, Verhaftungen, Strafen – in früherer Zeit auch Hinrichtungen – anzuordnen. Die Liktoren hatten die Aufgabe, die Ankunft des Beamten anzukündigen und ihm einen Weg durch die Menge zu bahnen, nur Vestalinnen und verheiratete Römerinnen brauchten ihm nicht Platz zu machen. Ein Diktator hatte 24 Liktoren, ein Konsul 12, Prätoren 6 bei sich.)

(T.) Līvius 9–11, 19, 22 Livius (röm. Geschichtsschreiber, 59 v. Chr. – 17 n. Chr.; beschrieb die Geschichte Roms – von der Gründung Roms bis auf die eigene Zeit – in seinem 142 Bücher umfassenden Werk „**Ab urbe condita**". Livius will nicht nur die Taten und die Größe Roms aufzeigen, sondern auch den Niedergang der Sitten, der für die politischen Wirren des 1. Jh.s v. Chr. verantwortlich war: Der Leser soll aus der Geschichte lernen.)

Lucrētia 10 Lukretia (Frau des Collatinus; wurde von Sextus Tarquinius vergewaltigt, was die Vertreibung der Tarquinier als Herrscher von Rom nach sich zog)

(T.) Lucrētius (Cārus) Lukrez (röm. Schriftsteller und Philosoph, 98 – 55 v. Chr.; verfasste das Lehrgedicht „**De rerum natura**" in 6 Büchern. Lukrez stellt in Versform die Lehren der epikureischen Naturphilosophie dar. Als Jünger Epikurs will er seine röm. Landsleute von der Religion, d.h. für ihn von der Götter- und Todesfurcht, befreien durch die Erkenntnis, dass alles natürlich, alles vergänglich ist (Atomtheorie).)

(L. Licinius) Lūcullus 29 Lukull (röm. Feldherr in Kleinasien um 70 v. Chr.; sorgte dort nach seinem militärischen Sieg für geordnete Verhältnisse im Finanzwesen und in der Provinzverwaltung; sein Reichtum und sein exquisiter Geschmack sind sprichwörtlich.)

Macedōnia 22, 29 Makedonien (Landschaft im Norden Griechenlands; wurde 148 v. Chr. röm. Provinz)

Marcus Aurēlius 26 Mark Aurel (röm. Kaiser 161 – 180 n. Chr. Seine Regierungszeit war geprägt durch zahlreiche Feldzüge, die er zur Sicherung des Reiches an allen wichtigen Grenzen unternehmen musste, insbesondere zur Abwendung der immer bedrohlicher werdenden Germanenstämme; Mark Aurel war zugleich (stoischer) Philosoph und Verfasser der *„Selbstbetrachtungen"*, einer moralphilosophischen Schrift in griech. Sprache. Die Schrift lässt den Kaiser als einen enttäuschten, mutlosen Menschen erkennen, der um innere Stärke gegen die Furcht vor dem Tode, die Sorgen dieser Welt und die Ungerechtigkeiten seiner Mitmenschen ringt.)

Mārs, Mārtis *m* 21 Mars (röm. Gott des Krieges)

(M. Valerius) Mārtiālis *m* 1 Martial (röm. Dichter, ca. 40 – 98 n. Chr., verfasste hauptsächlich Spottgedichte in Form von Epigrammen.)

Mausōlus 30 Mausolos (persischer Herrscher von 377 – 353 v. Chr. im kleinasiatischen Karien mit der Hauptstadt Halikarnass; seine Frau Artemisia ließ ihm nach seinem Tod ein prächtiges Grabmal bauen, ein „Mausoleum".)

Medūsa 20 Medusa (weibliches Ungeheuer mit Schlangenhaaren)

Mercurius 18, 19 Merkur (Götterbote, Gott des Handels, der Reise und der Diebe, griech. Name: Hermes)

Minerva 9, 18, 28 Minerva (Göttin der Weisheit und des Handwerks; griech. Name: Athene)

Mithridātēs, tis *m* Mithridates VI. Eupator (König von Pontus etwa 132 – 63 v. Chr., langjähriger und oft erfolgreicher Feind Roms, von Pompejus besiegt)

Mosella 31 die Mosel

Narcissus 23 Narziss (im Mythos ein schöner junger Mann, der sich in sein eigenes Spiegelbild verliebte)

Neptūnus 16, 25 Neptun (Gott des Meeres; griech. Name: Poseidon)

Nerō, ōnis *m* Nero (röm. Kaiser 54–68 n. Chr., wurde von seiner Mutter Agrippina sorgfältig auf das Amt des Kaisers vorbereitet. In den ersten Jahren regierte er unter dem positiven Einfluss seines Lehrers Seneca. Nachdem Nero diesen zum Rückzug aus der Politik gezwungen hatte (61 n. Chr.), begann eine Willkürherrschaft. Er ließ seine Mutter und seine Gattin Oktavia umbringen, um seine Geliebte Poppäa heiraten zu können. Während Neros Herrschaft (64 n. Chr.) brannte Rom aus ungeklärten Gründen nieder; er beschuldigte die Christen, den Brand gelegt zu haben, und verfolgte sie. Die Zerstörung seines eigenen Hauses nahm er zum Anlass, sich nach eigenen Entwürfen einen prächtigen Palast bauen zu lassen, die **Domus aurea**. Nero waren seine künstlerischen Betätigungen als Sänger und Dichter häufig wichtiger als die Regierungsgeschäfte; sein ausschweifender Lebenswandel verschaffte ihm viele Feinde. Als schließlich ein Aufstand der Prätorianergarde ausbrach, musste Nero aus Rom fliehen und setzte seinem Leben selbst ein Ende.)

Nīlus 13 der Nil (Fluss in Ägypten)

Numa Pompilius 10 Numa Pompilius (zweiter röm. König, galt als besonders weise und fromm. Die Römer schrieben ihm viele ihrer religiösen Einrichtungen zu: Feste, Opfer, und Riten, die Pontifices und Vestalinnen.)

Odyssēa 24 die „Odyssee" (Epos des griech. Dichters Homer über die Irrfahrten des Odysseus)

Odysseus vgl. „**Ulixes**"

Oedipūs, podis *m* 27 Ödipus (sagenhafter Herrscher der griech. Stadt Theben; löste das Rätsel der Sphinx; tötete in Unwissenheit seinen Vater Lajos und heiratete seine Mutter Jokaste; Vater von Eteokles, Polyneikes, Antigone und Ismene. Als seine Taten ans Licht kamen, stach sich Ödipus die Augen aus und wanderte fortan als Ausgestoßener umher.)

Ōstia 29 Ostia (Hafenstadt Roms an der Tibermündung, seit dem 4. Jh. v. Chr. bestehende Hafenanlage, später auch Flottenstützpunkt. Mit der Anlage eines gut funktionierenden Hafens unter Kaiser Trajan, ca. 2 km nördlich des eigentlichen Stadtgebietes, erlebte die Stadt einen sprunghaften Aufschwung und entwickelte sich innerhalb weniger Jahrzehnte zu einer bevölkerungsreichen Großstadt. In Ostia landeten die für Rom bestimmten Lebensmittellieferungen, vor allem die Getreideschiffe aus Ägypten, Afrika, Sardinien und Sizilien.)

(P.) Ovidius (Nāsō) 8, 21, 23 Ovid (röm. Dichter 43 v. Chr. – 17 n. Chr., seine freizügigen Dichtungen brachten ihn in Konflikt mit Kaiser Augustus' Programm einer moralischen Erneuerung; auf Lebenszeit nach Tomi am Schwarzen Meer verbannt. Werke u.a.: „**Metamorphoses**", „**Ars amatoria**", „**Fasti**", „**Tristia**", „**Heroides**". Neben Vergil und Horaz ist er der bedeutendste Dichter der augusteischen Zeit.)

Palātium (mōns Palātīnus) 1, 9 Palatin (einer der sieben Hügel Roms; viele bekannte Römer hatten hier ihre Häuser, z.B. Cicero, Crassus und Marcus Antonius. Kaiser Augustus errichtete hier seinen Wohnsitz, den man **palatia** *(n Pl.)* nannte, davon leitet sich das deutsche Wort „Palast" her. Großenteils erhalten ist das Haus von Augustus' Gemahlin Livia. Nach dem Brand Roms erweiterte Kaiser Nero die Anlage beträchtlich.)

patriciī, ōrum 18 Patrizier (römische Adelsfamilien; nach der Vertreibung der Könige Anfang des 5. Jh.s v. Chr. hatten sie die politische Macht inne.)

Paulus 30 Paulus (Sohn einer vermögenden jüdischen Familie; durch Christusvisionen wurde er zum christlichen Glauben bekehrt. Als „Heidenapostel" trug er durch seine Missionsreisen entscheidend zur Verbreitung des christlichen Glaubens bei; verfasste zahlreiche Briefe an die christlichen Urgemeinden, die sich im Neuen Testament wiederfinden und seine wesentlichen theologischen Aussagen enthalten. Der Überlieferung nach wurde Paulus während der Christenverfolgung Neros verhaftet und um 66 n. Chr. in Rom enthauptet.)

Penātēs, ium *m Pl.* 7, 18 die Penaten (römische Haus- und Schutzgötter)

Pēnelopa 24 Penelope (Gattin des Odysseus)

Pergamum 28 Pergamon (Stadt im kleinasiatischen Mysien, berühmt durch seine große Bibliothek und einen Zeusaltar)

Perseus, Perseī (oder **Perseos**) *m* 22 Perseus (letzter König der Makedonen; unterlag 168 v. Chr. in der Schlacht bei Pydna dem römischen Feldherrn Lucius Aemilius Paullus)

Petrōnius (Arbiter) 31 Petron (röm. Schriftsteller, gest. um 66 n. Chr.; gehörte zu den engsten Vertrauten am Hof des Kaisers Nero und stand dort als Meister der kultivierten, raffinierten Lebensführung in hohem Ansehen.

Nachdem er beschuldigt worden war, an einer Verschwörung gegen den Kaiser teilgenommen zu haben, beging er Selbstmord. Autor des „**Satyrikon**", eines erotischen Reise- und Abenteuerromans. Den größten Teil des erhaltenen Werkes nimmt das „Gastmahl des Trimalchio" ein: die satirisch-groteske Beschreibung eines ausschweifenden Gastmahls der röm. Kaiserzeit.)

Platō, ōnis 26 Platon (griech. Philosoph, 427–347 v. Chr.; Schüler des Sokrates und Lehrer des Aristoteles; Verfasser vieler noch erhaltener und bis in die Neuzeit nachwirkender Schriften („**Politeia**", „**Symposion**", „**Gorgias**", „**Protagoras**", „**Phaidros**"); gründete um 385 v. Chr. eine Philosophenschule in Athen, die sogenannte „Akademie", die erst 529 n. Chr. von Kaiser Justinian geschlossen wurde. Der Einfluss der platonischen Philosophie ist so bedeutsam, dass der englische Philosoph Alfred North Whitehead meinte, die gesamte europäische Philosophiegeschichte sei nur eine „Fußnote zu Platon".)

plēbēī, ōrum Plebejer (größter Teil der röm. Bevölkerung; zunächst ohne politischen Einfluss, im Laufe der Ständekämpfe im 5./4. Jh. v. Chr. setzten sie immer mehr Rechte durch.)

(C.) Plīnius (Caecilius Secundus) 1, 20, 25 Plinius (röm. Schriftsteller, 61–ca. 113 n. Chr., Schüler Quintilians; veröffentlichte eine große Sammlung literarischer Briefe, die ein meisterhaftes Bild der Kaiserzeit in allen Lebensbereichen vermitteln; die berühmtesten Briefe beschäftigen sich mit dem Vesuvausbruch des Jahres 79 n. Chr. Sein Briefwechsel mit Kaiser Trajan, der auf Plinius' Zeit als Verwaltungsbeamter in Kleinasien zurückgeht, enthält viele wertvolle Informationen über die Verwaltung der röm. Provinzen.)

Poenī, ōrum 11, 12, 19 die Punier/Karthager

Polynīcēs, is *m* 27 Polyneikes (Sohn des Ödipus, Bruder der Antigone; er und sein Bruder Eteokles brachten sich im Kampf um die Herrschaft über Theben gegenseitig um.)

Polyphēmus Polyphem (riesiger, einäugiger Zyklop auf Sizilien, Sohn Neptuns; Odysseus blendete ihn und stach ihm das Auge aus, als er ihn und seine Gefährten fressen wollte.)

Pompēiī, ōrum *m Pl.* 3, 5, 13, 17 Pompeji (Stadt in Kampanien südöstlich von Neapel; wurde 79 n. Chr. bei einem Ausbruch des nahegelegenen Vulkans Vesuv verschüttet und erst in der Neuzeit wieder ausgegraben; in der Antike bekannt für seine Vergnügungsviertel)

(Cn.) Pompēius (Magnus) 13, 16, 17, 29 Gnaeus Pompeius Magnus (106–48 v. Chr., einflussreicher Politiker und Feldherr. 75–72 v. Chr. bekämpfte er den in Spanien revoltierenden Feldherrn Sertorius. 71 v. Chr. schlug er den Sklavenaufstand des Spartakus nieder. 67 v. Chr. ging er im Auftrag des Senats erfolgreich gegen das Seeräuberunwesen im Mittelmeer vor; nachdem er vor allem im Osten des Reiches viele militärische Siege für Rom errungen hatte, wurde er im Bürgerkrieg der Hauptgegner Cäsars; er unterlag diesem 48 v. Chr. in der Schlacht bei Pharsalos, musste fliehen und wurde auf der Flucht nach Ägypten ermordet.)

praetor, ōris *m* 1, 11, 29 Prätor (röm. Beamter; Aufgabe der Prätoren war die Rechtsprechung. Mindestalter für die Prätur war die Vollendung des 40. Lebensjahres. Als ständige Stellvertreter der Konsuln mussten sie für die Auslegung der schriftlich fixierten Gesetze und überhaupt für die Rechtspflege sorgen. Ehemalige Prätoren wurden in die Provinzen als Statthalter ohne militärisches Kommando entsandt (**pro praetore**).)

Priēnē, ēs *f* Priene (griech. Stadt an der Westküste von Kleinasien)

Ptolemaeus 13 Ptolemaios XIII. (König von Ägypten, Bruder der Kleopatra; duldete die Ermordung des Pompejus, der vor Cäsar nach Ägypten geflohen war; kämpfte gegen Cäsar, nachdem dieser in die ägyptischen Thronstreitigkeiten zugunsten von Ptolemaios' Schwester und Mitregentin Kleopatra eingegriffen hatte; während der Kämpfe ertrank er 47 v. Chr. im Nil.)

Pūnicus, a, um 11, 12, 18, 19 phönizisch, punisch (karthagisch)

Pydna 22 Pydna (Stadt im südlichen Makedonien, Schauplatz der Schlacht 168 v. Chr., bei der Aemilius Paullus das Heer der Makedonen unter König Perseus vernichtete)

Pȳramus 17 Pyramus (Geliebter der Thisbe)

Pȳthia 19 Pythia (Priesterin des Orakels in Delphi, durch die Apollo zu den Fragestellern sprach)

quaestor, ōris *m* 29 Quästor (röm. Beamter; die Quästur war die unterste Stufe der Ämterlaufbahn. Das Mindestalter betrug 31 Jahre. Ursprünglich als Hilfsamt (Untersuchungsrichter) den Konsuln beigestellt.Die Quästoren hatten die Staatskasse (**aerarium**), die sich im Saturntempel befand, und das Staatsarchiv zu verwalten, außerdem für die Eintreibung von Steuer- und Pachtschulden zu sorgen. Die Quästoren der Feldherren verwalteten die Kriegskasse und den Heeresproviant; die Quästoren der Statthalter waren die Finanzbeamten der Provinz und kamen dem richterlichen Amt nach. Die Quästur ist Grundbedingung für den Eintritt in den Senat und alle weiteren politischen Ämter des **cursus honorum**, in dem bei Patriziern meist die Ädilität, bei Plebejern das Volkstribunat oder die Ädilität folgte.)

Remus 9 Remus (sagenhafter Gründer Roms; Zwillingsbruder von Romulus, von dem er erschlagen wurde)

Rhēnus 28 der Rhein

Rhodus *f* 16, 30 Rhodos (griech. Insel vor der Küste Kleinasiens; der „Koloss von Rhodos", eine gewaltige Statue des Sonnengottes Sol/Helios über der Hafeneinfahrt, ist eines der sieben Weltwunder.)

Rōma 10–13, 19, 29 Rom

Rōmānī, ōrum 10 die Römer

Rōmānus, a, um 8, 10 römisch; Römer(in)

Rōmulus 9, 10, 18 Romulus (sagenhafter Gründer und erster König Roms im 8. Jh. v. Chr.; Zwillingsbruder von Remus, den er im Zorn erschlug)

(P. Cornēlius) Scīpiō (Āfricānus), Scīpiōnis *m* 12 Scipio (röm. Politiker und Feldherr; im Jahr 206 v. Chr. hat er die Karthager aus Spanien vertrieben; Sieger über Hannibal 202 v. Chr. in der Schlacht bei Zama, erhielt daraufhin den ehrenden Beinamen **Africanus**; später wurde in Rom auf Betreiben Catos eine politische Kampagne gegen ihn geführt, man warf Scipio Unterschlagung vor. Obwohl die Anklagen schließlich fallengelassen wurden, hatte Scipio seinen Einfluss verloren und zog sich auf sein Landgut zurück, wo er 183 v. Chr. starb – im gleichen Jahr wie sein großer Gegner Hannibal.)

(L. Annaeus) Seneca, ae *m* Seneca (röm. Schriftsteller, Politiker und Philosoph mit Nähe zur Lehre der Stoiker, 4 v. Chr.–65 n. Chr.; Agrippina machte ihn zum Erzieher ihres Sohnes Nero. Seneca blieb auch nach dessen Thronbesteigung sein Berater; nachdem er seinen politischen Einfluss verloren und sich an einer Verschwörung gegen Nero beteiligt hatte, musste er auf Befehl des Kaisers 65 n. Chr. Selbstmord begehen. Seneca verfasste zahlreiche moralphilosophische Schriften (**„Dialogi"**, **„Epistulae"**) und Tragödien (u.a. **„Phaedra"**), die das europäische Theater maßgeblich beeinflusst haben.

Servius Tullius 9, 10 Servius Tullius (sechster König Roms, der Überlieferung nach regierte er 578–534 v. Chr.; errichtete den ersten röm. Mauerring; wurde von seinem Nachfolger Tarquinius Superbus ermordet)

Sextus Tarquinius 10 Sextus Tarquinius (Sohn des Tarquinius Superbus; vergewaltigte Lukretia, eine Frau aus angesehener Familie, und löste damit die Vertreibung der Tarquinier als Herrscher von Rom aus.)

Sōl, Sōlis *m* 1 Sol (röm. Sonnengott, Vater des Phaëthon; griech. Name: Helios)

Sophoclēs, is *m* 27 Sophokles (griech. Tragödiendichter aus Athen, 497–406 v. Chr.; von seinen angeblich 130 Dramen sind sieben erhalten, unter anderem die **„Antigone"** und **„König Ödipus"**. Seine Stücke zeugen von einer tief empfunden Religiosität: Die Götter zwingen dem menschlichen Leben ihre Gerechtigkeit auf, sodass der Weise am besten fährt, wenn er in Übereinstimmung mit dem göttlichen Willen handelt. Geschieht dies nicht, entsteht der tragische Konflikt.)

Stōicī, ōrum 26 die Stoiker (Anhänger der Stoa, einer philosophischen Strömung, die ca. 300 v. Chr. von Zenon aus Kition gegründet wurde; ihr Grundsatz lautet: Jede Erscheinung und jede menschliche Entscheidung beruhen auf Vernunft und die Natur ist das Vernünftige schlechthin.)

Tarquinius Superbus 10 Tarquinius Superbus (siebter und letzter König Roms, wurde wegen seiner Grausamkeit 510 v. Chr. gestürzt)

Terentia 13 Terentia (Ehefrau Ciceros)

(Q. Septimius) Tertulliānus (Flōrēns) 32 Tertullian (ältester lat. Kirchenschriftsteller, aus Karthago, ca. 160–220 n. Chr.; vertrat die christliche Lehre rigoros und übte scharfe Kritik an der heidnischen Kultur. Seine Schriften bilden die Grundlage für Form und Terminologie des theologischen Lateins.)

Teutonī, ōrum 34 die Teutonen (nordgermanischer Volksstamm, fielen um 115 v. Chr. in Gallien und Italien ein; wurden 102 v. Chr. von den Römern unter der Führung des Konsuls Gaius Marius in Südgallien vernichtend geschlagen)

Thalēs, is *m* 26 Thales (griech. Naturforscher, Mathematiker und Philosoph aus Milet, 6. Jh. v. Chr. Im Wasser sah er den Urstoff allen Seins.)

Thēbae, ārum *f Pl.* 27 Theben (Hauptstadt der Landschaft Böotien in Griechenland)

Thisbē, ēs *f* 17 Thisbe (Geliebte des Pyramus)

Tiberis, is *m (Akk.* **Tiberim***)* 9, 10 Tiber (Fluss durch Rom)

Tiberius (Iūlius Caesar) 22 Tiberius (42 v. Chr. – 37 n. Chr., Stiefsohn des Augustus; eroberte als röm. Feldherr weite Teile Nordgermaniens, die 9 n. Chr. in der Varusschlacht wieder verlorengingen; 14 – 37 n. Chr. röm. Kaiser)

Tīrō, ōnis *m* 13 Tiro (Sekretär Ciceros)

Titus (Flāvius Sabīnus Vespasiānus) 1, 3 Titus (röm. Kaiser von 79 – 81 n. Chr., Sohn des Kaisers Vespasian; besiegte die Juden 70 n. Chr., eroberte Jerusalem und wurde dafür mit dem noch heute erhaltenen „Titusbogen" in Rom geehrt. Den Betroffenen des Vesuv-Ausbruches gewährte er großzügig Hilfe. Unter die Bautätigkeit des Titus fallen die Weiterführung und Einweihung des von Vespasian begonnenen Kolosseums und die Titus-Thermen.)

(M. Ulpius) Trāiānus 6 Trajan (röm. Kaiser von 98-117 n. Chr., aufgrund seiner außerordentlichen militärischen Verdienste wurde er von Kaiser Nerva adoptiert. Der erhaltene Briefwechsel mit Plinius zeugt von der Menschenfreundlichkeit und Umsicht des Kaisers. Trajan, unter dem das **imperium Romanum** seine größte Ausdehnung und eine Zeit des Friedens und Wohlstands erlebte, wurde für die Nachwelt zum Idealbild eines guten Kaisers.)

Trēverī, ōrum 31, 33 die Treverer (gallischer Stamm, der in der Gegend des heutigen Trier siedelte)

tribūnus plēbis Volkstribun (zur Zeit der Ständekampfe geschaffenes Amt, das nur Plebejern zugänglich war. Das Volkstribunat diente zum Schutz der Plebejer vor der Willkür der Patrizier: Ein Veto eines Volkstribunen setzte jegliche Maßnahme eines Beamten oder des Senats außer Kraft. Zum Schutz seiner Tätigkeit galt er persönlich als unantastbar (**sacrosanctus**). Er konnte Volksversammlungen einberufen und Abstimmungen durchführen.

Trōia 24, 26, 27, 28 Troja (Stadt im Nordwesten Kleinasiens; wurde im Trojanischen Krieg von den Griechen erobert)

Trōiānī, ōrum 18, 28 die Trojaner

Tuscī, ōrum 10 Etrusker (Einwohner von Etrurien, einer Landschaft nördlich von Rom, etwa die heutige Toskana; die etruskische Kultur entwickelte sich im 9. Jh. v. Chr. und breitete sich über ganz Norditalien aus; auch Rom gehörte bis ins 6. Jh. zum Einflussbereich der Etrusker. Im 4./3. Jh. v. Chr. wurden die Etruskerstädte von den Römern unterworfen.)

Ulixēs, is *m* 21, 24 Ulixes (lat. Name des Odysseus; König von Ithaka, konnte im Trojanischen Krieg die Trojaner mit dem hölzernen Pferd überlisten, zog sich damit den Zorn des Neptun zu und musste auf seinem zehn Jahre dauernden Heimweg viele Gefahren überstehen.)

(L.) Valērius Flaccus 21 Lucius Valerius Flaccus (zusammen mit Marcus Porcius Cato 184 v. Chr. röm. Zensor)

(P. Quīnctīlius) Vārus 26, 34 Varus (Feldherr des röm. Kaisers Augustus; verlor 9 n. Chr. die Schlacht im Teutoburger Wald, nachdem er vom Cheruskerfürsten Arminius in einen Hinterhalt gelockt worden war. Ganze drei Legionen wurden vernichtet, Varus beging Selbstmord. Die röm. Expansion im nördlichen Germanien war damit für immer beendet.)

Velēda 34 Veleda (eine bei den Germanen als Seherin verehrte junge Frau zur Zeit Vespasians; sie wirkte als Vermittlerin bei Spannungen zwischen Rom und den Germanen.)

Venus, Veneris *f* 18 Venus (Göttin der Liebe und der Schönheit, griech. Name: Aphrodite)

(P.) Vergilius (Marō) 5, 18, 28 Vergil (röm. Dichter zur Zeit des Augustus, 70 – 19 v. Chr.; Verfasser des röm. Nationalepos „**Aeneis**", der „**Georgica**" (Lehrgedicht über den Ackerbau) und der „**Bucolica**" (Hirtengedichte))

(T. Flāvius) Vespasiānus 4, 25 Vespasian (röm. Kaiser von 69 – 79 n. Chr., erster Kaiser aus dem Haus der Flavier, Vater der Kaiser Titus und Domitian; erfolgreicher Feldherr, bekannt für seinen bescheidenen Lebenswandel und seine sparsame, effiziente Verwaltung. Er ließ u. a. das Kolosseum errichten (unter Titus fertiggestellt), veranlasste den Wiederaufbau des Tempels des **Iuppiter Capitolinus** und errichtete nach der Eroberung Jerusalems einen Friedenstempel, der geschmückt war mit Kunstwerken aus Neros Palast und Beutestücken aus dem Tempel des Herodes, darunter dem großen goldenen siebenarmigen Leuchter.)

Vesta 4, 7, 10, 18 Vesta (röm. Göttin des Herdfeuers und der staatlichen Gemeinschaft; ihre jungfräulichen Priesterinnen waren die Vestalinnen.)

vīa Appia 15 Via Appia (Straße, die von Rom aus in südlicher Richtung durch ganz Italien bis nach Brundisium führte, Baubeginn 312 v. Chr.)

Vulcānus 23 Vulkan (Gott der Feuerflamme und der Schmiedekunst; griech. Name: Hephaistos)

Zama, ae 12 Zama (Stadt in Numidien (Nordafrika), südlich von Karthago; Schauplatz der Schlacht 202 v. Chr., bei der Hannibal gegen die Römer verlor)

Lateinisch-deutsches Wörterverzeichnis

ā/ab *m. Abl.* von, von ... her 9
abdūcere, abdūcō, abdūxī wegführen 14
abesse, absum, āfuī abwesend sein, fehlen 20
abīre, abeō, abiī weggehen 20
ac (~ atque) und, und auch 19; *im Vergleich*: wie, als 30
accēdere, accēdō, accessī herbeikommen, hinzukommen 1, 11
accendere, accendō, accendī, accēnsum anfeuern, anzünden 23
amōre accēnsus in Liebe entflammt, verliebt 23
accidere, accidō, accidī geschehen, sich ereignen 17
accipere, accipiō, accēpī, acceptum aufnehmen, erhalten, erfahren 23
accūsāre, accūsō anklagen, beschuldigen 10
ācer, ācris, ācre energisch, heftig, scharf 13
acerbus, a, um bitter, grausam, rücksichtslos 18
ad *m. Akk.* an, bei, nach, zu 2
addere, addō, addidī hinzufügen 18
addūcere, addūcō, addūxī, adductum heranführen, veranlassen 33
adesse, adsum, adfuī da sein 2, helfen 5, 14
adhūc *Adv.* bis jetzt, noch 33
adicere, adiciō, adiēcī hinzufügen 17
adīre, adeō, adiī *m. Akk.* herantreten (an), bitten 16
aditus, aditūs *m* Zugang 27
adiungere, adiungō, adiūnxī hinzufügen, anschließen 13
sibi adiungere für sich gewinnen 13
admittere, admittō hinzuziehen, zulassen 8
adulēscēns, adulēscentis *m* junger Mann 3
advenīre, adveniō ankommen 1
adventus, adventūs *m* Ankunft 33
adversus, a, um entgegengesetzt, feindlich 16
rēs adversae unglückliche Umstände, Unglück 25
advocāre, advocō herbeirufen 5
aedēs, aedium *f Pl.* Haus, Gebäude 5
aedificāre, aedificō bauen 9
aedificium Gebäude 20
aedis, aedis *f (Gen. Pl. -ium)* Tempel, *Pl.* Haus, Gebäude 30
aes, aeris *n* Erz, Geld 22
aestimāre, aestimō einschätzen, beurteilen 26
magnī aestimāre hochschätzen 26
afferre, afferō, attulī, allātum bringen, herbeibringen, mitbringen; melden 30
afficere, afficiō, affēcī *m. Abl.* versehen mit 20
ager, agrī *m* Acker, Feld, Gebiet 23
agere, agō, ēgī, āctum handeln, treiben, verhandeln 6, 11, 21
grātiās agere danken 7
negōtia agere Geschäfte betreiben 6
quid āctum est? was ist passiert? 31
vītam agere sein Leben führen 26
aggredī, aggredior, aggressus sum angreifen, herangehen 27
agitāre, agitō betreiben, überlegen 24
timōre agitārī von Furcht gequält werden 24
agmen, agminis *n* (Heeres-)Zug 7
alere, alō, aluī ernähren, großziehen 9
aliquis, aliquid (irgend)jemand 29
se alicui obicere sich jemandem entgegenwerfen, sich auf jemanden stürzen 34
aliter *Adv.* anders, sonst 19
alius, a, ud ein anderer 11
alius ... alius der eine ... der andere 13
altus, a, um hoch, tief 11
amāre, amō lieben, gernhaben 3
ambō, ambae, ambō beide (zusammen) 15
amīca Freundin 2
amīcitia Freundschaft 33
amīcus Freund 1
āmittere, āmittō, āmīsī aufgeben, verlieren 11

amor, amōris *m* Liebe 13
amōre accēnsus in Liebe entflammt, verliebt 23
amplus, a, um weit, groß, bedeutend 20
an oder *(in der Frage)* 8
angustus, a, um eng, schwierig 15
anima Atem, Leben 32
animadvertere, animadvertō, animadvertī bemerken, wahrnehmen 12
animal, animālis *n (Abl. Sg.* -ī; *Nom./Akk. Pl.* -ia; *Gen. Pl.* -ium*)* Lebewesen, Tier 21
animus Geist, Mut, Gesinnung 15
animō dēficere den Mut sinken lassen 15
bonō animō esse guten Mutes/zuversichtlich sein 34
bona animī innere Werte 31
annus Jahr 21
multōs annōs viele Jahre (lang) 29
ante *Adv.* vorher 14
paulō ante kurz vorher 14
ante *m. Akk.* vor 2
anteā *Adv.* vorher, früher 19
antīquus, a, um alt, altertümlich 20
aperīre, aperiō, aperuī aufdecken, öffnen 11
apertus, a, um offen, offenkundig 14
appellāre, appellō *(m. dopp. Akk.)* anrufen, nennen, bezeichnen (als) 12
apud *m. Akk.* bei, nahe bei 2
aqua Wasser 6
āra Altar 7
arbor, arboris *f* Baum 23
arcessere, arcessō, arcessīvī herbeirufen, holen 10
ārdēre, ārdeō, ārsī brennen 23
argentum Silber 22
arma, armōrum *n Pl.* Waffen, Gerät 4
armātus, a, um bewaffnet 16
arx, arcis *f (Gen. Pl.* -ium*)* Burg 18
aspicere, aspiciō, aspexī erblicken 8, 11
at aber, jedoch, dagegen 25
āter, ātra, ātrum schwarz, düster 25
atque/ac und 6, und auch 19, *im Vergleich*: wie, als 30
iterum atque iterum immer wieder 15
attingere, attingō, attigī berühren 6
auctor, auctōris *m* Anführer, Gründer, Ratgeber, Verfasser 14
Creonte auctōre auf Veranlasssung Kreons 27
auctōritās, auctōritātis *f* Ansehen, Einfluss, Macht 33
audācia Frechheit, Kühnheit 24
audēre, audeō wagen 27
audīre, audiō hören 2
auferre, auferō, abstulī, ablātum rauben, wegbringen 30
augēre, augeō, auxī, auctum vermehren, vergrößern 21
auris, auris *f (Gen. Pl.* -ium*)* Ohr 18
aurēs praebēre Gehör schenken, zuhören 18
aurum Gold 22
aut oder 15
aut ... aut entweder ... oder 26
autem aber, andererseits 2
auxilium Hilfe 5, *Pl.* Hilfstruppen 33
auxilium petere um Hilfe bitten 34
avē! sei gegrüßt! 1
āvertere, āvertō, āvertī, āversum abwenden, vertreiben 23

barbarus Ausländer, ‚Barbar' 4
basilica Basilika, Halle 1
beātus, a, um glücklich, reich 35
bellum Krieg 8
bene *Adv.* gut 12
rem bene gerere etwas gut durchführen, Erfolg haben 34
bēstia Tier 2
bibere, bibō trinken 6
bonum das Gut(e) 24
bonus, a, um gut 10
bonō animō esse guten Mutes/zuversichtlich sein 34
bona animī innere Werte 31
brevis, e kurz 17

caedēs, caedis *f (Gen. Pl.* -ium*)* Blutbad, Mord 9
caelum Himmel 25
calamitās, calamitātis *f* Schaden, Unglück, Niederlage 9
campus Feld, freier Platz, Ebene 21
cantāre singen 31
capere, capiō, cēpī, captum fassen, nehmen; erobern 8, 11, 22
captīvus, a, um gefangen; *Subst.* (Kriegs-)Gefangener 16
caput, capitis *n* Kopf, Haupt; Hauptstadt 14
capitis damnāre zum Tode verurteilen 27
carmen, carminis *n* Lied, Gedicht 8
cārus, a, um lieb, teuer, wertvoll 28
castra, castrōrum *Pl.* Lager 33

causā Ursache, Sache, Prozess 10
causā *(nachgestellt) m. Gen.* wegen 31
cavēre, caveō, cāvī, cautum *(m. Akk.)* sich hüten (vor), Vorsorge treffen 27
celeber, celebris, celebre berühmt; belebt 13
celer, celeris, celere schnell 13
celeritās, celeritātis *f* Schnelligkeit 16
cella Kammer, Keller, Tempel(raum) 34
cēna Essen, Mahlzeit 6
cēnāre, cenō essen 29
cēnsēre, cēnseō, cēnsuī, cēnsum *(m. Akk.)* meinen, einschätzen, seine Stimme abgeben (für) 11, 21
centum *indekl.* hundert 33
cernere, cernō sehen, bemerken 30
certē *Adv.* gewiss, sicherlich 11
cessāre, cessō rasten, zögern 18
cēterī, ae, a die Übrigen 16
cibus Nahrung, Speise 7
cingere, cingō, cinxī umgeben, umzingeln 17
circiter *Adv.* ungefähr 5
circum *m. Akk.* um ... herum, rings um 21
circumspectāre, circumspectō umherschauen 1
circus Zirkus, Rennbahn 1
cīvis, cīvis *m (Gen. Pl.* -ium*)* Bürger 21
cīvitās, cīvitātis *f* Bürgerrecht; Gemeinde, Staat 19
clāmāre, clāmō laut rufen, schreien 1
clāmor, clāmōris *m* Geschrei, Lärm 2
clāmōrem tollere ein Geschrei erheben 2
clārus, a, um berühmt, hell, klar 12
classis, classis *f (Gen. Pl.* -ium*)* Flotte; Abteilung 17
claudere, claudō, clausī abschließen, einschließen 11
cōgere, cōgō, coēgī, coāctum (ver)sammeln, zwingen 27
cōgitāre, cōgitō denken, beabsichtigen 3
cōgitāre dē *m. Abl.* denken an 3
cognōscere, cognōscō, cognōvī, cognitum erkennen, kennenlernen 10, 26
colere, colō, coluī, cultum bewirtschaften, pflegen; verehren 4, 21
colligere, colligō, collēgī, collēctum sammeln 27
comes, comitis *m/f* Gefährte, Begleiter(in) 8
commemorāre, commemorō *m. Akk.* etwas erwähnen, anführen 34
committere, committō, commīsī, commissum anvertrauen, veranstalten, zustande bringen 14, 29
proelium committere eine Schlacht schlagen 27
scelus committere ein Verbrechen begehen 14
commodum Bequemlichkeit, Vorteil 35
commovēre, commoveō, commōvī, commōtum bewegen, veranlassen 20, 21
commūnis, e gemeinsam, allgemein 28
comparāre, comparō vergleichen 6
comperīre, comperiō, comperī (genau) erfahren 19
complēre, compleō, complēvī anfüllen, erfüllen 3
complūrēs, complūra *(Gen.* complūrium*)* mehrere 21
compōnere, compōnō vergleichen 8
comprehendere, comprehendō, comprehendī begreifen, ergreifen, festnehmen 17
concēdere, concēdō, concessī erlauben, nachgeben, zugestehen 15
condere, condō, condidī, conditum verwahren, verbergen, bestatten; erbauen, gründen 28
condiciō, condiciōnis *f* Bedingung, Lage, Verabredung 30
condūcere, condūcō, condūxī zusammenführen; anwerben, mieten 20
cōnferre, cōnferō, cōntulī, collātum vergleichen, zusammentragen 30
cōnficere, cōnficiō, cōnfēcī, cōnfectum beenden, fertigmachen 22
cōnfirmāre, cōnfirmō bekräftigen, ermutigen, stärken 19
conicere, coniciō, coniēcī (zusammen)werfen, folgern, vermuten 13
coniūnx, coniugis *m/f* Gatte, Gattin 24
cōnscius, a, um *(m. Gen.)* bewusst, eingeweiht (in); *Subst.* Teilnehmer, Zeuge 19
cōnscrībere, cōnscrībō, cōnscrīpsī, cōnscrīptum aufschreiben, verfassen 33
mīlitēs cōnscrībere Soldaten anwerben 33
cōnsilium Beratung, Beschluss, Plan, Rat 8
cōnsistere, cōnsistō, cōnstitī haltmachen, sich aufstellen 4, 19
cōnspicere, cōnspiciō, cōnspexī, cōnspectum erblicken 28
cōnstāre, cōnstō, cōnstitī feststehen; kosten 29
magnō cōnstāre viel kosten, teuer sein 29
cōnstituere, cōnstituō, cōnstituī, cōnstitūtum festsetzen, beschließen 27
cōnsul, cōnsulis *m* Konsul 4
cōnsulere, cōnsulō, cōnsuluī, cōnsultum befragen; beraten; *m. Dat.*: sorgen für 11, 34
cōnsulere in *m. Akk.* Maßnahmen ergreifen gegen 24
cōnsulere dē *m. Abl.* beraten über 11
cōnsūmere, cōnsūmō, cōnsūmpsī, cōnsūmptum verbrauchen, verwenden 24

contendere, contendō, contendī eilen, sich anstrengen 2, 11; behaupten 15; kämpfen 33
contentus, a, um *(m. Abl.)* zufrieden (mit) 13
continēre, contineō festhalten 14
contingere, contingō, contigī, contāctum berühren; gelingen 24
contrā *Adv.* dagegen, gegenüber 35
contrā *m. Akk.* gegen 16
convenīre, conveniō besuchen, zusammenkommen, zusammenpassen 7
convertere, convertō, convertī (in *m. Akk.*) verändern, (um)wenden; richten (auf) 6, 16
convīvium Gastmahl, Gelage 5
convocāre, convocō versammeln 11
cōpia Menge, Möglichkeit, Vorrat 29
cōpiae, cōpiārum *Pl.* Truppen 13
corpus, corporis *n* Körper; Leichnam 13
corripere, corripiō ergreifen, gewaltsam an sich reißen 8
corrumpere, corrumpō, corrūpī, corruptum bestechen, verderben 26
crēdere, crēdō, crēdidī anvertrauen, glauben 9, 18
crēscere, crēscō, crēvī wachsen 15
crīmen, crīminis *n* Beschuldigung, Vorwurf, Verbrechen 12
crūdēlis, e grausam 18
cultus, cultūs *m* Pflege, Verehrung 30
cum *m. Abl.* mit, zusammen mit 3
cum *Subj. m. Ind.* (immer) wenn, als (plötzlich), (zu der Zeit) als 13
cum *Subj. m. Konj.* als, nachdem; weil; obwohl; während (dagegen) 33
cūnctī, ae, a alle (zusammen) 11
cupere, cupiō, cupīvī verlangen, wünschen, wollen 8, 9
cupidus, a, um *(m. Gen.)* (be)gierig (nach) 31
cūr? warum? 3
cūra Sorge, Pflege 19
  cūrae esse *m. Dat.* jemandem Sorge bereiten/am Herzen liegen/zu jemandes Aufgaben gehören 30
  mihi magnae cūrae est es ist mir sehr wichtig 31
cūrāre, cūrō *(m. Akk.)* pflegen, sorgen für, besorgen 12
cūria Kurie, Rathaus 4
currere, currō, cucurrī eilen, laufen 1, 11
cūstōs, cūstōdis *m/f* Wächter(in) 27

damnāre, damnō *(m. Gen.)* verurteilen (wegen) 26
  capitis damnāre zum Tode verurteilen 27
dare, dō, dedī, datum geben 1, 13, 21
  sortem dare einen Orakelspruch geben 19
dē *m. Abl.* von, von ... her, von ... herab; über 3
dea Göttin 7
dēbēre, dēbeō, debui, debitum müssen, sollen; schulden 4, 21
  nōn dēbēre nicht dürfen 15
decem *indekl.* zehn 49
dēcernere, dēcernō, dēcrēvī, dēcrētum beschließen, entscheiden, zuerkennen 12, 26
dēdere, dēdō, dēdidī, dēditum ausliefern, übergeben 35
dēdūcere, dēdūcō, dēdūxī hinführen, wegführen 14
dēfendere, dēfendō, dēfendī abwehren, verteidigen, schützen 4, 11
dēficere, dēficiō, dēfēcī abnehmen, ermatten; verlassen, ausgehen 15
  animō dēficere den Mut sinken lassen 15
dēficere ā *m. Abl.* abfallen von 19
deinde *Adv.* dann, darauf 3
dēlectāre erfreuen, unterhalten 3
dēligere, dēligō, dēlēgī, dēlēctum (aus)wählen 21
dēmittere, dēmittō, dēmīsī, dēmissum hinabschicken, sinken lassen 25
dēmōnstrāre, dēmōnstrō beweisen, darlegen 33
dēmum *Adv.* endlich 23
dēnique *Adv.* schließlich, zuletzt 3
dēpōnere, dēpōnō, dēposuī ablegen, niederlegen, aufgeben 3, 19
dēscendere, dēscendō, dēscendī, dēscēnsum herabsteigen 30
dēserere, dēserō, dēseruī, dēsertum verlassen, im Stich lassen 17, 24
dēsīderāre, dēsīderō *m. Akk.* sich sehnen nach, vermissen 16
dēsinere, dēsinō, dēsiī aufhören 18
dēsperārē, dēspērō (**dē** *m. Abl.*) die Hoffnung aufgeben (auf), verzweifeln (an) 12
deus Gott, Gottheit 4
dextera die rechte Hand, die Rechte 15
dīcere, dīcō, dīxī, dictum sagen, sprechen 5, 11, 23
  salūtem dīcere *m. Dat.* (jmd.) grüßen 7
diēs, dieī *m* Tag 25
  diēs noctēsque Tage und Nächte (lang) 26
difficilis, e schwierig 27
dīgnitās, dīgnitātis *f* Würde, Ansehen, Stellung 22

dīgnus, a, um *(m. Abl.)* wert, würdig 10
dīligēns, dīligentis gewissenhaft, sorgfältig 21
dīligentia Sorgfalt 32
dīligere, dīligō hochachten, lieben 6
dīmittere, dīmittō, dīmīsī aufgeben, entlassen 12
discēdere, discēdō, discessī auseinandergehen, weggehen 13
discere, discō, didicī lernen, erfahren 32
disciplīna Disziplin, Lehre 26
diū *Adv.* lange Zeit 1
dīversus, a, um entgegengesetzt, feindlich, verschieden 29
dīves, dīvitis reich 31
dīvīnus/dīvus, a, um göttlich 10
docēre, doceō, docuī, doctum lehren, unterrichten 26
dolēre, doleō *(m. Abl.)* schmerzen; bedauern, Schmerz empfinden (über etw.) 4
dolor, dolōris *m* Schmerz 23
dolus List, Täuschung 18
domina Herrin 5
dominus Herr 6
domum *Adv.* nach Hause 6
domus, domūs *f* Haus 25
dōnāre, dōnō schenken 18
dōnum Geschenk 3
dubitāre, dubitō *(m. Inf.)* zögern 3
dūcere, dūcō, dūxī, ductum führen, ziehen 6, 11, 21
dulcis, e angenehm, süß 28
dum *Subj.* während, solange, (so lange) bis 13
duo, duae, duo zwei 8
dūrus, a, um hart 34
dux, ducis *m* Anführer 22
 Polynīce duce unter der Führung des Polyneikes 27

ē/ex *m. Abl.* aus, von ... her 4
ecce schau/schaut, sieh da/seht da! 1
ēdūcere, ēdūcō, ēdūxī, ēductum herausführen 28
efficere, efficiō, effēcī, effectum bewirken, herstellen 33
effodere, effodiō, effodī ausgraben, umgraben, durchwühlen 20
effugere, effugiō, effūgī *(m. Akk.)* entfliehen, entkommen 6, 28
egō *(betont)* ich 8
ēgredī, ēgredior, ēgressus sum herausgehen, verlassen 25
ēgregius, a, um ausgezeichnet, hervorragend 29
ēicere, ēiciō, ēiēcī hinauswerfen, vertreiben 17
ēiusmodī *indekl.* derartig, so beschaffen 30
emere, emō kaufen 5
 magnō pretiō emere/vendere (für einen hohen Preis) teuer kaufen/verkaufen 29
enim *Adv. (nachgestellt)* nämlich, in der Tat 9
eō *Adv.* dorthin 8
epistula Brief 24
eques, equitis *m* Reiter, Ritter 22
equidem (ich) allerdings, freilich 11
equus Pferd 1
ergō *Adv.* also 6
ēripere, ēripiō, ēripuī entreißen 14
errāre, errō (sich) irren 12
esse, sum, fuī sein 1; sich befinden 9
 bonō animō esse guten Mutes sein, zuversichtlich sein 34
 cūrae esse *m. Dat.* jmd. Sorge bereiten, jmd. wichtig sein 30
 gaudiō esse *m. Dat.* jmd. Freude bereiten 31
 laudī esse *m. Dat.* für jmd. lobenswert sein 31
 ūsuī esse *m. Dat.* jmd. von Nutzen sein 30
est er (sie, es) ist 1
et und, auch 1
et ... et sowohl ... als auch 10
etiam auch, sogar 1
etsī *Subj.* auch wenn, obwohl 13
ēvenīre, ēveniō, ēvēnī, ēventum sich ereignen 28
ex *m. Abl.* aus, von ... her 4
 ex illō tempore seit jener Zeit 23
excēdere, excēdō, excessī, excessum hinausgehen, weggehen 34
excipere, excipiō, excēpī, exceptum aufnehmen, eine Ausnahme machen 21
excitāre, excitō wecken, erregen, ermuntern 16
exemplum Beispiel, Vorbild 12
exercēre, exerceō üben, trainieren; quälen 26
exercitus, exercitūs *m* Heer 27
exīre, exeō, exiī herausgehen 19
exīstimāre, exīstimō (ein)schätzen, meinen 15
exitus, exitūs *m* Ausgang, Ende 34
expellere, expellō vertreiben, verbannen 10
exspectāre, exspectō warten, erwarten 1
exstinguere, exstinguō, exstīnxī, exstīnctum auslöschen, vernichten 25
extrā *m. Akk.* außerhalb (von) 28

fābula Geschichte, Erzählung, Theaterstück 20
facere *m. dopp. Akk.* jmd. zu etwas machen 28

facere, faciō, fēcī, factum machen, tun, handeln 8, 11, 21
facere fīnem *m. Gen.* beenden, aufhören (mit) 19
iter facere eine Reise machen 13
sūmptūs facere Ausgaben tätigen, ausgeben 29
verba facere dē *m. Abl.* Gespräche führen/reden über 13
facile *Adv.* leicht (zu tun) 33
facilis, e leicht (zu tun) 33
facinus, facinoris *n* Handlung, Untat 27
factum Handlung, Tat, Tatsache 35
fallere, fallō, fefellī täuschen, betrügen 17
falsus, a, um falsch 12
familia Familie, Hausgemeinschaft 6
pater familias Familienoberhaupt 6
familiāris, e freundschaftlich, vertraut; *Subst.* Freund 28
fātum Schicksal, Götterspruch 18
fēlīx, fēlīcis erfolgreich, glückbringend, glücklich 35
fēmina Frau 18
ferē *Adv.* beinahe, fast; ungefähr 24
ferre, ferō, tulī, lātum bringen, tragen; ertragen 30
ferrum Eisen, Waffe 20
fidēs, fideī *f* Glaube, Treue, Vertrauen, Zuverlässigkeit 26
fidem praestāre die Treue halten 26
fierī, fīō, factus sum gemacht werden; geschehen, werden 35
fīlia Tochter 7
fīlius Sohn 6
fingere, fingō, fīnxī, fictum gestalten, sich (etwas) ausdenken 35
fīnis, is *m (Gen. Pl.* -ium*)* Grenze, Ende; Ziel, Zweck; *Pl.* Gebiet 16
facere fīnem *m. Gen.* beenden, aufhören (mit) 19
flāgitium Gemeinheit, Schandtat 27
flamma Feuer, Flamme 18
flectere, flectō, flēxī biegen, (hin)lenken, umstimmen 18
flēre, fleō, flēvī beklagen, (be)weinen 9
flūctus, flūctūs *m* Flut, Strömung 25
flūmen, flūminis *n* Fluss 8
forās *Adv.* heraus, hinaus *(wohin?)* 30
fōrma Form, Gestalt, Schönheit 21
forte *Adv.* zufällig 6
fortis, e tapfer, kräftig 17
fortūna Glück, Schicksal 17
forum Marktplatz, Forum, Öffentlichkeit 2
frāter, frātris *m* Bruder 9
frequēns, frequentis häufig, zahlreich 32
frūctus, frūctūs *m* Ertrag, Frucht, Nutzen 35
frūstrā *Adv.* vergeblich 9
fuga Flucht 18
fugere, fugiō, fūgī *m. Akk.* fliehen (vor), meiden 17
fūnus, fūneris *n* Begräbnis, Untergang 26
fūr, fūris *m* Dieb 3
furor, furōris *m* Wahnsinn, Wut 27
futūrus, a, um zukünftig, kommend 34
rēs futūrae Zukunft 34

gaudēre, gaudeō *m. Abl.* sich freuen über etw. 1, 4
gaudium Freude 7
gaudiō esse *m. Dat.* jmd. Freude bereiten 31
gemitus, gemitūs *m* Seufzen, Stöhnen; Traurigkeit 25
gēns, gentis *f (Gen. Pl.* -ium*)* Familienverband, Stamm, Volk 7
genus, generis *n* Abstammung, Art, Geschlecht 29
gerere, gerō, gessī, gestum ausführen, führen, tragen 5, 34
rem bene gerere etwas gut durchführen, Erfolg haben 34
sē gerere sich verhalten 18
gladius Schwert 17
glōria Ehre, Ruhm 21
grandis, e alt; bedeutend, groß 22
grātia Ansehen, Beliebtheit, Dank, Gefälligkeit 7
grātiās agere danken 7
grātus, a, um dankbar, willkommen, beliebt 17
gravis, e schwer 18

habēre, habeō, habuī, habitum haben; halten 3
ōrātiōnem habēre eine Rede halten 7
habitāre, habitō bewohnen, wohnen 23
haud nicht 34
hercule(s)! beim Herkules! 31
hīc hier 2
hic, haec, hoc dieser, diese, dieses (hier); folgender 22
hinc *Adv.* von hier, hierauf 21
hodiē Adv. heute 1
homō, hominis *m* Mensch 8
honestus, a, um angesehen, ehrenhaft 27
honor/honōs, honōris *m* Ehre, Ehrenamt 27
hortārī, hortor auffordern, ermahnen 35
hospes, hospitis *m* Fremder, Gast, Gastgeber 7
hostis, hostis *m (Gen. Pl.* -ium*)* Feind (Landesfeind) 9
hūc *Adv.* hierher 23
hūmānus, a, um gebildet, menschlich 10

iacēre, iaceō liegen 24
iam *Adv.* nun, schon 2
ibī dort 1
īdem, eadem, idem derselbe, der gleiche 27
idōneus, a, um geeignet, passend 31
īgnis, īgnis *m* Feuer 28
īgnōrāre, īgnōrō nicht kennen, nicht wissen 10
nōn īgnōrāre genau wissen, gut kennen 10
īgnōtus, a, um unbekannt 20
ille, illa, illud jener, jene, jenes 22
ex illō tempore seit jener Zeit 23
illud philosophōrum jenes bekannte Wort der Philosophen 30
illīc *Adv.* dort 18
illūc *Adv.* dahin, dorthin 22
imāgō, imāginis *f* Abbild, Bild 22
immō (vērō) *Adv.* ja sogar, vielmehr; im Gegenteil 15
immortālis, e unsterblich 32
imperāre, imperō *(m. Dat.)* befehlen, herrschen (über) 13
imperātor, imperātōris *m* Befehlshaber, Feldherr, Kaiser 8
imperium Befehl, Befehlsgewalt, Herrschaft, Herrschaftsgebiet 13
impetrāre, impetrō erreichen, durchsetzen 27
impius, a, um gottlos, gewissenlos 18
impōnere, impōnō, imposuī, impositum auferlegen, (hin)einsetzen 31
imprīmīs *Adv.* besonders, vor allem 12
improbus, a, um schlecht, unanständig 14
in *m. Abl.* in, an, auf, bei *(wo?)* 3
in ōre omnium esse in aller Munde sein 36
in *m. Akk.* in (... hinein), nach (... hin), gegen *(wohin?)* 2
incēdere, incēdō, incessī, incessum *m. Akk.* heranrücken, eintreten; (jmd.) befallen 22
incendere, incendō, incendī, incēnsum entflammen, in Brand stecken 28
īrā incēnsus zornentbrannt 28
incipere, incipiō, incepī (coepī), inceptum anfangen, beginnen 26
incola, incolae *m* Einwohner, Bewohner 28
incolumis, e unverletzt, wohlbehalten 17
incommodum Unbequemlichkeit, Nachteil 35
incrēdibilis, e unglaublich 20
inde *Adv.* von dort; darauf; deshalb 29
indicāre, indicō anzeigen, melden 14
indūcere, indūcō (hin)einführen, verleiten 8
īnfēlīx, īnfēlīcis unglücklich 23
īnferī, īnferōrum *Pl.* Bewohner der Unterwelt, Unterwelt 27
īnfestus, a, um feindlich, feindselig 14
ingenium Begabung, Talent 29
ingēns, ingentis gewaltig, ungeheuer 18
inimīcus, a, um feindlich; *Subst.* Feind 12
inīre, ineō, iniī hineingehen; beginnen 16
iniūria Beleidigung, Unrecht, Gewalttat 4
inopia Mangel, Not 26
inquit *(in die wörtl. Rede eingeschoben)* sagt(e) er 10
īnsidiae, īnsidiārum *Pl.* Falle, Attentat, Hinterlist 13
īnsidiās parāre eine Falle stellen 13
īnstare, īnstō, īnstitī bevorstehen, hart zusetzen 26
īnstituere, īnstituō, īnstituī beginnen, einrichten, unterrichten 8, 13
īnstruere, īnstruō, īnstrūxī, īnstrūctum aufstellen, ausrüsten; unterrichten 21
intellegere, intellegō, intellēxī (be)merken, verstehen 19
inter *m. Akk.* unter, während; zwischen 23
intereā *Adv.* inzwischen, unterdessen 14
interesse, intersum *m. Dat.* dazwischen sein, teilnehmen an 7
interest *(m. Gen.)* es ist wichtig (für jmd.) 26
interficere, interficiō, interfēcī, interfectum töten, vernichten 21
interrogāre, interrogō fragen 5
intrā *m. Akk.* innerhalb (von) 25
intrāre, intrō betreten, eintreten 2
intus *Adv.* im Inneren, innen 16
invenīre, inveniō, invēnī finden, erfinden 20
invidia Neid 12
invītus, a, um ungern, gegen den Willen 27
Creonte invītō gegen den Willen Kreons 27
ipse, ipsa, ipsum *(Gen.* ipsīus, *Dat.* ipsī*)* (er, sie, es) selbst 24
īra Zorn 9
īrā incēnsus zornentbrannt 28
īre, eō, iī, itum gehen 16, 34
is, ea, id dieser, diese, dieses; er, sie, es 13
iste, ista, istud *(Gen.* istīus, *Dat.* istī*)* dieser (da) 22
ita *Adv.* so 10
itaque *Adv.* deshalb 2
iter, itineris *n* Reise, Weg, Marsch 6
iter facere eine Reise machen 13
iterum *Adv.* wiederum 2
iterum atque iterum immer wieder 15
iterum iterumque immer wieder 20
iubēre, iubeō, iussī *(m. Akk.)* anordnen, befehlen 5, 14

iūcundus, a, um angenehm, erfreulich 18
iūdicāre, iūdicō beurteilen, urteilen 32
iūdicium Gericht, Urteil 32
iūs, iūris *n* Recht 10
iūstus, a, um gerecht 35
iuvenis, iuvenis *m* junger Mann; *Adj.* jung 23
iuventūs, iuventūtis *f* Jugend 32

labor, labōris *m* Anstrengung, Arbeit 11
labōrēs subīre Arbeiten verrichten 26
labōrāre, labōrō arbeiten 6
lacrima Träne 9
laedere, laedō, laesī beschädigen, verletzen, beleidigen 14
laetus, a, um froh; fruchtbar 30
latēre, lateō verborgen sein 17
laudāre, laudō loben 4
laus, laudis *f* Lob, Ruhm 31
laudī esse *m. Dat.* für jmd. lobenswert sein 31
lavāre, lavō, lāvī, lautum waschen, reinigen 21
lectus Bett, Liegesofa 24
lēgātiō, lēgātiōnis *f* Gesandtschaft 19
lēgātus Gesandter, Bevollmächtigter 19
legere, legō, lēgī, lēctum lesen, auswählen 8, 21
legiō, legiōnis *f* Legion (ca. 5 000 - 6 000 Mann) 11
lēx, lēgis *f* Gesetz, Bedingung 27
libenter gern 5
līber, lībera, līberum frei 20
liber, librī Buch 8
līberāre, līberō befreien, freilassen 10
līberī, līberōrum *Pl.* Kinder 5
lībertās, lībertātis *f* Freiheit 33
lībertīnus Freigelassener 31
lībertus Freigelassener 7
licentia Freiheit, Willkür 33
licet, licuit es ist erlaubt, es ist möglich 4
lingua Rede, Sprache 29
littera Buchstabe; *Pl.* Brief; Literatur, Wissenschaft 32
litterīs mandāre schriftlich festhalten, aufschreiben 32
lītus, lītoris *n* Küste, Strand 18
locus Ort, Platz, Stelle 13
longus, a, um lang, weit 16
loquī, loquor, locūtus sum reden, sprechen 24
lūctus, lūctūs *m* Trauer 27
lūdere, lūdō spielen 3
lūdus Spiel, Wettkampf; Schule 1
lūx, lūcis *f* Licht, Tageslicht 15
prīmā lūce bei Tagesanbruch 15

magis *Adv.* mehr, eher 23
magistrātus, magistrātūs *m* Amt; Beamter 25
magnitūdō, magnitūdinis *f* Größe 30
magnus, a, um groß, bedeutend 10
magnā vōce mit lauter Stimme 10
mihi magnae cūrae est es ist mir sehr wichtig 31
magnī aestimāre hochschätzen 26
magnō cōnstāre viel kosten, teuer sein 29
magnō pretiō emere/vendere (für einen hohen Preis) teuer kaufen/verkaufen 29
māior, māiōris größer 28
māiōrēs, māiōrum *m* Vorfahren 7
male *Adv.* schlecht, schlimm 26
malum Leid, Übel, Unglück 26
mandāre, mandō einen Auftrag geben, übergeben 21
litterīs mandāre schriftlich festhalten, aufschreiben 32
manēre, maneō, mānsī *(m. Akk.)* bleiben, warten, warten auf 11
manifestus, a, um offenkundig; überführt 14
manus, manūs *f* Hand; Schar (von Bewaffneten) 25
mare, maris *n (Gen. Pl.* -ium*)* Meer 16
marītus Ehemann 9
māter, mātris *f* Mutter 5
maximē *Adv.* am meisten, besonders 30
maximus, a, um der größte, sehr groß 28
mē *Akk.* mich 8
mēcum *Abl.* mit mir 15
melior, meliōris besser 28
membrum Glied, Körperteil 23
memor, memoris *m. Gen.* in Erinnerung an 25
memoria Erinnerung, Gedächtnis; Zeit 30
memoriae studēre das Gedächtnis üben 32
memoriā tenēre im Gedächtnis behalten 30
mēns, mentis *f (Gen. Pl.* -ium*)* Geist, Sinn, Verstand; Meinung 27
mēnsa Tisch 5
mercātor, mercātōris Kaufmann, Händler 2
metuere, metuō, metuī (sich) fürchten 25
metus, metūs *m* Angst 25
meus, a, um mein 11
mihi *Dat.* mir 7
mihi magnae cūrae est es ist mir sehr wichtig 31
mīles, mīlitis *m* Soldat 11
mīlitēs cōnscrībere Soldaten anwerben 33
mīlitāris, e Kriegs-, militärisch 29
minimus, a, um der kleinste, der geringste 28
minor, minōris geringer, kleiner 28
minus *Adv.* weniger 30

mīrus, a,um wunderbar, erstaunlich 20
miser, misera, miserum arm, erbärmlich, unglücklich 10
miseria Not, Elend, Unglück 22
mittere, mittō, mīsī, missum (los)lassen, schicken, werfen 14, 21
modo *Adv.* eben (noch) 4; nur 31
modus Art, Weise; Maß 26
moenia, moenium *n Pl.* (Stadt-)Mauern 11
mollis, e weich, angenehm; freundlich 31
monēre, moneō (er)mahnen 11
mōns, montis *m (Gen. Pl.* -ium*)* Berg 6
  mōns Ēsquilīnus Esquilin 6
mōnstrāre, mōnstrō zeigen 2
mōnstrum Wunderzeichen; Ungeheuer, Gespenst 20
monumentum Denkmal 13
mora Aufenthalt, Verzögerung 14
morārī, moror (sich) aufhalten 25
morbus Krankheit 30
morī, morior, mortuus sum sterben 24
mors, mortis *f (Gen. Pl.* -ium*)* Tod 10
mortālis, e sterblich; *Subst.* Mensch 22
mōs, mōris *m* Sitte, Brauch; *Pl.* Charakter 7
mōtus, mōtūs *m* Bewegung 25
  mōtus terrae Erdbeben 25
movēre, moveō, mōvī, mōtum bewegen 20, 34
mox *Adv.* bald, dann 20
mulier, mulieris *f* Frau 2
multitūdō, multitūdinis *f* große Zahl, Menge 8
multō *Adv.* (um) viel 34
multum *Adv.* sehr, viel 19
  multum valēre viel gelten 19
  multum/omnia posse (viel/alles können) große/unumschränkte Macht haben 21
multus, a, um viel 10
  multā nocte in tiefer Nacht 15
  multōs annōs viele Jahre (lang) 29
multa *n Pl.* viel(es) 12
multī, ae viele 12
mūnīre, mūniō bauen, befestigen, schützen 9
mūnus, mūneris *n* Aufgabe; Geschenk 7
mūrus Mauer 9
mūtāre, mūtō (ver)ändern, verwandeln 26

nam denn, nämlich 1
nam(que) denn, nämlich 35
narrāre, narrō (dē *m. Abl.*) erzählen (von/über) 7
nātiō, nātiōnis *f* Volk, Volksstamm 8
nātūrā Beschaffenheit, Natur, Wesen 23
nauta *m* Seemann, Matrose 16
nāvis, nāvis *f (Gen. Pl.* -ium*)* Schiff 13
nē *im Hauptsatz* nicht *(verneinter Befehl oder Wunsch)* 34
nē *Subj. m. Konj.* dass nicht, damit nicht; dass *(nach Ausdrücken des Fürchtens und Hinderns)* 33
  timēre, nē fürchten, dass 33
-ne *(angehängt)* *(unübersetzte Fragepartikel)* 5
nec ... nec weder ... noch 17
nec/neque und nicht, auch nicht, nicht einmal 17
necāre, necō töten 9
necessārius, a, um notwendig 26
nefārius, a, um gottlos, verbrecherisch 14
negāre, negō verneinen, leugnen; verweigern 15
neglegere, neglegō, neglēxī, neglēctum nicht (be)achten, vernachlässigen 25
negōtium Aufgabe, Geschäft, Angelegenheit 6
  negōtia agere Geschäfte betreiben 6
nēmō, nēminis niemand 14
  nēmō nescit jeder weiß 21
neque und nicht, auch nicht, nicht einmal 3
neque ... neque weder ... noch 16
nescīre, nesciō nicht wissen 12
  nēmō nescit jeder weiß 21
nex, necis *f* Mord, Tod 9
nihil/nīl nichts 23
nimis *Adv.* (all)zu, (all)zu sehr 18
nimium *Adv.* (all)zu, (all)zu sehr 31
nimius, a, um übermäßig, zu groß 22
nōbilis, e adelig, berühmt, vornehm 17
nōbīs *Dat.* uns 8
nocturnus, a, um nächtlich 20
nōlle, nōlō, nōluī nicht wollen 5
nōmen, nōminis *n* Name 18
nōmināre, nōminō nennen 19
nōmine namens 29
nōn nicht 2
  nōn dēbēre nicht dürfen 15
  nōn īgnōrāre genau wissen, gut kennen 10
  nōn iam *Adv.* nicht mehr 2
  nōn modo ... sed etiam nicht nur ... sondern auch 29
  nōn sōlum ... sed etiam nicht nur ... sondern auch 6
nōndum noch nicht 31
nōn-ne *im dir. Fragesatz* (etwa) nicht? 5
nōnnūllī, ae, a einige, manche 14
nōs *Nom./Akk.* wir/uns 8

nōscere, nōscō, nōvī, nōtum erkennen, kennenlernen 29
noster, nostra, nostrum unser 11
novus, a, um neu, ungewöhnlich 13
novīs rēbus studēre nach Umsturz streben 33
quid novī? was an Neuigkeiten? 29
nox, noctis *f (Gen. Pl.* -ium*)* Nacht 15
diēs noctēsque Tage und Nächte (lang) 26
multā nocte in tiefer Nacht 15
nūbere, nūbō, nūpsī, nūptum *m. Dat.* heiraten 24
nūllus, a, um *(Gen.* nūllīus, *Dat.* nūllī) kein 24
num *im dir. Fragesatz* etwa? 10
num *im indir. Fragesatz* ob 35
nūmen, nūminis *n* Gottheit, göttlicher Wille 28
numerus Menge, Zahl 10
numquam *Adv.* niemals 15
nunc *Adv.* jetzt, nun 1
nūntiāre, nūntiō melden 4
nūntius Bote; Nachricht 4
nūper *Adv.* neulich, vor kurzem 14

ob *m. Akk.* wegen; für 12
obicere, obiciō, obiēcī, obiectum darbieten, vorwerfen 34
sē alicui obicere sich jemandem entgegenwerfen, sich auf jemanden stürzen 34
oblīvīscī, oblīvīscor, oblītus sum vergessen 34
obscūrus, a, um dunkel, unbekannt 16
obsecrāre, obsecrō anflehen, bitten 27
observāre, observō beobachten 16
obses, obsidis *m/f* Geisel 33
obtinēre, obtineō (in Besitz) haben, (besetzt) halten 27
occīdere, occīdō, occīdī, occīsum niederschlagen, töten 27
occupāre, occupō besetzen, einnehmen 10
occurrere, occurrō, occurrī begegnen, entgegentreten 23
oculus Auge 6
ōdisse, ōdī *Perf.* hassen 35
odium Hass 12
officium Dienst, Pflicht(gefühl) 21
omnīnō *Adv.* insgesamt, überhaupt, völlig 10
omnis, e ganz, jeder; *Pl.* alle 17
multum/omnia posse (viel/alles können) große/unumschränkte Macht haben 21
in ōre omnium esse in aller Munde sein 31
opīnārī, opīnor glauben, meinen 24
oportet, oportuit es ist nötig, es gehört sich 15
oppidum Stadt 11
opprimere, opprimō, oppressī, oppressum bedrohen, niederwerfen, unterdrücken 35
ops, opis *f* Hilfe, Kraft; *Pl.* Macht, Mittel, Reichtum 24
optāre, optō wünschen 33
optimus, a, um der beste, sehr gut 28
opus, operis *n* Arbeit, Werk 35
opus est *m. Abl.* es ist nötig, man braucht 24
ōrāculum Orakel, Götterspruch, Orakelstätte 19
ōrāre, ōrō *(m. dopp. Akk.)* bitten (jemd. um etwas) 7
ōrātiō, ōrātiōnis *f* Rede 7
ōrātiōnem habēre eine Rede halten 7
orīrī, orior, ortus sum entstehen, sich erheben 25
ōrnāre, ōrnō schmücken 5
ōs, ōris *n* Gesicht, Mund 31
in ōre omnium esse in aller Munde sein 31
ostendere, ostendō, ostendī zeigen, darlegen 5, 16
ōtium Frieden 29

paene *Adv.* fast, beinahe 15
palam *Adv.* bekannt, in aller Öffentlichkeit 4
parāre, parō bereiten, vorbereiten; vorhaben; erwerben 5
īnsidiās parāre eine Falle stellen 13
parcere, parcō, pepercī *m. Dat.* schonen, sparen 28
parēns, parentis *m/f* Vater, Mutter 7
parentēs, parentum *m Pl.* Eltern 7
parēre, pāreō gehorchen, sich richten nach 7
parere, pariō, peperī, partum zur Welt bringen; schaffen 35
victōriam parere (dē *m. Abl.*) einen Sieg (über jmd.) davontragen 35
pariter *Adv.* ebenso, gleichzeitig 16
pars, partis *f (Gen. Pl.* -ium*)* Richtung, Seite, Teil 26
parvus, a, um klein, gering 17
pater, patris *m* Vater 6
pater familias Familienoberhaupt 6
patēre, pateō offenstehen, sich erstrecken 1
patī, patior, passus sum (er)leiden, ertragen, zulassen 24
patrēs (cōnscrīptī), patrum (cōnscrīptōrum) *Pl.* Senatoren 26
patria Heimat 4
patrōnus Patron, (Schutz-)Herr 7
paucī, ae, a wenige 18
paulātim *Adv.* allmählich 21
paulō *Adv.* (um) ein wenig 5
paulō ante kurz vorher 14
paulō post kurz darauf 5

paulum *Adv.* ein wenig 22
pāx, pācis *f* Friede 7
pecūnia Geld, Vermögen 3
pellere, pellō, pepulī, pulsum schlagen, vertreiben 11, 26
per *m. Akk.* durch, hindurch 2
perdere, perdō, perdidī, perditum verlieren, verschwenden, zugrunde richten 24
perīculum Gefahr 4
perīre, pereō, periī zugrunde gehen, umkommen 17
permovēre, permoveō, permōvī, permōtum beunruhigen, veranlassen 20, 22
perpetuus, a, um dauerhaft, ewig 24
perspicere, perspiciō, perspexī, perspectum erkennen, genau betrachten, sehen 13, 32
persuādēre, persuādeō, persuāsī, persuāsum *m. Dat* überzeugen *(mit AcI/Inf.)* 27
perterrēre, perterreō sehr erschrecken, einschüchtern 20
pertinēre, pertineō (ad *m. Akk.*) betreffen, gehören (zu), sich erstrecken (bis) 29
  quid ad rem pertinet? was tut das zur Sache? 29
perturbāre, perturbō in Verwirrung bringen 20
pervenīre, perveniō, pervēnī ad/in *m. Akk.* kommen zu/nach 4, 11
pēs, pedis *m* Fuß 31
petere, petō, petīvī, petītum (auf)suchen, (er)streben, bitten, verlangen 2, 9, 34
  auxilium petere um Hilfe bitten 34
philosophia Philosophie 26
philosophus Philosoph 20
  illud philosophōrum jenes bekannte Wort der Philosophen 30
pila Ball 3
pīrāta *m* Pirat, Seeräuber 16
pius, a, um fromm, gerecht, pflichtbewusst 18
placēre, placeō gefallen 7
placet *m. Dat.* es gefällt jmd., jmd. beschließt 7
placidus, a, um friedlich, ruhig, sanft 35
plēbs, plēbis *f* (nicht adeliges, einfaches) Volk 33
plēnus, a, um *(m. Gen.)* voll (von/mit) 25
plērīque, plēraeque, plēraque die meisten, sehr viele 15
plūrēs, a mehr 28
plūrimī, ae, a sehr viele 28
plūs valēre quam mehr gelten als 13
poena Strafe 6
poēta *m* Dichter 8
pollicērī, polliceor, pollicitus sum versprechen 26
pōnere, pōnō, posuī, positum (auf)stellen, (hin)legen, setzen 21
populus Volk 1
porta Tor 1
portāre, portō tragen, bringen 5
portus, portūs *m* Hafen 29
pōscere, pōscō, popōscī fordern, verlangen 33
posse, possum, potuī können 9
  multum/omnia posse (viel/alles können) große/unumschränkte Macht haben 21
post *Adv.* danach, später 5; *m. Akk.* nach, hinter 10
posteā *Adv.* nachher, später 7
posterī, posterōrum *Pl.* die Nachkommen 18
posterus, a, um folgend 34
postquam *Subj. m. Ind. Perf.* nachdem 11
postrēmō *Adv.* schließlich 29; kurz(gesagt) 30
postulāre, postulō fordern 11
potēns, potentis mächtig, stark 17
potentia Macht 13
potestās, potestātis *f* (Amts-)Gewalt, Macht 32
potissimum *Adv.* hauptsächlich, vornehmlich, gerade 35
potius *Adv.* eher, lieber 35
praebēre, praebeō geben, hinhalten 5
  aurēs praebēre Gehör schenken, zuhören 18
  sē praebēre *m. Akk.* sich zeigen (als), sich erweisen (als) 28
praeclārus, a, um großartig 22
praeda Beute 17
praedicāre, praedicō behaupten 34
praeesse, praesum, praefuī *m. Dat.* an der Spitze stehen, leiten 29
praemium Belohnung, Lohn, (Sieges-)Preis 1
praesidium (Wach-)Posten, Schutztruppe 30
praestāre, praestō, praestitī *m. Akk.* gewähren, leisten, zeigen 26
praestāre, praestō, praestitī *m. Dat.* übertreffen 13
  fidem praestāre die Treue halten 26
praetereā *Adv.* außerdem 32
praeterīre, praetereō, praeteriī, praeteritum übergehen, vorbeigehen 22
premere, premō, pressī, pressum (unter)drücken, bedrängen 24
pretium Preis, Wert, Geld 29
  magnō pretiō emere/vendere (für einen hohen Preis) teuer kaufen/verkaufen 29
prex, precis *f* Bitte; *Pl.* Gebet 21

prīmō *Adv.* zuerst 3
prīmum *Adv.* zuerst 35
prīmus, a, um der erste 15
prīmā lūce bei Tagesanbruch 15
prīnceps, prīncipis *m* der Erste, der führende Mann 24
prīstinus, a, um früher 13
prius *Adv.* früher, zuerst 30
priusquam *Subj. m. Ind.* bevor, eher als 14
prīvātus, a, um privat, persönlich 32
prō *m. Abl.* anstelle von, für 3
probāre, probō beweisen, für gut befinden 6
probus, a, um anständig, gut 17
prōcēdere, prōcēdō, processī (vorwärts)gehen, vorrücken 20
proelium Kampf, Schlacht 11
proelium committere eine Schlacht schlagen 27
profectō *Adv.* sicherlich, tatsächlich 12
proficīscī, proficīscor, profectus sum (ab)reisen, aufbrechen 25
prohibēre, prohibeō (ā *m. Abl.*) abhalten (von), hindern (an) 9
proinde *Adv.* also, daher 35
prōmittere, prōmittō, prōmīsī versprechen 18
properāre, properō eilen, sich beeilen 2
propinquus Verwandter 7
prōpōnere, prōpōnō, prōposuī, prōpositum darlegen, in Aussicht stellen 35
propter *m. Akk.* wegen 10
prōspicere, prōspiciō, prōspexī, prōspectum schauen auf, sehen 35
prōtinus *Adv.* sofort 14
prōvidēre *m. Akk.* vorhersehen 34
prōvincia Provinz 8
proximus, a, um der nächste 25
pūblicus, a, um öffentlich, staatlich 21
pudet, puduit es beschämt 27
pudor, pudōris *m* Scham(gefühl), Anstand 10
puella Mädchen 8
puer, puerī Junge 5
pūgna Kampf 17
pūgnāre, pūgnō kämpfen 4
pulcher, pulchra, pulchrum schön 13
putāre, putō glauben, meinen 14
putāre *m. dopp. Akk.* halten für 14

quaerere, quaerō, quaesīvī erwerben wollen, suchen 14
quaerere ex *m. Abl.* jmd. fragen 15
quaesere, quaesō bitten 27
quam als; wie 17; *mit Superlativ*: möglichst 28
quamobrem warum 30
quamquam *Subj.* obwohl 13
quandō? wann? 19
quantus, a, um wie groß, wie viel 33
quārē *rel. Satzanschluss*: deshalb 25; weshalb, wodurch 31
-que und 4
querī, queror, questus sum *(m. Akk.)* klagen; sich beklagen 25
quī, quae, quod welcher, welche, welches; der, die, das 12
quia *Subj. m. Ind.* weil 12
quid? was? 2
quid āctum est? was ist passiert? 31
quid ad rem pertinet? was tut das zur Sache? 29
quid novī? was an Neuigkeiten? 29
quīdam, quaedam, quoddam ein gewisser, irgendeiner; *Pl.* einige 30
quidem *Adv.* freilich, gewiss, wenigstens, zwar 14
quidnam was denn? 17
quiēscere, quiēscō, quiēvī (aus)ruhen; schlafen 16
quīn *im Hauptsatz* vielmehr; warum nicht? 14
quis? wer? 2
quis vestrum? wer von euch? 8
quisnam wer denn? 17
quō wie, wo, wohin 4
quō ... eō *m. Komp.* je ... desto 28
quod *Subj. m. Ind.* dass, weil 4
quondam *Adv.* einst, einmal; manchmal 20
quoque *(nachgestellt)* auch 17
quotiēns wie oft, so oft 16

rapere, rapiō, rapuī wegführen, rauben, wegreißen 14
rārus, a, um selten, vereinzelt 31
ratiō, ratiōnis *f* Grund, Vernunft, Überlegung; Berechnung; Art und Weise 35
eā ratiōne, ut in der Absicht, dass 35
recipere, recipiō, recēpī, receptum aufnehmen, wiederbekommen, zurücknehmen 23
sē recipere sich zurückziehen 23
recitāre, recitō vorlesen, vortragen 22
rēctē *Adv.* geradeaus, richtig, zu Recht 29
reddere, reddō, reddidī, redditum *m. dopp. Akk.* jmd. zu etwas machen 28
redīre, redeō, rediī, reditum zurückgehen, zurückkehren 19, 34

referre, referō, rettulī, relātum (zurück)bringen, berichten 33
regere, regō, rēxī lenken, leiten; beherrschen 17
regiō, regiōnis *f* Gebiet, Gegend, Richtung 18
rēgius, a, um königlich 22
rēgnum (Königs-)Herrschaft, Reich 10
religiō, religiōnis *f* Glauben, (Gottes-)Verehrung, Frömmigkeit, Gewissenhaftigkeit; Aberglaube 21
relinquere, relinquō, relīquī, relictum unbeachtet lassen, verlassen, zurücklassen 2, 12, 28
reliquus, a, um künftig, übrig 25
remanēre, remaneō (zurück)bleiben 7
repellere, repellō, reppulī, repulsum zurückstoßen, abweisen, vertreiben 23
repente *Adv.* plötzlich 4
reperīre, reperiō, repperī (wieder) finden 14
repetere, repetō, repetīvī, repetītum (zurück)verlangen, wiederholen 23
reprehendere, reprehendō, reprehendī, reprehēnsum kritisieren, wieder aufgreifen 26
requīrere, requīrō, requīsīvī, requīsītum aufsuchen, sich erkundigen, verlangen 34
rēs, reī *f* Angelegenheit, Ding, Sache 25
  rēs adversae unglückliche Umstände, Unglück 25
  rēs futūrae Zukunft 34
  rēs pūblica Staat 25
  rēs secundae Glück 34
  quid ad rem pertinet? was tut das zur Sache? 29
  rem bene gerere etwas gut durchführen, Erfolg haben 34
  novīs rēbus studēre nach Umsturz streben 33
resistere, resistō, restitī stehenbleiben; Widerstand leisten 16
respicere, respiciō, respexī, respectum zurückblicken; berücksichtigen 21
respondēre, respondeō, respondī antworten, entsprechen 2, 18
restāre, restō, restitī übrigbleiben; Widerstand leisten 11
retinēre, retineō behalten, festhalten, zurückhalten 28
revocāre, revocō zurückrufen 33
rēx, rēgis *m* König 10
rīdēre, rīdeō, rīsī lachen, auslachen 2, 11
rīpa Ufer 9
rogāre, rogō bitten, erbitten, fragen 1
ruere, ruō, ruī eilen, stürmen, stürzen 14
rūrsus *Adv.* wieder 23

sacer, sacra, sacrum *(m. Gen.)* geweiht, heilig 25
sacerdōs, sacerdōtis *m/f* Priester(in) 19
sacrum Opfer, Heiligtum 5
saepe *Adv.* oft 28
saevus, a, um schrecklich, wild, wütend 28
salūs, salūtis *f* Gesundheit, Glück, Rettung, Gruß 7
  salūtem dīcere *m. Dat.* jmd. grüßen 7
salūtāre, salūtō grüßen 2
salvē! sei gegrüßt! 1
salvēte! seid gegrüßt! 1
salvus, a, um gesund, unversehrt 21
sānctus, a, um ehrwürdig, heilig 35
sanguis, sanguinis *m* Blut 21
satis *Adv.* genug 29
scelerātus, a, um verbrecherisch, schädlich; *Subst.* Verbrecher 16
scelus, sceleris *n* Verbrechen; Schurke 10
  scelus committere ein Verbrechen begehen 14
scīlicet *Adv.* freilich, natürlich, selbstverständlich 29
scīre, sciō kennen, verstehen, wissen 8
scrībere, scrībō, scrīpsī, scrīptum beschreiben, schreiben 24
sē *Akk.* sich 9
  sē alicui obicere sich jmd. entgegenwerfen, sich auf jmd. stürzen 34
  sē gerere sich verhalten 18
  sē praebēre *m. Akk.* sich zeigen als, sich erweisen als 28
  sē recipere sich zurückziehen 23
sēcum *Abl.* mit sich, bei sich 15
secundus, a, um der zweite, günstig 34
  rēs secundae Glück 34
sed aber, sondern 1
sedēre, sedeō, sēdī sitzen 16
sēdēs, sēdis *f* Platz, Sitz, Wohnsitz 28
semper *Adv.* immer 3
senātor, senātōris Senator 4
senātus, senātūs *m* Senat, Senatsversammlung, Rat 25
senex, senis *m* Greis, alter Mann 3
sententia Antrag (im Senat), Meinung; Satz, Sinn 11
sentīre, sentiō, sēnsī fühlen, meinen, wahrnehmen 15
sequī, sequor, secūtus sum *m. Akk.* folgen 24
sermō, sermōnis *m* Äußerung, Gerede, Gespräch, Sprache 32
serva Sklavin 5
servāre, servō bewahren, retten 9
servus Sklave 5

sī *Subj.* falls, wenn 3
sibi *Dat.* sich 13
sibi adiungere für sich gewinnen 13
sīc *Adv.* so 12
sīdus, sīderis *n* Stern, Sternbild 32
sīgnum Merkmal, Zeichen; Statue 1
silentium Schweigen, Stille 20
silva Wald 23
simul *Adv.* zugleich, gleichzeitig 22
sine *m. Abl.* ohne 3
singulus, a, um je ein, jeder einzelne 31
sinistra linke Hand 8
socius Gefährte, Verbündeter 27
sōlācium Trost(mittel) 24
sollicitāre, sollicitō aufhetzen, beunruhigen, erregen 26
sōlum *Adv.* nur 6
sōlus, a, um allein, einzig 12
solvere, solvō, solvī, solūtum auflösen, bezahlen, lösen 23
somnus Schlaf 16
soror, sorōris *f* Schwester 7
sors, sortis *f (Gen. Pl.* -ium*)* Los, Orakelspruch, Schicksal 10
sortem dare einen Orakelspruch geben 19
spargere, spargō, sparsī, sparsum ausstreuen, bespritzen, verbreiten 21
spectāculum Schauspiel 22
spectāre, spēctō betrachten, hinsehen 2
spērāre, spērō erwarten, hoffen 34
spēs, speī *f* Erwartung, Hoffnung 25
sponte meā (tuā, suā) freiwillig, mit eigener Kraft, von selbst 18
stāre, stō, stetī stehen 2, 13
statim *Adv.* auf der Stelle, sofort 2
statuere, statuō, statuī aufstellen, beschließen, festsetzen 19
studēre, studeō *(m. Dat.)* sich (wissenschaftlich) beschäftigen, sich bemühen (um), streben (nach) 12
memoriae studēre das Gedächtnis üben 32
nōvis rēbus studēre nach Umsturz streben 33
stultus, a, um dumm 17
sub *m. Abl.* unten an/bei, unter *(wo?)* 26
subicere, subiciō, subiēcī, subiectum darunter legen, unterwerfen 22
subīre, subeō, subiī, subitum auf sich nehmen, herangehen 26
labōrēs subīre Arbeiten verrichten 26
subitō plötzlich 1
sūmere, sūmō nehmen 3
togam sūmere die Toga anlegen 5
summus, a, um der höchste, der letzte, der oberste 10
sūmptus, sūmptūs *m* der Aufwand, die Kosten 29
sūmptūs facere Ausgaben tätigen, ausgeben 29
sunt sie sind 1
superāre, superō besiegen, überragen, übertreffen 12
superbia Stolz, Überheblichkeit 19
superbus, a, um stolz, überheblich 10
superī, superōrum *Pl.* die Götter 9
supplex, supplicis demütig bittend 21
supplicium flehentliches Bitten; Strafe, Hinrichtung 19
suprā *Adv.* darüber hinaus, oben 22
surgere, surgō, surrēxī sich aufrichten, sich erheben, aufstehen 16
suscipere, suscipiō, suscēpī, susceptum *m. Akk.* auf sich nehmen, sich (einer Sache) annehmen, unternehmen 24
suspīciō, suspīciōnis *f* Verdacht, Vermutung 14
suus, a, um ihr, sein 11

taberna Laden, Werkstatt, Gasthaus 2
tabula Tafel, Gemälde; Aufzeichnung 22
tacēre, taceō schweigen 1
tālis, e derartig, ein solcher, so (beschaffen) 20
tam so 14
tamen dennoch, jedoch 3
tandem *im Aussagesatz*: endlich 1; *im Fragesatz*: denn eigentlich 19
tangere, tangō, tetigī, tāctum berühren 23
tantum *(nachgestellt)* nur 3
tantus, a, um so groß, so viel 22
tē *Akk.* dich 3
tēcum *Abl.* mit dir 8
tēctum Dach, Haus 26
temperāre, temperō *m. Akk.* lenken, ordnen 13
temperāre, temperō *m. Dat.* maßvoll gebrauchen, zurückhalten 23
temperāre, temperō (ā *m. Abl.*) sich fernhalten (von) 23
templum Tempel 1
temptāre, temptō angreifen; prüfen, versuchen 18
tempus, temporis *n* (günstige) Zeit; *Pl.* Umstände 20
ex illō tempore seit jener Zeit 23
tendere, tendō, tetendī, tentum sich anstrengen, spannen; (aus)strecken 25

tenebrae, tenebrārum *Pl.* Dunkelheit, Finsternis 20

tenēre, teneō besitzen; festhalten, halten 9

memoriā tenēre im Gedächtnis behalten 30

terra Erde, Land 25

mōtus terrae Erdbeben 25

ubī terrārum? wo in aller Welt? 29

terrēre, terreō erschrecken 10

terrībilis, e schrecklich 20

theātrum Theater 30

thermae, thermārum *Pl.* Thermen, Badeanlage 3

tibi *Dat.* dir 8

timēre, timeō Angst haben, fürchten 6

timēre, nē fürchten, dass 33

timor, timōris *m* Angst, Furcht 20

timōre agitārī von Furcht gequält werden 24

toga Toga (Kleidungsstück des römischen Mannes) 5

togam sūmere die Toga anlegen 5

tollere, tollō, sustulī, sublātum aufheben, in die Höhe heben; wegnehmen 2, 30

clāmōrem tollere ein Geschrei erheben 2

tot so viele 24

tōtus, a, um *(Gen.* tōtīus, *Dat.* tōtī*)* ganz 10

trādere, trādō, trādidī, trāditum übergeben, überliefern 32

trahere, trahō, trāxī ziehen, schleppen 16

transīre, trānseō, trānsiī hinübergehen, überschreiten 16

trēs, trēs, tria drei 31

tribuere, tribuō, tribuī, tribūtum schenken, zuteilen 27

trīstis, e traurig, unfreundlich 18

triumphus Triumph(zug) 12

tū *(betont)* du 8

tuērī, tueor *m. Akk.* betrachten, schützen, (milit.) sichern, sorgen für 24

tum da, damals, darauf, dann 1

tunc *Adv.* damals, dann 30

turba Menschenmenge, Lärm, Verwirrung 3

turbāre, turbō durcheinanderbringen, stören 16

turpis, e (sittlich) schlecht, hässlich, schändlich 18

turris, turris *f (Abl. Sg.* -ī; *Gen. Pl.* -ium*)* Turm 34

tūtus, a, um (ā *m. Abl.*) sicher (vor) 10

tuus, a, um dein 11

ubi *Subj. m. Ind.* sobald 9

ubī? wo? 1

ubī terrārum? wo in aller Welt? 29

ultimus, a, um der äußerste, der entfernteste, der letzte 10

umbra Schatten 28

umerus Oberarm, Schulter 6

umquam *Adv.* jemals 35

ūnā *Adv.* zugleich, zusammen 28

unda Welle, Gewässer 16

unde woher 31

undique *Adv.* von allen Seiten 4

ūniversus, a, um gesamt; *Pl.* alle (zusammen) 35

ūnus, a, um *(Gen.* ūnīus, *Dat.* ūnī*)* ein(er), ein einziger 11

ūnus ex/dē *m. Abl.* einer von 11

urbs, urbis *f (Gen. Pl.* -ium*)* Stadt, Hauptstadt 9

ūsque ad *m. Akk.* bis zu 15

ūsus, usūs *m* Benutzung, Nutzen 30

ūsuī esse *m. Dat.* jmd. von Nutzen sein 30

ut *Adv.* wie 19

ut *Subj. m. Konj.* dass, sodass, damit 33

eā ratiōne, ut in der Absicht, dass 35

ūtī, ūtor, ūsus sum *m. Abl.* benutzen, gebrauchen 24

utinam hoffentlich, wenn doch! 34

uxor, uxōris *f* Ehefrau 7

valē leb' wohl! 20

valēre, valeō Einfluss haben, gesund sein, stark sein 13

multum valēre viel gelten 19

plūs valēre quam mehr gelten als 13

varius, a, um bunt, verschieden, vielfältig 29

vāstus, a, um riesig; öde, verwüstet 35

vehemēns, vehementis heftig, energisch, kritisch 18

vehere, vehō, vēxī, vectum fahren, tragen, ziehen 29

vel ... vel entweder ... oder 17

velle, volō, voluī wollen 5

vendere (vendō) verkaufen 2

magnō pretiō emere/vendere (für einen hohen Preis) teuer kaufen/verkaufen 29

venia Gefallen, Nachsicht, Verzeihung 27

venīre, veniō, vēnī kommen 1, 11

ventus Wind 16

verbum Wort, Äußerung 6

verba facere dē *m. Abl.* Gespräche führen/reden über 13

verērī, vereor, veritus sum fürchten, sich scheuen; verehren 24

vērō *Adv.* aber 11; in der Tat, wirklich 15

versus, versūs *m* Zeile, Vers 32

vertere, vertō, vertī drehen, wenden 18

vērus, a, um echt, richtig, wahr 13

vester, vestra, vestrum euer 12
quis vestrum? wer von euch? 8
vestīgium Fußsohle, Spur, Stelle 23
vestis, vestis *(Gen. Pl.* vestium*) f* Kleid, Kleidung 3
vetāre, vetō, vetuī verhindern, verbieten 23
via Straße, Weg 4
victor, victōris *m* Sieger 1
victor *Adj.* siegreich 22
victōria Sieg 4
victōriam parere (dē *m. Abl.*) einen Sieg (über jmd.) davontragen 35
vīcus Dorf, Gasse 33
vidēre, videō, vīdī, vīsum sehen, darauf achten 2, 11, 34
vidērī, videor, vīsus sum scheinen, gelten (als) 35
vigilia Nachtwache, (Wach-)Posten 24
vīgintī *indekl.* zwanzig 5
vincere, vincō, vīcī, victum (be)siegen, übertreffen 11, 22
vinculum Band, Fessel; *Pl.* Gefängnis 20
vindicāre in *m. Akk.* vorgehen gegen 26
vindicāre, vindicō beanspruchen, bestrafen 24
vīnum Wein 3
vir, virī Mann 5
vīrēs, vīrium *f* (Streit-)Kräfte 15
virgō, virginis *f* Mädchen 15
virtūs, virtūtis *f* Tapferkeit, Tüchtigkeit, Vortrefflichkeit, Leistung; *Pl.* gute Eigenschaften, Verdienste 12
vīs, *Akk.* vim, *Abl.* vī *f* Gewalt, Kraft; Menge 15
vīsere, vīsō, vīsī, vīsum besichtigen, besuchen 30
vīta Leben, Lebensweise 12
vītam agere (sein) Leben führen 26
vītāre, vītō meiden, vermeiden 9
vīvere, vīvō leben 4
vix *Adv.* kaum, (nur) mit Mühe 13
vōbīs *Dat.* euch 7
vocāre, vocō rufen, nennen 5
vocāre, vocō *m. dopp. Akk.* bezeichnen als 11
volāre, volō fliegen; eilen 16
voluntās, voluntātis *f* Absicht, Wille, Zustimmung 19
voluptās, voluptātis *f* Lust, Vergnügen 29
vōs *Nom./Akk.* ihr/euch 8
vōx, vōcis *f* Äußerung, Laut, Stimme 6
magnā vōce mit lauter Stimme 10
vulgō *Adv.* allgemein, gewöhnlich 12
vulgus, vulgī *n* die Leute (aus dem Volk), der Pöbel, die große Masse 32
vult er, sie, es will 3

Abbildungsnachweis: akg-images, Berlin: S. 46, 54, 55 (2), 71, 104, 165, 173; akg-images / Bildarchiv Steffens: S. 133; akg-images / Cameraphoto: S. 171; akg-images / Peter Connolly: S. 23, 87; akg-images / Gérard Degeorge: S. 31; akg-images / Erich Lessing: S. 100, 109, 167, 171; akg-images / Gilles Mermet: S. 105; akg-images / Pirozzi: S. 140; Araldo De Luca, Rom: S. 69; Archäologisches Nationalmuseum, Neapel: S. 130; Artothek, Weilheim: S. 118; Association Pro Aventico, Avenches: S. 57; Bridgeman Art Library, London: S. 138; British Museum, London: S. 68, 135; Josef Burdich, Neuss: S. 77; Deutsches Theatermuseum, München: S. 136; Galleria Borghese, Rom: S. 95, 96; Jennifer Harbusch, Heroldsberg: S. 15; Interfoto, München: S. 126, 134; Kunstmuseum, Basel: S. 171; Anja Lücker, Bonn: S. 119; Stephanie Maisch, Heroldsberg: S. 14; Musée du Louvre, Paris: S. 110, 113, 131; Musei Vaticani, Rom: S. 74; Museo Civico, Chiusi: S. 123; Museo Civico, Piancenza: S. 100; Museo della Civiltà Romana, Rom: S. 14-16, 36 (2), 40; Museo di Villa Giulia, Rom: S. 65; Museo Nazionale Archeologico, Palermo: S. 111; Museumspädagogisches Zentrum, München: S. 119; Nationalmuseum, Rom: S. 131; Niedersächsische Landesgalerie, Hannover: S. 75; Ny Carlsberg Glyptothek, Kopenhagen: S. 91; Pergamonmuseum, Berlin: S. 139; Preußischer Kulturbesitz, Berlin: S. 141; Rheinisches Landesmuseum, Trier: S. 69, 158; Römisch-Germanisches Museum, Köln: S. 94; Russisches Museum, St. Petersburg: S. 128; Scala, Antella: S. 21, 55, 99; Staatliche Antikensammlung, Berlin: S. 73; Studio David Salariya, Brighton: S. 20; Verlagsarchiv; Villa Valmarana, Vicenza: S. 97; Franz Peter Waiblinger, München: S. 42; Wikimedia Commons / Frank Versteegen, Rotterdam: S. 172.

Abl.	Ablativ
Abl. abs.	Ablativus absolutus
AcI	Akkusativ mit Infinitiv
Adj.	Adjektiv
Adv.	Adverb
Akk.	Akkusativ
Akt.	Aktiv
Dat.	Dativ
Dekl.	Deklination
dir.	direkt
dopp.	doppelt(er)
dt.	deutsch
e.	englisch
f	feminin
f.	französisch
Fut.	Futur
Fw.	Fremdwort
Gen.	Genitiv
griech.	Griechisch
i.	italienisch
Imp.	Imperativ
Impf.	Imperfekt
indekl.	indeklinabel
Ind.	Indikativ
Inf.	Infinitiv
jmd.	jemand(en/em)
intrans.	intransitiv
Jh.	Jahrhundert
Komp.	Komparativ
Konj.	Konjunktiv
Konjug.	Konjugation
kons.	konsonantisch
lat.	lateinisch
m	maskulin
m.	mit
Nom.	Nominativ
örtl.	örtlich
n	neutrum
Part.	Partizip
Pass.	Passiv
Perf.	Perfekt
Pers.	Person
PFA	Partizip Futur Aktiv
Pl.	Plural
Plusqpf.	Plusquamperfekt
PPA	Partizip Präsens Aktiv
PPP	Partizip Perfekt Passiv
Präd. nom.	Prädikatsnomen
Präp.	Präposition
Präs.	Präsens
Pron.	Pronomen
röm.	römisch
s.	spanisch
Sg.	Singular
Subj.	Subjunktion
Subst.	Substantiv
Sup.	Superlativ
trans.	transitiv
vgl.	vergleiche
Vok.	Vokativ
wörtl.	wörtlich
zeitl.	zeitlich

IMPERIVM ROMANVM
Mare Germanicum
Mare
BRITANNIA
Oceanus Britannicus
saltus Teutoburgiensis
GERMANIA
Colonia Agrippina
Augusta Treverorum
Mosella
Mogontiacum
Limes
Castra Regina
Danuvius
GALLIA
Argentorate
Rhenus
Castra Biriciana
Augusta Vindelicorum
Castra Batava
Alesia
Raetia
Cambodunum
Alpes
Pannon
Rhodanus
Mediolanum
ILLYRIC
Pyrenaei montes
Hiberus
HISPANIA
Mare Adriaticum
Corsica
Tiberis
ITALIA
Roma
Ostia
Latium
Brundisium
Cumae
Neapolis
Pompei
Tarentur
Corduba
Saguntum
Baleares
Sardinia
Mare Tyrrhenum
Carthago Nova
Mare Ibericum
Paestum
Mare Herculeum
Croton
Segesta
Messana
Sicilia
Aetna
Syracusae
MAURETANIA
Carthago
Zama
Thapsus
NUMIDIA
AFRICA
Mare Intern
AETHIOPIA